1%의 디테일을 완성하는
센서티브의 힘

1%의 디테일을 완성하는
센서티브의 힘

HIGH SENSITIVITY

카트린 조스트 지음 | **이지혜** 옮김

프롬북스
frombooks

당신이 펼쳐든 이 책은 남달리 민감하거나 그렇지 않은 이 모두를 위한 것이다. 민감하든 그렇지 않든 자기 자신과 타인을 있는 그대로 수용하도록 돕기 위한 것이다. 이 책의 주제는 민감함과 강인함이다. 언뜻 어울릴 것 같지 않은 '민감함' 과 '강인함' 을 한 그릇 안에 담고자 한다.

이 책은 객관적인 정보와 사실적 일화를 통해 독자에게 영감을 주고 내면의 강인함을 이끌어낼 유용한 전략서이며, 일상에서 가볍게 한 번씩 훑어볼 수 있는 참고서이기도 하다. 나는 민감하면서도 강인한 삶을 살아가는 독자에게 동반자가 되어주며 실질적인 동기를 부여하고 새로운 관점을 열어주고자 한다. 이 책은 처음부터 끝까지 순서대로 읽어도 되고, 순서에 상관없이 끌리는 부분을 무작위로 골라 읽어도 된다. 읽는 방법은 그때그때 처한 상황에 따라 달라질 것이다. 여기에 참고 삼아 세 가지 기준을 제시한다.

- **시나리오 1:** 자신이 남들보다 유독 예민하다는 생각이 종종 드는 가? 그렇다면 이 책의 첫 번째 장에 집약되어 있는 민감함에 관한 정보를 참고하라.

- **시나리오 2:** 이미 민감함이라는 개념을 알고 있는가? 그리고 다른 민감한 사람들이 일상에서 어떤 경험을 하는지, 어떻게 대처하는지 궁금한가? 그렇다면 두 번째 장을 읽어보라. 이 장에는 예민한 사람들의 일상적인 경험담이 실려 있다. 이들이 특정한 상황에서 어떤 기분을 느끼고 그에 어떻게 대응하는지, 그로부터 무엇을 배우는지 이야기한다. 민감한 사람은 특정 감각이나 인지능력이 발달해 있기 때문에 남달리 체험하는 것이 많을뿐더러 그중 일부는 매우 강렬하게 인지하기도 한다. 무엇보다도 그런 것들을 소화할 충분한 시간을 갖는 게 좋다. 이유는 간단하다. 그럼으로써 자기 자신과 타인을 있는 그대로 받아들이는 법을 익힐 수 있기 때문이다. 물론 자신의 민감한 기질을 수용하고 더 이상 세상과 투쟁하지 않게 된 뒤에도 강한 인지능력으로 인해 겪게 되는 갖가지 어려움은 풀어야 할 숙제로 남는다.

- **시나리오 3:** 당신은 이미 '예민한 성향의 자각' 및 이런저런 성찰의 단계를 거쳤는가? 그렇다면 세 번째 장이 흥미로울 것이다. 이 장에서는 민감한 사람을 강인하게 만들어줄 자원과 전략 등에 관해 다루고 있다. 당신에게 도움이 될 만한 모든 것을 일상에 적극 적용해보라.

다만 이 책은 심리치료사의 펜 끝에서 탄생한 것이 아니므로 심리치료나 전문적인 코칭을 대신할 수 없다. 자신이 처한 상황을 혼자서 극복할 수 없다고 느끼는 사람은 전문가의 도움을 받는 것이 좋다. 나는 남달리 민감한 사람들 중 한 명이자 민감성이란 개념의 전파자로서 이 책을 집필했다. 독자가 참된 삶을 찾고 자신과 타인을 열린 태도로 대하며, 자신의 안위를 스스로 책임질 수 있도록 용기를 북돋워주고 싶은 마음에서다. 이 책을 통해 내가 가진 지식과 경험을 나누고 사회적 관습에 비판적인 의문을 품도록 독자에게 영감을 주고자 한다. 아울러 예민한 사람이나 그렇지 않은 사람 모두가 남다른 민감함에 능숙하게 대처할 수 있도록 이를 바라보는 새로운 관점을 열어주고 싶다.

있는 모습 그대로 더 편안하기를!

이 책의 주제인 민감함과 강인함은 불과 물, 단맛과 짠맛, 밝음과 어둠처럼 서로 상반되는 요소로 느껴진다. 이 둘의 조화가 과연 가능할까? 게다가 하루 24시간 최대치의 능력을 요구하는 사회에서 자신의 민감함을 들키고 싶어 하는 사람이 있을까? 자칫 나약해 보일 수 있는 측면을 내보이는 것은 현명한 처사가 아닐뿐더러, 예민한 사람이 별로 환영받지 못하는 것도 사실 아닌가.

물론 민감한 사람이 수완 좋게 보이는 경우는 거의 없다. 감수성이 너무 풍부하면 직업생활에 걸림돌이 될 수도 있다. 인생은 그리 녹록치 않다. 좋은 자리를 먼저 차지하는 쪽은 단단한 사람들이다. 상황이 이렇다 보니 냉철한 이들은 다음과 같은 언어 폭격을 가하기도 한다.

- 매사를 마음에 담아두지 말고 훌훌 털어버려.
- 나약하게 굴지 마!

- 왜 그렇게 예민해?
- 쓸데없는 소리 그만해!
- 참 까다롭네.
- 적당히 좀 넘어가자!
- 여유를 좀 가져.
- 그런 사소한 일을 가지고 왜 이 난리야!
- 정신 좀 차려.
- 왜 걸핏하면 눈물부터 보이는 거야?
- 너무 심각하게 받아들이지 마.
- 강한 사람은 작은 고통 따위에는 끄떡하지 않아.
- 느긋하게 생각해!
- 현실적으로 생각할 수 없어?
- 당신 때문에 분위기 망치잖아!
- 혼자서 상상의 나래를 펼치고 있군.
- 도대체 왜 그러는 거야?
- 대관절 왜 그런 생각을 하지?
- 망상은 그만둬!
- 넌 약해 빠졌어!

당신도 이런 말을 들어본 적이 있는가? 언어의 위력은 어마어마해서 무기와도 같은 효력을 지니기도 한다. 적어도 내 경우는 그랬다. 말이 상처를 남긴 것이다. 상술한 것과 같은 언사를 어린 시절부터 주기적으로 듣다 보면 영향을 받지 않을 수 없다. 민감한 아이들은 특히 자신의 욕구가 다른 아이들의 것과 다르다는 사실을 예리하게 포착한다.

—— 유치원에서는 카니발 축제가 한창이었다. 아이는 평소 가장 따르던 보육교사의 치맛자락만 붙들고 있었다. 여느 때와는 다른 분위기 때문에 의지할 곳이 필요했던 것이다. 주위는 소란스러웠고 모두들 들뜬 채 분주히 움직이고 있었다. 급기야 누군가 풍선 하나를 터뜨리자 아이는 깜짝 놀라 눈을 휘둥그레 뜨더니 울기 시작했다. 평온한 일상이 뒤죽박죽이 되어 있었다. 소년은 어째서 모두가 카니발 축제에 그리 열광하는지 도무지 이해되지 않았다. 그저 집에 가고 싶을 뿐이었다.

민감한 아이들은 이런 상황을 주기적으로 경험한다. 조금 더 자란 뒤에는 타인들로부터 이해할 수 없다는 반응과 더불어 '언어 폭격'이 쏟아진다. 그러다 보면 자신이 남들과 다르다는 느낌, 즉 '내가 이상하거나 잘못된 건가?' 하는 '자기 회의'도 찾아온다. 남들은 무엇에든 잘 대처하는 것처럼 보이는데, 자신은 쭈뼛거리거나 의연하게 처신하지 못하는 것처럼 여겨지는 것이다. 이때 자아 가치감의 붕괴가 초래된다. 학교, 대학, 직장을 두루 거치며 목표를 수립하고 마침내 (대개는 우회로를 통해) 그것을 달성한다 해도 자아가치감은 좀처럼 자라나지 않는다. 주위 사람들에게서 인정받는다 해도 씁쓸한 느낌은 여전히 남아 있다.

민감한 사람은 겉으로는 유약하고 소심하게 비칠 수 있지만, 동시에 강한 자의식을 발휘하기도 한다. 일대 일 대화나 소규모 집단 내에서는 흥미로운 대화 상대인 경우가 많다. 감정이입 능력이 뛰어나며 상대방의 말을 매우 잘 경청하기 때문이다. 항상 바른 태도로 타인을 대하고, 거북한 인상을 주지 않으려 애쓰며, 분위기를 망치거나 다툼을 유발시킬 일을 절대적으로 피한다. 개중에는 남을 불편하게 만드는 사람도 있다. 가령 깐깐하고 목소리가 큰 사람, 심지어 공격적인 사람의 내면에도 알고 보면 끊임없는 신경과민에 가려진 민감하고 섬세한 본질이 숨어 있을지 모른다.

우리 모두 지금 이대로 괜찮다

민감한 사람은 성장 과정에서 자신의 '다름'을 깨닫게 되는 수많은 상황과 마주친다. 가령 초등학교에서 이들은 또래 개구쟁이들의 괴롭힘을 종종 받는다. 십대가 되어도 동급생들의 괜한 시비와 조롱은 멈추지 않는다. 그래서 스스로를 보호하기 위해 외부와 벽을 쌓고 지내면 '거만하다'는 빈축을 사기 일쑤다. 감정이입 능력이 뛰어나고 자신을 존중해주는 사람들과 어울리고 싶어 하기 때문에 주로 소수의 친한 친구들 및 교사들과 매우 가까이 지낸다. 이는 의식적인 대응이라기보다 어릴 때부터 (다수의 또래 아이들과 달리) 성인들과 '무리 없는' 대화가 가능하기 때문인데, 이것도 민감한 사람들의 특성 중 하나다. 그래서 동급생들이 교사를 대하는 무례한 태도를 (대개는) 이해하지 못한다.

청소년기에는 최악의 경우 집단에서 따돌림을 당하기도 한다. 복도에서 마주쳐도 모른 체하거나 작은 실수에도 킬킬대며 비웃고 '범생이'라고 비아냥대는 동급생들도 있다. 하여간 대개 또래들에게는 별로 인기가 없다. 그들이 자신에게 그렇게 짓궂게 구는 이유가 무엇인지는 시간이 훨씬 흐른 뒤에야 알게 된다. 고도의 감정이입 능력 덕분에 교사들과 원만히 지낸 것이 동급생들의 눈에는 순전히 '아부'하는 것으로 비쳤을 수도 있다.

파티나 클럽 등 떠들썩한 공간도 문제다. 모두들 흥에 취해 한껏 즐거운 시간을 보내고 있는데 맨 정신으로는 도무지 그 분위기에 합류하지 못하는 경우다. 실제로 민감한 사람에게는 이런 흥취에 동참하는 일이 커다란 에너지 소모를 초래하기도 한다. 여기서 또다시 의문이 고개를 든다. 어째서 나는 이런 즐거운 분위기에 쉽게 동참하지 못하는 걸까? 나는 왜 대부분의 또래 친구들이 좋아하는 것을 제대로 즐기지 못하는 걸까?

인간관계라는 문제도 부상한다. 민감한 사람에게 인간관계는 무척이나 어려운 영역이다. 민감한 이들은 감정이입도가 매우 높고 상대방이 원하는 바를 간파하는 능력도 뛰어나기 때문에 이들에게 매력을 느끼는 사람은 주위에 늘 있다. 심지어 상대방이 스스로 무엇을 원하는지 미처 자각하기도 전에 그것을 눈치 채는 일도 많다. 이렇게 상대의 욕구를 인지하고 이해해주는데 좋아하지 않을 사람이 어디에 있겠는가. 하지만 이와 동시에 사람들이 거북해할 만한 측면도 지니고 있다. 민감한 사람 특유의 강한 책임의식 및 감정과 사고의 깊이가 바로 그것인데, 이는 심지어 가까운 사람들에게도 부담을 줄 수 있다. 민감한 사람들은 타인의 내면세계를 지나치게 깊이 파고들기 때문이다. 그 과정에서 정작 자기 자신은 잊어버리는 경우도 많다.

양쪽 모두가 진지하게 임하는 관계에서는 양자 간에 서서히 균형을 잡는 일이 가능하다. 이때 중요한 것은 소통이다. 그러나 민감한 사람의 경우, '가벼운' 애정관계가 큰 영향을 미치는 질풍노도의 시기를 거치며 깊은 관계에 집착하는 일이 왕왕 있는데, 거기에 너무 많은 에너지를 빼앗기곤 한다. 그 탓에 학업, 직업 등 인생에서 중요한 다른 일들에 쏟아 부어야 할 에너지까지 소진되어버린다. 인간관계도 중요하지만, 이런 요소들 역시 우리가 독립적인 인간으로 살아갈 수 있게 해주는 것이므로 결코 소홀히 해서는 안 된다.

말이 나온 김에 직업이라는 주제로 넘어가보자. 의욕에 차서 새로운 일을 시작하고 능력을 한껏 발휘해 주위의 감탄을 자아낸다. 그러다 한순간 모든 것이 무너져내린 경험이 있지는 않은가? 아마도 별안간 잔병치레에 시달리고 실수가 잦아지기 시작했을 것이다. 어째서 이런 일이 벌어질까? 가능한 원인은 헤아릴 수 없이 많다. 지나치게 큰 사무실, 스스로 정하지 못하는 휴식시간, 시간적 압박, 사람들의 말투, 목표나 과제의 의미에 대한 회의감, 완벽주의, 존중받지 못하는 상황, 동료들의 부담스러운 행동방식 등. 이외에도 사생활에서의 크고 작은 문제들이 이에 가세한다.

실제로 민감한 사람들 중 이런 경험을 했다는 사람들이 유독 많다. 어째서 그럴까? 무엇이 문제일까? 민감함이라는 개념 자체가 지금껏 잘 알려지지도 통용되지도 않았기 때문이다. 그러나 상황이 달라졌다. 고도의 인지능력과 감각의 깊이를 지칭하는 개념이 탄생한 것이다. 최신 민감성 연구의 어머니 일레인 아론(Elaine N. Aron)은 1990년대에 《타인보다 더 민감한 사람(The Highly Sensitive Person)》이라는 책을 펴냈다. 독일어권에서는 2003년에 게오르크 파를로프(Georg Parlow)가 《민감한 사람(Zart besaitet)》이라는 책에서 이 주제를 처음 다뤘다. 문고판으로 나온 이 책의 초록색 표지를 서점에서 발견하고 읽기 시작한 순간 내 삶은 180도 바뀌었다. 민감성이라는 개념을 처음 접한 민감한 사람은 누구나 당시의 나와 똑같은 기분을 느낄 것이다.

'민감성의 자각'은 민감한 사람에게 결정적인 전환점이 된다.

많은 사람들이 이런 책에서 자신의 모습을 발견하고 얼떨떨한 기분에 젖는다. 그나마 여성들은 남성에 비해 이를 훨씬 쉽게 받아들인다. 그러나 민감한 성향은 여성과 남성 모두에게서 같은 비율로 나타난다.

민감성 연구의 역사는 아직 짧지만, 민감한 이들로부터 울리는 반향은 일레인 아론이 귀중한 성과를 이루어냈음을 입증한다. 이 개념을 처음 접한 민감한 사람은 일단 크게 한시름 놓는다. 자신이 혼자가 아님을 알고 안도하는 것이다. '나와 같거나 비슷한 성향을 지닌 사람들이 꽤 존재한다니!' 그러나 이내 수많은 의문과 회의감, 거북한 느낌이 스멀스멀 밀려온다. 적어도 나는 그랬다. 내가 만난 몇몇 사람들도 마찬가지였다. 갑작스럽게 많은 것을 소화하고 이해해야 하는 탓이다.

그러나 어릴 적부터 내내 찜찜하고 아팠던 곳을 들추고 내 거북한 감정들에 관해 이야기함으로써 나는 한 단계 성장할 수 있었다. 행복 연구가 에드 디너(Ed Diener) 역시 자신의 고통을 직시하는 것이 유익한 치유의 길이라고 이야기한다. 행복한 사람들은 자신의 고뇌를 애써 떨치려 들지 않고 그에 정면으로 맞선다. '고통을 피해 가는 것이 아니라 고통을 뚫고 나아가는 것이 행복으로 가는 길이다.' 그러지 않으면 자신의 불행을 번번이 외부 조건 탓으로 돌리게 될 위험이 있다.

남달리 민감한 사람들에게는 이것이 더욱 중요하다. 자신을 괴롭혀온 과거와 화해하고 앞으로 마주치게 될 상황에 적절히 대응하기 위해서다. 민감한 사람들은 지금껏 늘 피하기만 했던 것, 즉 갈등에 대처하는 법을 필히 배워야 한다. 갈등은 한 번 피하기 시작하면 여기저기서 눈사태처럼 밀려들기 마련이다. 전체적인 관점에서 보면 갈등 회피는 훨씬 더 큰 난관을 불러온다. 그 과정에서 받는 스트레스는 또 어쩔 것인가!

민감성에 대처한다는 것은 자신의 발전을 가로막는 장애물을 직시한다는 뜻이기도 하다. 직시하는 사람만이 팔을 걷어붙이고 장애물에 맞설 수 있다. 자기 자신과 타인들을 마주하는 일도 훨씬 쉬워진다. 이때 중요한 것은 '나와 너는 모두 지금 이대로 괜찮다'라는 마음가짐이다.

알아둬야 할 것이 또 하나 있다. "당신이 무엇을 어떻게 하든 비판하는 사람은 늘 있기 마련입니다. 그러니 그저 당신이 원하는 것을 하고 자기 자신이 되세요." 사업가이자 '하트리더스(heart-leaders)' 네트워크 창립자인 카린 우프호프(Karin Uphoff) 박사가 인터뷰에서 한 말이다. 말은 쉬워도 실천은 어려운 일이다. 사회적 동물인 (대부분의) 인간은 무리에 소속되고 싶어 하기 때문이다. 그러나 자신을 남과 다르게 만드는 것이 무엇인지 짚어내고 성찰하지 않는다면, 자신과 맞지도 않는 평범한 다수를 기준으로 삼고 그것에 휩쓸리기 쉽다. 그러면 정신적 부담과 더불어 타인들에 의해 상처받는 일도 계속될 것이다.

명심하라! 세상은 민감한 사람들을 중심으로 돌아가지 않는다. 예민한 사람들을 불편한 시선으로 바라보는 이들도 많다. 가령 입사 초기에 남다른 성실성과 뛰어난 성과를 보이던 사람이 갑자기 연이어 병가를 내거나 심지어 사직서를 제출한다고 하자. 상사들은 의아한 눈빛을 보낼 것이다. 민감한 사람은 또한 자신도 모르게 누군가에게 지나치게 가까이 다가가 상대방을 불편하게 만들기도 한다. 갈등을 감당할 자신이 없어서, 혹은 부정적인 감정이 드는 것을 피하기 위해서 아무 말 없이 친구들로부터 거리를 두는 경우도 있다. 이렇듯 민감한 사람은 고통을 야기할 가능성이 있는 상황을 최대한 피하려 든다.

자신이 민감하다는 사실을 자각하는 것은 중요한 일이다. 그러나 이에 못지않게 중요한 것이 주변의 많은 이들이 '평범한' 정도의 민감성을 지녔다는 사실을 인식하는 일이다. 냄새와 맛을 더 예리하게 감지하고, 더 많은 것을 인지하고, 더 강렬한 느낌을 받는다는 것이 무엇인지 그들이 알아줄 거라고 기대해선 안 된다는 말이다. 민감한 사람들에게 과도한 자극으로 다가오는 것들이 평범한 사람들에게는 그저 무난한 일상일 뿐이다. 별로 민감하지 않은 사람은 본심이 악하거나 조야하거나 배려가 없는 게 아니라 그저 민감하다는 게 어떤 건지 모르는 것뿐이다. 둔감한 사람의 삶이 어떤 것인지 민감한 사람이 모르듯 말이다. 그러나 둔감하든 민감하든 사람은 누구나 있는 그대로 괜찮다.

민감한 사람 특유의 뛰어난 인지능력에 주목하라

본성을 숨기지 말고 있는 그대로의 당신을 보여주어라. 단, 당신이 겪고 있는 어려움에 초점을 맞추기보다는 당신만의 강점을 발견하고 그것을 인생의 무대 한가운데 세워야 한다. 그 구체적인 방법이

이 책에 들어 있다. 민감한 사람만이 누릴 수 있는 삶의 아름다움과 강점에 집중하는 이들의 실제 사례를 통해 이 책에서 그 답을 제시하고자 한다.

강한 인지능력의 긍정적인 측면을 발휘하라. 당신의 강점에 관해 성찰하고, 당신을 강하게 만들어주는 것에 주의를 기울여라. 나는 내 민감함도 그런대로 괜찮고 유익하다고 굳게 믿고 있다. 나 자신을 잘 돌보기 위해 새로운 길을 끊임없이 모색할 수 있는 용기도 품고 있다. 물론 어린 두 아이를 키우며 자유직에 종사하고 있는 상황에서 이 일이 마냥 쉽지만은 않다. 나 자신에게 솔직할 때, 스스로를 있는 그대로 받아들일 때, 그리고 강한 사람이 되기 위해 무엇이 필요한지 주의를 기울일 때 내가 원하는 평화로운 일상이 계속 이어질 것이다.

민감한 당신에게 다양한 정보와 일화를 들려주고 힘을 북돋워 강인한 삶을 살 수 있도록 돕는 것이 이 책의 목표다. 독자 여러분이 독서의 즐거움은 물론 새로운 깨달음과 강인함까지 누릴 수 있기를 기대하며, 설레는 마음으로 피드백을 기다린다.

HIGH SENSITIVITY

세상을
다채롭게 감지하는 능력,
민감성

1장

나는 민감한가?

민감함이란 과연 무엇일까? 나는 민감한가? 민감한 성향을 가졌다는 것은 무엇을 의미하는가? 그에 적절히 대처하는 방법은 무엇인가? 민감함을 진단하는 기준은 있는가? 민감성은 삶에 어떤 영향을 미치는가? 내 주위에도 남달리 민감한 사람이 있는가? 이 모든 질문에 답하는 일에는 큰 의미가 있다. 당신과 주위 사람들의 민감도를 파악하려면 먼저 민감한 성향이 존재한다는 사실을 알아야 하기 때문이다. 이는 민감한 사람들이 강인하게 인생을 살아나가기 위한 첫걸음이다. 자신의 민감도를 적절히 조절하고 배우자 및 가족과의 관계, 경제·사회적 관계를 조화롭게 꾸려가기 위해서도 이는 중요하다.

누구나 어느 정도의 민감성은 지니고 있다

'민감성(sensitivity)'은 사전상 자극에 빠르게 반응하는 성질을 뜻한다. 인간의 특징에 이 개념을 적용할 경우 감각적으로 예민한 성향을 의미하는데, 여기서 한 가지 의문이 고개를 든다. 약육강식과 적자생존이 횡행하고, 능력 부족이 실패 및 사회적 도태와 동일시되는 냉혹한 사회에서 우리는 과연 민감해도 괜찮을까? 대답은 이미 정해져 있다. 이 사회에 민감함이 들어설 자리는 거의 없다.

그런데 이 주제를 다른 각도에서 한번 살펴보자. 의사들은 내장기관 및 신경계 특정 부위에서 관찰되는 자극과 고통에 대한 민감도를 이야기할 때 '민감성'이라는 개념을 사용한다. 위키피디아(Wikipedia)에는 심리학과 인지심리학에서 '민감성'을 소위 제5감각, 다시 말해 촉각을 가능하게 해주는 요소로 간주한다는 언급이 나온다. 말하자면 민감성은 모든 시대를 통틀어 인류의 생존을 보장해준 하나의 능력인 것이다. 이 능력이 없었다면 인류는 아마 오래전에 도태되었을 것이다.

결국 민감성은 인류 보편적 성향이다. 알고 보면 어느 정도의 민감성은 누구에게나 있다. 유난히 민감한 사람들도 어떤 의미에서는 지극히 평범한 셈이다. 다만 민감성은 인정받지 못하면 한층 격렬하게 본성을 드러낸다. 만성 스트레스, 피로, 쇠약, 불면증, 정신적 질환, 번 아웃 증후군 등은 그 전형적인 징후로 여러 해 전부터 미디어는 물론이고 우리 주위에서도 흔히 목격되고 있다. 건강보험사들이 내놓는 각종 연구 결과를 보면 경제·사회 분야에서 강요되는 능력 발휘에 대한 요구를 견디지 못하는 사람이 해마다 늘어나고 있다. 남달리 민감한 사람은 물론 평균적인 민감성을 지닌 사람들도 예외가 아니다.

민감성의 발견

민감성에 대한 기존의 정의는 심리치료사이자 교수, 그리고 민감성 연구 분야의 개척자이기도 한 일레인 아론 박사에게로 소급된다. 그녀는 남달리 민감한 사람이 일반인들에 비해 내적·외적 자극을 보다 강렬하게 받아들이고 분석하게 만드는 신경체계를 타고났다는 사실을 알아냈다. 민감성은 전체 인구의 약 15~20퍼센트에게서 나타나는 유전적이고 가변적인 성격적 특성으로, 성별에 상관없이 고루 분포되어 있다. 다시 말해 남달리 민감한 사람은 여성과 남성 모두에게 같은 비율로 존재한다.

이를 가리키는 명확한 신경학적 정의는 아직 내려진 바 없다. 남다른 민감성은 질병이 아닌 성격적 특성에 해당되므로 의사나 심리치료사도 당신이 남보다 민감하다는 '진단'을 내려주지는 않을 것이다. 참고로 아론 박사는 민감성이라는 현상을 처음 발견한 사람이 아니다. 러시아 학자인 이반 파블로프(Iwan Pawlow)는 아론보다 훨씬 앞서 피실험자들이 견딜 수 있는 청각적 한계가 어디까지인지 확인하는 음향 자극 실험을 시행했다. 그리고 각종 심리학적 현상에서 나타나는 통상적인 정규분포와는 달리, 피실험자의 15~20퍼센트가 훨씬 일찍 고통의 한계에 다다른다는 결과를 얻었다.

민감성 연구자들과 학자들은 아직도 용어 선택에 있어 의견 일치를 보지 못한 상태다. 높은 민감성, 과민성, 예민함, 과민증 등의 개념이 때로는 유의어로, 때로는 차별적인 개념으로 뒤죽박죽 사용된다. 그중 가장 광범위하게 사용되는 용어는 '고도의 민감성(High Sensitivity)'이다. 미디어에서는 주의를 요하는 증상이라는 뉘앙스가 약간 가미된 '과민성(hypersensitivity)'이라는 용어가 좀 더 자주 등장한다. '고도의 민감성'이라는 용어가 사용되는 이유는 일레인 아론이 이러한 성향에 대해 '감각 처리 감도(Sensory-processing Sensitivity)' 및 '고도로 민감한 사람(Highly Sensitive Person)'이라는 용어를 사용했기 때문이다.

'고도의 민감성'이라는 표현에 거부반응을 보이는 이들이 있음에도 이 책에서 나는 지극히 단순한 이유에서 이 용어를 사용하기로 했다. 온라인 백과사전인 위키피디아를 비롯해 민감한 사람들의 모임에서 가장 자주 사용되며 나에게도 익숙한 표현이기 때문이다. 그러나 내게 용어 선택보다 중요한 것은 민감한 사람 특유의 높은 인지능력에 대한 실전 위주의 정보를 독자에게 제공하는 일이다. 더불어 'Highly Sensitive Person'의 약어인 'HSP' 역시 자유롭게 사용할 것임을 알려둔다.

나는 얼마나 민감한가?

2008년 내가 처음으로 고도의 민감성이라는 주제를 접하게 된 이래로 많은 변화가 있었다. 고도의 민감성이라는 개념이 보다 널리 알려진 것이다. 그러나 "나는 고도의 민감성에 관해 알리는 전파자랍니다"라고 말하면 여전히 많은 이들이 호기심과 의문이 뒤섞인 표정으로 나를 바라본다. 대개는 "고도의 민감성이라고요? 그게 구체적으로 뭡니까?"라는 질문이 되돌아온다. 호기심 어린 표정으로 캐묻는 이들은 흔히 예민한 성격을 가진 사람들이다. 이 용어에 왠지 모르게 이끌리거나, 스스로도 이미 오래 전부터 의문을 품어온 터라 한층 관심이 가는 것이다. 다행인 것은 특별히 민감하지 않은 사람들도 점점 더 이 주제에 관심을 보인다는 사실이다. 개개인의 가치와 강점의 파악, 재원과 인력 발굴 등이 경제·사회 분야에서 점점 중요하게 부상하는 오늘날, 민감성이라는 주제는 인사 담당자와 경영자, 심리학자, 의사, 교사, 교육학자, 코치 등 많은 이들에게도 아주 중요한 의미를 갖는다.

여기서 내가 고도의 민감성을 알게 된 계기에 관해 잠시 이야기해보자. 앞서 언급했던 게오르크 파를로프의 책 《민감한 사람》을 우연히 발견한 날, 나는 첫 장부터 놀라움을 금할 수 없었다. 마치 누군가 내 이야기를 써놓은 것 같은 착각이 들 정도였다. 이 책 덕분에 나 자신을 보는 시야가 열렸고 오랫동안 품어온 의문이 풀렸으며, 내 삶의 전환점을 맞이할 수 있었다. 마침내 내 '다름'의 이유를 알게 된 것이다. 그보다 더욱 중요한 것은 바로 '나는 혼자가 아니었어! 세상에 나와 같은 사람들이 더 있었다니!' 라는 깨달음이었다. 비로소 마음이 홀가분해졌다. 게다가 남달리 민감한 이들이 전체 인구의 15~20퍼센트나 된다면 결코 적지 않은 비중이 아닌가. 여기에 속하는 사람이 민감성이라는 주제를 접하게 될 경우 그의 현실은 한순간에 180도 달라질 수 있다.

민감성에 관한 정보·연구 연합(Informations-und Forschungsverbunds Hochsensibilität e.V.)의 회장직을 맡고 있는 마이클 잭(Michael Jack)은 이러한 깨달음의 순간을 가리켜 '산맥효과'라는 표현을 쓴다. 가슴에 얹혀 있던 돌 하나를 걷어내는 정도가 아니라 거대한 산맥 전체가 움직이는 것 같은 느낌이 들기 때문이다. 안개가 걷히며 황무지 사이로 별안간 길이 나타나는 것과도 같다. 이때 우리 내면에는 홀가분함과 변화, 호기심 등이 순식간에 밀려든다.

유년기부터 자신이 남들과는 다르다고 느껴온 사람은 늘 자기 자신과 세상을 명확히 규정하고자 하는 열망을 품고 있기 마련이다. 이때는 조직화가 큰 도움이 된다. 분류와 범주화는 정보의 정글과도 같은 일상을 헤쳐 나아가는 데 길잡이가 되며 삶의 온갖 면면을 극복할 수 있도록 도와준다. 높은 민감성 역시 다양한 범주들 중 하나임을 알면 많은 의문에 대한 해법과 명확한 시야를 확보할 수 있다. 여기서 중요한 것은 소속감 및 특별한 사람이 나 혼자뿐이 아니라는 홀가분한 느낌이다. 단, 고도의 민감성과 관련된 테스트들 중 학문적으로 공인된 것은 아직 없다.

테스트

당신이 매우 민감한 사람인지 궁금한가? 그렇다면 다음 테스트를 해보라. '나는 얼마나 민감한가?' 테스트는 실제 경험에서 영감을 받아 만들어졌으며 장기간에 걸쳐 수집된 정보에 기반을 두고 있다. 다음 서른 가지 항목 중 당신에게 해당되는 항목에 체크해보라.

☐ 01. 청각, 시각, 후각, 미각, 촉각이 예민한 편이며, 특히 특정 감각이 너무 예민해서 신경이 곤두서는 경우가 자주 있다.

☐ 02. 조용한 환경에서 자율적으로 일하는 것을 가장 선호한다.

☐ 03. 주어진 소명을 찾고 그에 따라 사는 것이 내게는 매우 중요하다.

☐ 04. 그물망처럼 복잡하고 해결책에 초점을 맞추는 전체적인 사고를 한다.

☐ 05. 콘서트나 대규모 행사에 가고 싶은 마음은 있지만, 그곳의 수많은 자극과 인파는 나를 금세 지치게 만들기 때문에 선뜻 나서기 힘들다.

☐ 06. 유년기부터 상상력이 풍부했으며, 성인이 된 지금도 다른 사람들은 생각조차 못하는 상상의 세계에 빠지곤 한다.

☐ 07. 삶의 아름답고 미려하고 섬세한 요소를 매우 강렬하게 누리는 한편, 소음이나 눈부신 빛, 강한 냄새, 꽉 끼는 옷, 붐비는 인파로 인해 불편한 느낌을 받기도 한다.

☐ 08. 지나친 자극을 받으면 혼자 조용한 곳으로 자리를 피한다.

☐ 09. 내가 가진 가치관에 부합하는 가치평가와 업무 환경을 매우 중요

하게 여긴다.

☐ 10. 소수의 아주 친한 친구들과 교류하며 이들과 심도 있는 대화를 나누는 것을 좋아한다.

☐ 11. 다른 사람들은 여전히 활력이 넘치는데 나는 이미 방전되어 있는 경우가 많다.

☐ 12. 약, 카페인, 니코틴, 알코올 등에 매우 강하게 반응한다.

☐ 13. 알레르기 반응이 자주 일어난다.

☐ 14. 다른 사람들의 상태를 쉽게 인지하며, 내 감정과 타인의 감정 사이에 경계가 모호해지는 경험을 자주 한다.

☐ 15. 강렬한 체험을 하고 나면 그 여운이 오래 남아 그것을 소화하는 데 많은 시간이 걸린다. 때로는 얼마간의 시간이 흐른 뒤 머릿속에 별안간 지나간 상황이 떠오르기도 하는데, 이런 경우 뒤늦게라도 그것을 다시 소화해야 한다.

☐ 16. 넓은 공간에서 업무를 보는 일은 상상도 할 수 없을 정도로 끔찍하다.

☐ 17. 부정적인 뉴스 또는 폭력, 죽음, 공격적인 장면이 등장하는 영화를 보기 힘들다.

☐ 18. 내 일이 의미 있다고 생각되거나 내 강점을 일에 활용할 수 있는 경우에만 특정 직업이 편안하게 느껴진다.

☐ 19. 내 삶에서는 정의, 믿음, 의미, 가치, 윤리 및 영성이 커다란 역할을 한다.

☐ 20. 내 정신과 육체는 스트레스, 나쁜 식습관, 운동 부족, 부담스러운

환경에 남들보다 빨리 반응한다.

☐ 21. 미디어의 끊임없는 자극과 정보 및 이메일의 홍수가 참기 힘들다.

☐ 22. 사람들은 내 뛰어난 관찰력 및 섬세한 인지능력을 높이 평가한다.

☐ 23. 가장 가까운 사람과의 관계에서 다가가기와 거리 두기 사이의 균
형을 조절하는 일이 내게는 매우 중요하다.

☐ 24. 감정이입 능력, 직관, 창의력이 내 강점이다.

☐ 25. 누군가가 진짜 속마음을 감추고 다른 말을 할 때 나는 즉각 눈치 채
며, 이후 내 판단이 적중했음을 확인하는 경우가 많다.

☐ 26. 책임감이 강하고, 내가 가진 자원이 허락하는 경우에만 어떤 과제
또는 요청을 받아들인다.

☐ 27. 사람들이 내 가치관이나 기대에 어긋나는 행동을 할 경우 그들에
게 쉽게 편견이 생긴다.

☐ 28. 주변 사람들이 무디거나 배려가 없다고 느낀 적이 많다.

☐ 29. 뜻밖의 위기 상황에서 침착하게 행동하며 신속히 주도권을 잡을
능력이 있다.

☐ 30. 예감이 적중하는 경우가 많고 가까운 사람들에게 좋지 않은 일이
벌어질 것을 일찌감치 예감하기도 한다.

결과

위 항목들은 모두 민감한 사람의 특징이다. 체크한 항목의 수가 많을수
록 당신이 전체 인구의 15~20퍼센트를 차지하는 민감한 사람들 중 한
명일 가능성도 커진다. 민감한 사람은 질적·양적으로 더 많은 자극과

정보를 인지하며, 이것을 소화하는 데도 더 많은 에너지가 소요된다.

앞서 열거된 모든 항목은 당신에게 영향을 미치는 민감한 영역과 관련이 있다. 단 하나의 항목에만 체크를 했다면 당신은 바로 그 점에서 남들보다 민감한 셈이다. 그러니 그 한 가지 요인에 주의를 기울이고 자신을 좀 더 유심히 관찰해보라. 당신의 민감성이 암시하는 바는 무엇인가? 그 영역에서 당신의 예리한 인지능력은 생활에 부담을 야기하는가, 아니면 긍정적인 요인으로 작용하는가? 스스로 곰곰이 성찰해보라.

당신이 어느 부분에서 얼마나 민감하든, 중요한 것은 그러한 자기 모습을 부정하지 않는 일이다. 민감성에 관한 정보 · 연구 연합은 민감성 테스트에서 남달리 민감하다는 결과가 나왔다면 얼마간 스스로를 관찰해보라고 권한다. 내가 남들보다 민감하다는 생각이 나 자신에게 어떤 영향을 미치는가? 테스트 결과를 통해 어떤 깨달음을 얻었는가? 고도의 민감성에 대해 더 많이 알고 싶어졌는가? 민감성 테스트나 그에 관한 지식이 나 자신을 보다 잘 이해하고 수용하는 데 도움이 되는가? 내 삶에 긍정적인 변화가 일고 있는가? 내 난점과 강점에 대해 한층 명확한 감을 얻게 되었는가? 어떤 상황에 부담을 느껴 휴식이 필요할 때 나는 신속하게 이를 인지하는가?

고도의 민감성을 암시하는 표현은 문학에도 수없이 등장한다. '섬세한', '민감한', '공감능력이 강한', '인지능력이 탁월한', '다

감한', '감각이 예민한', '온화한', '여린', '감정이입 능력이 뛰어
난', '자극에 민감한' 등이 그것이다. 이런 표현들이 당신에게도
해당된다면 당신 역시 남들보다 민감한 사람이다.

민감함에는 남녀의 차이가 없다

앞서도 언급했듯이 고도의 민감성은 특정한 성별에 국한되지 않
는다. 그럼에도 우리 사회에서는 예민함, 감성, 감정이입 능력 등
이 여성적 특성이라고 믿는 경향이 있다. 때문에 여성의 경우 고
도의 민감성이라는 주제에 관심을 갖고 자신이 가진 고도의 인지
능력이나 예민한 감수성을 긍정적으로 받아들이기가 한결 수월할
것이다.

　남성들은 어떨까? 비록 현대 남성상이 크게 변화하고 있으며 점
점 더 많은 남성들이 새로운 역할에 뛰어들고 있다고는 하나, 우리
사회에서 중요한 자리를 차지하고 있는 남성들 중 다수는 여전히
강도 높은 노동, 권력, 의지 관철 능력, 업무능력, 경제적 성공, 냉
철함, 자기 희생 등을 '남성상'과 연결 짓는다. 이와 거리가 먼 남
성은 물러 터졌다는 쓴소리를 듣기 일쑤다. 가족을 거느린 남성이
라면 무책임하다는 핀잔까지 날아온다! 그러나 자신이 날마다 많
은 것을 해낸다는 사실, 패배자가 아니며 무책임하게 행동하지도
않는다는 사실을 당신 스스로도 분명히 알고 있지 않은가. 지난 몇

세기를 지배한 '구시대적' 남성상은 당신의 본질, 당신이 느끼고 인지하는 것과는 하등의 상관도 없다. 당신은 그런 남성상과는 다른 가치관을 지니고 있으며, 그건 그저 다른 것일 뿐 잘못된 게 아니다!

나는 모든 (매우 민감한) 남성들에게 자신이 인지하는 것과 감정 및 섬세한 남성성을 있는 그대로 받아들이라고 권하고 싶다. 오늘날 경제 분야에서는 노동시간 및 정시 출·퇴근 제도와 관련해 새로운 해법이 모색되고 있다. 탄력적인 근무형태도 점점 늘어나는 추세다. 현재 기업들이 직면한 난제를 해결하기 위해서는 색다른 사고를 하는 사람, 남다른 지각력을 지닌 사람, 온화한 분위기를 만드는 사람, 섬세한 감각을 지닌 사람이 필요하다. 바야흐로 우리가 사는 세계에 새로운 가치관을 도입하고, '더 높이, 더 빨리, 더 좋게, 더 싸게'를 추구하는 광적인 전략을 수정하고, 끝없는 성장이 인류가 직면한 문제의 해결책이라 여기는 어리석은 착각도 타파할 때다. 새로운 시작이 필요한 시점이다. 비단 남성뿐 아니라 여성에게도 마찬가지다.

여성들 역시 고통에 굴하지 않는 것이 남성다움이라는 선입견을 버려야 한다. 여성들도 잘난 체하는 마초를 원하는 것은 아니잖은가. 권위적인 남성은 여성의 일, 아이디어, 그리고 세상이 필요로 하는 것에 대한 여성의 감각을 존중하지 않는다. 여성들은 더 큰 책임을 도맡을 준비가 되어 있으며 직장에서 재능을 발휘하고 싶어 한다. 그러나 제아무리 기를 쓰고 노력해도 자녀가 생길 즈음

이면 주위의 도움과 강력한 네트워크가 필요해진다. 배우자가 양육에 더 많이 참여하거나 조부모, 친구, 이웃이 도움을 주지 않는이상 상황은 여성에게 극도로 힘겨워진다.

더욱이 민감한 자녀를 둔 여성은 육아 돌보미를 구하는 일이무척이나 어렵다는 사실을 누구보다 잘 알고 있을 것이다. 또한 기본적인 양육 외에 가족 공동체, 안전감, 평온함, 신체적접촉이 얼마나 중요한지도 알 것이다. 물론 다른 도리가 없을경우 고육지책으로 아이들을 하루 열 시간씩 외부의 손에 맡겨야 하는 경우도 있다. 경력이냐 육아냐라는 선택의 기로에서어떤 식으로든 타협은 가능하다. 다만 그 해결책이 모두에게유익한가는 별개의 문제다. 터놓고 말하지는 않아도 많은 여성들이 육아와 경력 (혹은 그저 '일') 사이에 균형을 맞추는 데 어려움을 겪는다.

남달리 민감한 여성들에게는 이 문제가 한층 더 심각하다. 여섯달 동안 일을 쉬다가 서둘러 모유수유를 끝낸 뒤 넓은 사무실로돌아가 온종일 업무를 보는 일, 더욱이 자기만큼이나 민감한 아이를 낯선 손에 맡기는 일이 과연 쉬울까? 스스로도 매우 민감한 데다 민감한 자녀까지 둔 상황에서 모든 일과를 무리 없이 수행하는여성, 무엇보다도 그 와중에 정신적 · 신체적 건강을 유지하는 여성은 아마도 극히 드물 것이다. 민감한 정도와는 별개로 이런 경우에는 늘 개인적인 해결책이 요구된다. 가족의 모습도 저마다 다를뿐더러 각각의 삶의 단계 역시 천차만별이기 때문이다. 우리는 유연한 해결책을 모색하고 상황에 따라 각자에게 합당한 결정과 길이 무엇인지 숙고한 뒤 일상에 적용할 수 있는 여유를 가져야 한다. 이웃이 곱지 않은 시선을 보내도, 우리에게 필요한 게 무엇인지 자기가 더 잘 안다는 듯 훈계를 늘어놓는 사람이 있어도, 가장 중요한 건 우리 자신의 선택과 결정이라는 걸 항상 염두에 둬야 한다.

오늘날 남성과 여성은 각자의 역할을 새로이 정의하는 과도기에 있다. 무엇보다도 이는 고도로 민감한 남성들에게 커다란 기회다. 내가 상담한 모든 남성들은 유년기부터 가족과 사회로부터 쏟아지는 기대와 민감한 기질 사이의 괴리를 겪으며 나름대로 남성적인 권력다툼에 대처하는 법을 강구해왔다. 날마다 투쟁을 벌여온 것이다. 그러한 투쟁을 벌이는 사이 '부드러운' 남성들은 알게 모르게 내공을 단련시켰다. 이제 그들은 이 내면의 힘을 마음껏 펼칠 수 있을 것이다.

민감한 사람의 특징

민감하다는 것이 정확히 무슨 의미일까? 남달리 민감한 사람을 특징짓는 요소는 무엇일까? 민감성 연구는 역사도 짧을뿐더러 지금껏 이 성향에 관해 명확한 심리학적 정의도 내려진 바 없다. 나아가 어떤 특성 및 행동방식이 민감성에 해당되며 어떤 것이 그와는 별개인지도 불분명하다. 가령 감정이입 능력은 민감한 사람들만의 전유물은 아니지만, 그들에게서 이 능력이 두드러지게 나타나는 것도 사실이다.

스위스의 작가이자 민감성 연구소장인 브리기테 퀴스터(Brigitte Küster)는 모든 HSP에게서 뚜렷하게 나타나는 특징을 다음과 같이 세 가지로 정리했다.

- 편안함을 느끼는 영역이 협소함
- 쉽게 자극받거나 신경이 예민해짐
- 자극이나 정보의 후유증이 오래 지속됨

고도로 민감한 사람이 편안함을 느끼려면 보통사람들에 비해 훨씬 많은 조건이 충족되어야 한다. 지나치게 적은 자극은 보통 지루함을 야기하지만, 민감한 사람에게는 평범한 일상을 유지하는 것만도 과도한 자극이 될 수 있다. HSP 특유의 강한 인지능력은 번번이 그들에게 부담을 안긴다. 민감한 사람들은 자신의 특성을 정확히 파악하고 있어야만 자신과 타인을 보다 잘 이해할 수 있으며, 강한 인지능력에서 야기되는 좌절감을 떨치고 보다 의욕적인 삶을 살아갈 수 있다.

민감한 성향과 맞물리는 여러 특성에는 유익한 면과 스트레스를 유발하는 요인이 공존한다.

민감한 사람 스스로 자신이 흔히 겪는 특정 상황에 대해 고찰하지 않을 경우, 수동적인 좌절감만 남게 된다. 가령 클래식 공연을 즐긴 뒤 지하철이나 버스에 올라탔다고 하자. 술 냄새를 풍기며 떠들어대는 젊은이들, 옆 사람의 헤드폰에서 웅웅대며 흘러나오는 시끄러운 음악, 주변은 아랑곳없이 큰 소리로 통화를 하는 여성. 이 한가운데 끼어 있노라면 공연의 감흥은 5분도 채 못 가 사라지고 스트레스 지수가 급격히 상승할 것이다. 자신에게 부담을 주는 요인을 미리 파악해둔다면 이런 상황에서 자가용을 이용하는 등 다른 방법을 찾을 수 있을 것이다. 자가용 이용에 의한 환경오염 따위로 양심의 가책이 들 수는 있겠지만 이때는 자신의 상태에 초점을 맞추는 편이 훨씬 더 나을 수 있다.

남달리 예민한 감각

사람은 감각기관을 통해 주변 세계를 체험한다. 우리 삶은 시각, 청각, 후각, 미각, 촉각, 그리고 제6감각으로 인해 풍요로운 감각의 축제가 열리는 장으로 변모하며, 이로써 우리는 깊은 감동과 섬세한 행복감을 맛보게 된다. 감각기관이 고도로 발달한 민감한 사람에게는 특정 감각을 통한 자극이 극도의 황홀감을 안겨주기도 하지만 참기 힘든 불쾌감이나 피로감을 야기하기도 한다.

민감한 사람의 시각

- 색채, 형태, 조화에 대한 남다른 이해, 뛰어난 미적 감각, 세세한 부분까지 보는 정확한 안목 등은 민감한 사람이 지닌 전형적인 시각적 재능이다.

- 남들은 아무렇지 않게 지나치는 시각적 요소에 눈길이 쏠려 신경이 예민해지고 집중력이 흐려진다. 일례로 무질서, 오물, '조화롭지 못한' 색채와 형태, 지나치게 환한 빛 등에 과도한 자극을 받는다.

민감한 사람의 청각

- 좋은 음악, 아름다운 화음 등에서 일반인들과는 차원이 다른 강렬한 감동을 느낀다.

- HSP들은 대개 청각이 발달했고, 그중 일부는 이 감각이 특히 더 탁월하다. 남다른 리듬감과 음악성, 섬세한 언어 이해력도 이들에게서 흔히 관찰된다.

- 작은 소리에도 쉽게 자극을 받아 집중력이 저하될 수 있다. 시끄러운 음악과 반복되는 소음은 이들의 신경을 날카롭게 만든다.

민감한 사람의 후각과 미각

- 후각이 뛰어난 사람에게 좋은 냄새는 상상 이상의 황홀경을 선사한다.

- 이들에게 좋은 음식은 커다란 즐거움이자 미각을 폭발시키는 폭죽과도 같다.

- 특정한 냄새, 맛, 질감은 거부반응을 일으켜 즉각 구역질과 혐오감을

야기한다.

민감한 사람의 촉각과 육감

- 가벼운 신체 접촉만으로도 섬세한 감각이 금세 살아난다. 이들의 신체 인지는 의식적이고 세분화되어 있다.
- 손재주, 조합능력, 공간지각력, 섬세한 움직임, 운동지능 등에서 두각을 보인다.
- 통증, 더위, 추위에 취약하며 허기나 갈증, 피로를 느끼면 컨디션이 급격히 악화된다.
- 거칠고 꽉 끼는 옷은 스트레스를 유발한다.

민감한 사람의 인지능력

- 타인의 말을 경청할 줄 알며, 옳고 그름을 판단하는 직감이 뛰어나고, 논리적으로 사고한다.
- 뛰어난 직감, 다시 말해 제6감각을 타고난 덕분에 대부분의 사람들이 미처 인지하지 못하는 것까지 포착한다. 무언의 신호 역시 직관적으로 이해한다.
- 간혹 상대방이 숨기려 하거나 불편해하는 것들까지 인지하는 탓에 인간관계에서 곤란을 겪기도 한다. 타인을 대할 때 타고난 직관적 인지능력을 '적절히' 활용하려면 일종의 학습과정을 거쳐야 한다.

상술한 바에서도 짐작할 수 있듯이, 남달리 예민한 감각은 돌발적으로 남의 눈을 피해 은신하고 싶은 욕구를 유발시키거나 이런저런 난관에 봉착하게끔 만들 수 있다. 민감한 사람이 누군가의 존재를 기쁘게 받아들이는 동시에 무척이나 부담스러워하는 것도 바로 이 때문이다. 상대방의 습성이나 특성이 그들의 예민한 감각을 쉽게 자극하는 것이다.

　오랫동안 꿈꾸던 곳으로 여행을 떠나는 일도 민감한 사람에게는 큰 부담이다. 여행지에서 보통사람들은 경험해보지 못한 크나큰 감동을 받을 수는 있지만 느긋하게 휴가를 즐기는 것은 불가능하다. 강렬한 체험을 미처 소화시키지도 못한 채 여행을 마치고 나면 휴식을 취했다는 느낌은 들지 않는다. 민감한 인지능력은 순수하고 강렬한 즐거움을 느끼게 해주는 동시에 혐오감과 산만함, 정신적 부담도 불러일으킨다. 당신이 섬세하고 세분화된 감각 인지능력의 소유자라면 분명 이런 상황을 경험해보았을 것이다. 이렇듯 HSP는 지극히 일상적인 상황에서도 스트레스를 받기 쉽다.

　민감한 사람이 신경과민을 초래하는 환경에 자주 노출되면 장기적으로 스트레스성 질병에 걸리게 된다. 그러니 무엇이 당신의 에너지를 앗아가는지 자각하고 스트레스 요인을 최대한 제거하라. 당신의 감각 중 어떤 것이 특별히 예민한지도 미리 파악해두는 게 좋다. 당신은 어떤 상황에서 자신의 안위를 먼저 돌보는가? 그리고 어떤 환경에서 순응하려 노력하는가? 당신에게 유익한 감각인상은 무엇인가? 어떤 요인이 스트레스를 주는가? 유난히 피로를 느끼는 날이 있는가? 그런 날에는 무슨 경험을 했는가? 자기 자신이 어떤 사람인지, 무엇이 자신에게 유익하고 무엇이 그렇지 못한지 알고 있어야만 일상에 변화를 주고 보다 평화롭게 살아갈 수 있다.

정보의 인지와 소화

HSP는 정밀한 안테나를 갖춘 덕분에 모든 것을 강렬하게 인지하지만, 그 탓에 그만큼 소화해야 할 자극도 많아진다. 소음, 시각인상, 냄새, 맛, 그리고 더위나 추위, 진동, 압력, 접촉, 통풍 등 피부나 신체에 영향을 미치는 모든 외부 자극이 이에 속한다. 사람들과의 만남이나 미디어를 통한 모든 자극도 이에 해당되는데, 디지털 소통과 소셜미디어가 일반화된 요즘은 특히 이 요인이 점점 더 큰 영향을 미친다. 시각적 자극, 미디어나 의사소통이 유발하는 자극에서 벗어나 머리를 식힐 시간이 점점 줄어들고 있기 때문이다. 민감한 사람은 또한 감정이입 능력과 섬세한 감수성을 지닌 탓에 주위 사람들의 기분에 의해 영향을 받기도 쉽다. 따라서 현재 자신이 느끼는 감정이나 기분이 정말로 내 것인지, 아니면 타인의 것인지 분별하는 일도 이들에게는 중요한 숙제다.

DOES 공식

일레인 아론은 남다른 민감성의 특징을 'DOES'라는 짧은 공식으로 정리했다.

D는 'Depth of Processing', 즉 정보 처리 과정의 깊이를 의미한다.

O는 'Easily Overstimulated', 다시 말해 매우 민감한 사람들이 보통사람들에 비해 쉽게 자극을 받고 과민해짐을 뜻한다.

E는 'Emotionally Reactivity and High Empathy'의 약자로, 감정적으로 쉽게 영향을 받는 경향을 가리킨다. 아주 민감한 사람의 감정은 긍정적인 자극에 남달리 강하게 반응하며, 부정적인 자극에는 그보다 더욱 강한 반응을 보인다.

S는 'Sensitivity to Subtile Stimuli'를 지칭하며, 남달리 민감한 사람이 타인들이 포착하지 못하는 미묘한 자극이나 미세한 것까지 의식적으로 인지함을 의미한다.

매우 민감한 사람은 소화해야 할 자극이 양적으로 많을 뿐 아니라 소화의 깊이도 남다르다. 때로는 몇 주, 몇 달, 심지어 수년도 더 된 경험이 불현듯 떠올라 머릿속을 온통 사로잡기도 한다. 이 경우 과거에는 별로 중요하지 않던 정보가 당면한 일과 관련해 갑자기 중요해진 것일 수도 있다. 이런 연계능력 역시 HSP가 가진 커다란 강점이다. 그러나 때로는 특정한 경험이나 인지한 것이 자신도 모르는 사이에 미묘하게 우리를 짓누르기도 한다. 예컨대 부부싸움을 하는 장면이나 누군가 슬퍼하는 장면을 목격했을 때, 이것이 알게 모르게 깊은 인상으로 남는 경우도 있다. 그저 지나가는 길에 무심히 본 것이라도 그렇다. 나와는 아무 상관없는 상황임에도 본능적으로 그것을 소화하려 드는 탓이다.

민감한 사람이 어째서 매사를 남다르게 인지하고 소화하는지 설명해주는 공인된 신경생리학적 이론은 아직 없다. 다만 민감성에 관한 어느 세미나에서 매우 민감한 사람들의 '정보 처리' 과정을 쉽고도 명확하게 설명해주는 모델을 알게 되어 여기에서 소개하고자 한다. 민감성을 전문적으로 다루는 코치 겸 상담가 라이마르 륑엔(Reimar Lüngen)은 크리스타 · 디르크 륄링(Christa/Dirk Lüling) 부부의 저서 《고뇌를 극복하는 인정받지 못한 재능(Lastentragen, die verkannte Gabe)》으로부터 영감을 받아 민감한 사람들의 정보 처리 과정을 다음과 같이 정리했다.

인간의 감각기관에는 초당 수백만 비트(bit)에 해당되는 정보가 쏟아져 들어온다. 인간은 그중 극히 일부만을 소화할 수 있다. 과도한 정보를 걸러내는 첫 번째 필터는 하드웨어에 비유할 수 있다. 이는 선천적으로 타고나는 것으로 개개인마다 '민감하거나' '무디게' 설정되어 있으며, 그 정도도 천차만별이다. 평균적인 민감성을 지닌 사람과 HSP의 차이도 바로 여기에서 비롯된다. 두 번째 필터는 개인적 체험과 경험이 투영된 소프트웨어에 비유된다. 이 소프트웨어는 그 소유자에게 고유의 인지안경을 부여한다.

이 두 가지 필터를 통과해 들어오는 정보는 세 개의 저장소로 분

배된다. 의식에는 가장 적은 수의 인상이, 무의식에는 가장 많은 인상이 즉각 저장된다. 나머지는 세 번째 저장소인 클립보드(clipboard)로 들어간다. 인간의 정보 시스템은 이곳에 도달하는 모든 것을 사후에 다시 한 번 처리하려 든다. 그런데 고도로 민감한 사람들의 경우 이 클립보드가 남들에 비해 훨씬 빨리 채워진다. 그 첫째 이유는 민감한 사람이 남달리 많은 것을 인지하기 때문이며, 두 번째 이유는 이들의 시스템이 더 많은 자극을 중요한 것으로 간주하기 때문인 것으로 추정된다.

이것이 민감한 사람들에게 의미하는 바는 무엇일까? 아주 간단하다. 자신에게도 이런 클립보드가 있음을 의식하라는 것이다. 클립보드가 모두 채워지면 중요한 정보를 저장해둘 여유 공간이 더 이상 남지 않는다. 그러면 민감한 사람은 금세 신경과민이 된다. 아무렇지 않게 파티를 즐기다가 별안간 그곳에서 빠져나가고 싶어지는 것이다. 열심히 회의에 임하다가 갑자기 단 한 마디도 입 밖으로 나오지 않는 일도 생긴다. 이때 해결책은 클립보드의 용량이 다 차기 전에 자신의 상태를 파악하고 내면의 경고신호를 포착하는 일이다. 갑자기 피로가 몰려오는가? 방금 식사를 했음에도 허기가 느껴지는가? 그렇다면 클립보드가 꽉 차기 일보직전이니 신경과민이 되지 않도록 주의하라!

나는 정보과다 상태가 되면 사람들과 직접적으로 접촉하고 대화하는 일에 피로를 느낀다. 나아가 반복되는 소음이나 시끄러운 음악, 강한 냄새 등 다른 모든 자극도 견디기 어려워진다. 이때 평소처럼 능력과 집중력을 발휘하지 못하는 자신을 자책하기보다는, 많은 경우 잠시 휴식을 취하는 것만으로도 신경과민을 예방할 수 있다. 당장 휴식을 취할 상황이 아니라면 이를 견디도록 스스로를 단련시키는 수밖에 없다. 나 역시 이런 상황을 극복하는 법을 배웠다. 직장에서든 가정에서든 휴식이 불가능한 상황은 얼마든지 생기기 때문이다. 그러나 자주 한계에 다다르면서도 그때그때 적절한 휴식을 취하지 않는다면 나중에는 능력을 발휘할 여지조차 아예 없어질 수 있다. 강제 휴식을 취하도록 몸이 알아서 작동하기 때문이다. 바로 병에 걸리는 것이다. 이런 강제 휴식을 좋아할 사람이 어디 있겠는가! 그보다는 능동적이고 자발적인 휴식이 훨씬 효과적이다.

투철한 가치관과 남다른 사고방식

다수의 HSP는 강인한 내적 가치체계를 갖추고 있다. 이들에게는 매사가 의미 있는 것이어야 한다. HSP들 중 다수는 항상 의미에 촉각을 곤두세우는 만성 의미탐색 바이러스 보유자다. 이들의 머릿속에서는 생각이 꼬리를 물고 이어지며 모든 것을 분석하려 든다. 남보다 훨씬 많은 것을 인지하는 사람은 일정한 내적 구조를 필요로 하며, 경험한 것을 자동적으로 자신만의 가치체계에 분류해 넣는다. 다음 목록은 고도로 민감한 사람들이 지닌 가치관의 세계를 엿볼 수 있게 해준다.

- 진실과 정의감
- 환경의식, 자연과의 연대감, 다른 생명체에 대한 존중
- 더 나은 세상을 만들기 위한 참여정신
- 소명의 탐색과 실천
- 정확성, 꼼꼼함, 조화, 논리
- 과제, 계획, 충심과 자신을 동일시함
- 새로운 것에 대한 열린 자세
- 맥락 및 배경에 대한 이해력, 숨겨진 의미를 꿰뚫어보는 통찰력
- 의무감과 책임의식
- 성실성과 책임감
- 평화, 화합, 공동체 의식

위 목록에 당신이 중시하는 가치관이 포함되어 있는가? 그렇다면 다음 세 가지를 자각하는 것이 더욱 중요하다.

- 책임 있는 태도로 가치관을 견지하고 이를 지속적으로 실천할 수 있는 환경을 만들어라.
- 본인의 확고한 가치관으로 인해 자기 자신과 주위 사람들에게 지나치게 엄격한 잣대를 들이댄다는 사실도 알아야 한다.
- 세상에는 당신과 가치관을 공유하지 않는 사람들도 헤아릴 수 없이 많다. 이들에게 선입견을 품기보다는 화합하도록 노력해야 한다.

우리 사회에서 특별한 가치관을 고수하다 보면 다음과 같이 난관에 부딪치는 일도 생긴다.

- 우리는 가능성의 바다에서 유영하고 있으며 많은 것에 빠져들 수 있다. 이때 과도하게 에너지를 소모하지 않도록 주의하라. 당신의 현재 목표에 초점을 맞추고 한 걸음씩 전진하라.
- 세상 사람들의 생각이 늘 나와 똑같을 것이라고 기대하다가는 실망하거나 부당한 대우를 받았다고 느끼기 쉽다. 확고한 가치관을 갖는 것은 좋지만 지나친 완벽주의를 추구하다가는 추락하고 만다. 이로 인해 정신적 상처를 입을 수 있으니 주의하라!
- 고도로 민감한 사람은 감춰진 진실도 쉽게 간파한다. 그러나 다른 많은 사람들에게는 그 진실을 마주하는 일이 쉽지만은 않음을 명심하라. 은폐되어 있던 것을 입 밖에 꺼낼 때는 남들의 거부와 비판 역시 감수해야 한다.
- 의미와 소명을 추구하다 보면 굴곡진 삶을 살게 되는 일도 많다. 이때는 인내와 지구력이 필요하다. 자신의 가치관을 철석같이 수호하는 사람은 사회에서 자신의 입지를 다지기까지 다소 오랜 시간이 걸리기도 한다.

깊고 진실한 인간관계와 뛰어난 감수성

고도로 민감한 사람들은 사회적 교류 과정에서 사람들로부터 호평을 받는 경우가 많다. 주변의 분위기를 재빨리 인지하고 아주 작은 변화까지 간파하기 때문이다. 팀의 분위기가 심상치 않은가? 배우자가 지쳐 보이는가? 직접 말하지는 않아도 수화기 너머로 들려오는 친구의 목소리에 고민이 묻어 있는가? 특정한 주제나 문제점에 관해 세심하고도 건설적인 대화의 문을 여는 연습을 해보라. 그럼으로써 직장이나 가정에서, 또는 친구나 배우자와의 관계에서 평화롭고 화목한 분위기를 조성하는 데 크게 기여할 수 있다. 혹은 고민거리를 성찰하고 해결하고자 하는 사람들을 도울 수도 있다. 매우 민감한 사람들 중 다수는 유년기나 청소년기부터 대화 상대로 인기가 높아서, 주변 사람들이 지극히 사적인 일에 관해 털어놓는 경우도 많다. 상대방의 말을 경청하는 자세, 감정이입 능력, 동정심, 기꺼이 도우려는 마음가짐, 사려 깊은 성격을 타고났다는 사실이 남들의 눈에도 보이는 모양이다.

이렇다 보니 민감한 사람 자신도 진정성 있고 신뢰할 수 있는 사람과 사귀기를 좋아한다. 만남의 깊이를 중시하는 것이다. 아무하고나 어울려 느긋하게 잡담을 나누는 일도 때로는 유익하지만, 피상적인 대화나 잡담은 대체로 민감한 이들의 성향에 맞지 않는다. 그래서 이들은 친구를 사귈 때도 매우 신중하며 다수와의 피상적인 만남보다는 소수와 긴밀하고 심도 있는 우정을 쌓는 편을 선호한다. 우정도 깊어서 서로에게 힘과 에너지를 주는 깊은 연결고리가 형성되어 있는 경우가 많다.

민감한 이들은 아주 작은 일에서도 커다란 기쁨을 느낄 수 있으며 풍요로운 내면의 삶을 누린다. 때문에 감정적 교류가 커다란 즐거움을 주지만, 여기에는 균형을 잡는 일 또한 요구된다. 고도로 민감한 사람에게는 혼자만의 시간과 사적인 공간 또한 필요하기 때문이다. 심지어 외향적인 성격의 HSP들도 경험한 것을 소화하고 성찰하고 정리하기 위해 주기적으로 혼자만의 시간을 필요로 한다.

뛰어난 감수성 및 타인들과의 내밀한 교류에 긍정적인 면만 있는 것은 아니다. 매우 민감한 사람은 다음과 같은 문제점 또한 익히 알고 있을 것이다.

- 감정을 통제하기 어렵다.
- 눈물을 억제할 수 없다.
- 삶이 어렵게만 느껴진다.
- 사소한 일로 신경이 예민해져서 약속을 갑자기 취소하게 된다.
- 자신과 '맞는' 사람이 주위에 없을 경우 낯선 행성에 홀로 던져진 것 같은 기분이 든다.
- 분주한 분위기나 갈등 상황에 처하면 달아나고 싶다.
- 과도한 자극을 받으면 공격적으로 변하며, 뒤늦게 이를 크게 후회한다.
- 타인에게 쉽게 이용당하고 뒤늦게야 이를 깨닫는다. 자신의 직감을 따르지 않고 모든 사람들이 자신과 똑같이 올바른 가치관을 지녔다고 믿는 탓이다.

- 파티에 초대받으면 반가움보다는 긴장감부터 든다.
- 타인의 비판에 크게 상처받는다.
- 예상이 빗나가고 뜻밖의 상황이 벌어지면 큰 혼란에 휩싸인다.
- 다른 사람들의 기분에 쉽게 휩쓸려 정작 자기 기분이 어떤지는 잊어버린다.
- 바쁜 일상으로 인해 자신의 욕구를 충족시키지 못할 경우 욕구불만이 한층 가시화된다.

예민한 사람에게는 시끌벅적하고 다이내믹한 삶이 커다란 부담으로 느껴지는 경우가 많다. 동시에 이들은 덜 민감한 사람에 비해 삶의 아름다운 면면을 강렬하게 체험하며, 성찰하는 능력 또한 갖추고 있다. 이는 더 크게 성장하고 남들이 보지 못하는 기회를 포착하기 위한 최고의 전제조건이다. 이것을 가능하게 하는 결정적인 첫 걸음은 자신이 남다르게 민감하다는 사실을 깨닫는 것이다. 자기 특유의 높은 인지능력과 관련된 특징을 제대로 파악할 수 있는 사람은 인생이라는 항해에서 민감하고도 강인하게 태풍을 헤치고 나아가게 될 것이다.

민감한 나, 어떤 유형에 속할까?

민감한 성향을 범주화하는 일은 자신과 타인들을 보다 잘 이해하는 데 도움이 된다. 남달리 민감한 사람들은 자신의 경험에 비추어 타인의 경험을 이해하는 재능을 갖추고 있는 것으로 보인다. 그러나 스스로 매우 민감하다고 여기는 사람들이 모두 똑같은 경험을 하는 것은 아니다. 고도의 민감성에도 다양한 유형이 있다. 자신이 어느 유형에 속하는지 다음 내용을 통해 고찰해보라.

민감성의 다양한 차이

고도의 민감성 연구소장이자 심리상담사로 활동하는 브리기테 퀴스터는 이 성향의 핵심 특징으로 다음 네 가지를 꼽았다.

- 감정이입 능력
- 인식력
- 감각
- 영성

그러나 민감한 사람들이 각각 이 네 가지 중 한 가지 특징만 보이는 것은 아니다. 그보다는 여러 특징이 남달리 강하게 나타나는 혼합형이 대부분이다. 그중에서도 영성과 관련된 문제는 다수의 HSP들에게 가장 큰 난제다. 과거에는 영적인 인지능력에 곱지 않은 시선을 던지는 분위기가 지배적이었을뿐더러, 영적으로 인지한 것을 표현할 적절한 용어도 없기 때문이다.

남달리 민감한 사람들 중에서도 감정이입형은 보통사람들에 비해 공감능력이 뛰어나다. 이들에게 기분이 어떤가 물으면 아마도 길고 구체적인 대답을 듣게 될 것이다. 다양한 느낌과 감정을 매우 정확히 구별하기 때문이다. 감정이입 능력이 뛰어난 사람은 상대방의 기분이 어떤지, 어떤 분위기가 지배적인지, 특정한 인간관계가 어떤 속성을 가졌는지도 잘 감지한다. 이 유형의 사람들에게 가장 큰 도전과제는 자신의 감정세계와 타인의 감정세계 사이에 적절히 거리를 유지하는 일이다. 따라서 이들은 명확히 경계선을 긋는 법을 배워야 한다.

남다른 인식력을 타고난 인식형은 어떤 주제가 주어졌을 때 분석적·지적 능력을 발휘해 이를 신속하고도 정확하게 고찰하고 논리적 결함을 간파한다. 복잡한 맥락을 이해하고 표현하는 것도 이들에게는 쉬운 일이다. 그러나 자기 감정을 좀처럼 드러내지 않기 때문에 다른 사람들은 이들의 감정을 잘 파악할 수 없다. 감정을 꾸밈없이 드러내는 사람을 만나면 크게 당황하기도 한다. 한 가지 주제에 집중적으로 파고들 때는 저명한 학자의 학술 인용문, 참고자료 목록, 도표 등을 이용해 자신이 관찰하고 인지한 것을 증명하는 일을 중요하게 여긴다.

감각형은 감각 자극을 특히 강하게 인지하는 유형이다. 매우 민감한 사람들 중 다수는 그야말로 감각인지의 폭발을 체험하기도 한다. 이들은 아주 세세한 것을 보고 아주 작은 소리도 들으며, 미세한 냄새와 맛도 남들보다 강하게 느낀다. 촉각 역시 예민해서 아주 가벼운 접촉에서 커다란 즐거움을 느낄 수 있다. 그러나 감각형이라고 해서 모든 감각이 같은 정도로 발달한 것은 아니다. 여기에도 차이가 존재한다.

영성이 강한 민감한 사람은 (다른 민감한 이들을 포함한) 대부분의 사람들이 접근할 수 없는 세계를 감지한다. 이들은 예감과 예지능력은 물론, 보통사람은 알 수 없는 세계를 엿보는 통로도 갖추고 있다. 그러다 보니 밀교적인 사고방식에 이끌리는 경우도 적지 않다. 독실한 사람은 신앙을 일종의 영적인 고향이자 자신을 강하게 만들어주는 존재로 여긴다. 일부는 신앙공동체의 과업에 헌신적으로 참여하며, 다른 일부는 의식적으로 종교 기관에서 탈퇴해 나름의 믿음을 개척해나가기도 한다.

내향성과 외향성

내향성 및 외향성에 관한 이론은 인간이 환경과 어떻게 상호 작용을 하는지 설명해준다. 1942년에 이 이론을 처음 고안해 성격심리학을 한층 발전시킨 인물이 바로 칼 융(Carl Gustav Jung)이다. 내향적인 사람은 자신의 관심과 에너지를 내면에 맞추는 경향이 강하며 조용하고 절제되고 차분한 성향을 보인다. 이는 수줍은 성격과는 다르다. 외향적인 사람은 행동의 초점이 외부에 맞춰져 있으며 사회집단 내에서의 교류와 활동에 흥미를 느낀다. 이들은 대화를 즐기고 단호하고 활동적이며, 정력적이고 지배적이고 열정과 모험심도 넘친다. 여기서 중요한 것은 백퍼센트 외향적이거나 내향적이기만 한 사람은 극소수에 불과하며 대부분은 혼합형이라는 사실이다.

 피상적인 관점에서 보면 내향성과 고도의 민감성은 혼동하기 쉽다. '내향성'은 주로 인간의 사회적 행동과 관련이 있으며 자신만의 내면세계에 심취하고자 하는 강한 욕구를 암시한다. 반면에 고도의 민감성은 자극을 강하게 인지하고 신경과민에 쉽게 노출되는 것이 핵심적인 특징이다. 아론의 연구에 의하면 민감한 사람의 약 70퍼센트가 내향적이며 30퍼센트는 외향적인 것으로 추정된다.

 민감한 사람들에게 코칭을 해주는 울리케 헨젤(Ulrike Hensel)은 〈슈투트가르터 차이퉁(Stuttgarter Zeitung)〉지와의 인터뷰에서 HSP의 내향성 및 외향성과 관련해 매우 흥미로운 이야기를 했다. "고도로 민감한 사람은 사회적으로는 외향적인 동시에 사고와 감정에 관한 한 내향성에 초점을 맞추기도 합니다."

외향적인 HSP는 타인과의 교류를 즐기되 가끔은 혼자만의 시간이 필요하다는 사실을 좀처럼 받아들이지 못한다.

독자들 중 다소 무딘 사람들을 위해 한 가지 조언을 하자면, 주위 사람 중 누군가가 발표나 강연 등을 멋지게 해내고는 (갑작스럽게) 휴식이 필요하다며 숨어버려도 이상하게 생각지 마라. 매우 민감한 사람들에게 이는 지극히 정상적인 일이다.

천재들 중에 민감한 사람들이 많다?

고도의 민감성에 비해 측정하기 쉬운 지능의 세계로 잠시 눈을 돌려보자. '영재성'은 명확하게 정의된 개념으로, 평균을 훨씬 웃도는 지적 재능을 타고났음을 일컫는다. 일반적으로 지능지수(IQ)가 130 이상인 이들을 가리켜 영재라 하며 전 인구의 약 2퍼센트가 이에 해당된다. IQ가 120 이상인 경우 언어, 사회, 논리 또는 수학 영역에서 부분적 영재성을 보이는 경우가 많다. 영재성 개념은 인간의 지적 능력을 양적으로 측정할 수 있다는 전제로부터 출발했다. 다만 인간의 지능은 시대의 흐름과 더불어 변화하기 때문에 IQ 테스트 역시 끊임없이 새로 다듬어지고 인간의 지적 발달에 따라 조정된다. 지능지수는 오로지 한 국가 및 한 세대 내에서만 비교가 가능하다.

교육 및 학습제도가 다수에 맞추어져 있기 때문에 아동의 지능지수가 평균 이하 또는 평균 이상일 때는 특별한 지원이 필요하다. 일부 사람들이 생각하는 것과는 달리 높은 지능이 능력 중심의 현대 사회에서 말하는 성공을 자동으로 보장해주지는 않기 때문이다. 고전적인 의미의 영재성을 타고난 사람이라면 그에 따르는 난관도 익히 알고 있을 것이다. 지력을 꽃피우는 데는 자신의 강점이 무엇이며 어떤 학습법이 자신에게 맞는지 판단하는 직관적이고 성숙한 의식이 요구된다.

고도의 민감성도 이와 마찬가지다. 민감한 사람은 자신의 잠재력을 의식함은 물론, 일상생활에서 어떤 행동전략이 내게 유익하며 무엇이 나를 강인하게 하는지 알고 있어야 한다. 어떤 사람은 테스트를 거치지 않고도 이를 능숙히 해낸다. 또 어떤 사람에게는 자신의 능력과 소질을 더 많이 체험하는 일이 하나의 축복이다. 다소 험난한 인생길을 걸어온 뒤 자신의 특별함을 자각함으로써 삶에 대해 명료성과 새로운 관점을 획득한 경우라면 특히 그렇다.

민감성과 영재성의 상호관계

영재성은 고도의 민감성과 어떤 관련이 있을까? '영재성'과 '고도의 민감성'이라는 개념이 짝지어 거론되는 일이 많기 때문에(예컨대 민감성과 영재성을 동시에 타고난 이들을 위한 코치와 상담가들도 있다) 두 가지가 '어떤 방식으로든' 서로 관련이 있다고 생각하는 사람들이 많다. 그러나 지금까지 이 둘 사이에 뚜렷한 연관성은 알려진 바 없다. 영재들이 모두 남다르게 민감한 것도 아니고, 유난히 민감한 사람이 꼭 영재인 것도 아니다.

그러나 나를 비롯한 고도의 민감성 전문가들의 경험에 의하면 영재들 중에는 스스로를 매우 민감하다고 여기는 이가 많다. 두 가지 특성을 동시에 타고난 사람들은 학창시절부터 이미 두각을 보인다. 매우 민감한 동시에 영재인 아이에게 자극을 가하고 창의성을 발휘하게 만드는 과제들은 고도의 주의력 역시 불러일으킨다. 이때 아이는 주변의 자극을 '차단'할 정도로 집중력을 발휘한다. 결과가 좋은 것은 당연하다. 반면에 과제가 너무 쉬우면 온전히 집중할 필요가 없기 때문에 별안간 주변의 다른 자극에 주의가 급격히 쏠리게 된다. 이때는 과제에 집중하기 어렵다. 결과적으로 아이는 복잡한 과제보다 쉬운 과제에서 실수를 저지르기 쉽다.

앞서도 언급했듯이 영재성이나 민감성을 전문적으로 다루는 코치들은 많다. 개중에는 작가 안네 하인체(Anne Heintze)처럼, 영재성이라는 개념이 높은 지능에만 제한적으로 적용되고 감정지능, 운동재능, 음악적 재능, 그리고 뛰어난 인지재능이라 할 수 있는 고도의 민감성 등이 등한시되는 경향을 비판하는 사람도 있다. 하인체는 특히 심리학자 하워드 가드너(Howard Gardner)의 다중지능 이론을 토대로 삼는다.

미국의 작가이자 코치인 바버라 셰어(Barbara Sher)는 또 하나의 '영재성 유형'으로 '스캐너(Scanner)형'을 들었다. 이는 학문적으로 증명된 바는 없지만, 자료 수집 중에 나는 자신이 스캐너형이라고 확신하는 민감한 사람들을 여럿 만났다. 바버라 셰어에 의하면 스캐너형의 사람들은 한 가지 또는 소수의 분야에 만족하지 않고 수많은 분야에 관심을 가지며 이 모두를 직접 경험하고자 한다. 그래서 끊임없이 직업을 바꾸거나 새로운 것을 즐기며, 한 가지를 선택하는 데 어려움을 겪고, 한 분야에서 전문가가 되기보다는 다양한 주제를 다루는 것을 좋아한다. 그밖에도 스캐너형을 특징짓는 요소는 헤아릴 수 없이 많다. 이런 사람은 한 가지 기준에 스스로를 맞추는 데 어려움을 겪는다. 고도로 민감한 스캐너형은 특히 그렇다. 보다 많은 정보를 인지하는 사람은 새로 발견하는 것도 남달리 많기 때문이다.

　남다른 민감성과 감성을 뛰어난 재능과 연관 짓는 흥미로운 이론이 또 하나 있다. 다브로프스키(Kazimierz Dabrowski, 1902~1980)는 고도의 감수성 및 감성을 영재의 특징으로 간주했다. 다만 그가 말하는 '영재성'의 정의는 공식적으로 인정된 IQ 이론과는 차이가 있다. 폴란드 출신의 의사이자 심리학자, 정신의학자, 철학자이기도 한 그는 수많은 예술가, 배우, 지능이 뛰어난 영재 아동 및 청소년들을 상담한 끝에, 이들 모두가 보다 숭고한 자아를 추구하며 풍부한 감정 또한 타고났다는 결론을 내렸다. 다브로프스키가 살았던 시대의 의학계에서는 자아의 현재 상태와 타협하지 못하고 창의적인 비전에 집착하던 사람들을 신경정신과적 장애가 있다고 보았다. 그 이유는 이들이 그 과정에서 강한 내적 갈등과 자아비판, 두려움을 경험하며 자기가 추구하는 이상적인 상에 부합하기에는 스스로가 부족하다고 여기기 때문이다.

　다브로프스키는 이 현상을 다른 방향으로 해석했다. 그에 따르면 이런 사람들은 보다 높은 인격적 발달수준을 추구한다. 다브로프스키가 보기에 내적 갈등이란 부정적인 무언가가 아니라 사회적 책임을 질 능력을 부여하는 내적 발달의 징후다. 많은 사람들이 '정신적 장애'가 있다는 오명을 피하기 위해 고도의 감성을 억제하거나 부정하고 있음을 간파한 그는 '긍정적 비통합이론'을 고안했다. 여기에서 그는 민감한 사람들이 다수에 순응하기보다는 의식적으로 자신만의 길을 개척함으로써 타고난 재능을 발휘할 수 있도록 독려한다. 그의 관점으로 볼 때 이들의 발전 잠재력에는 내적으로 변화할 수 있는 능력도 포함된다. 그가 말하는 개인적 성장이란 자신만의 특성을 발전시키는 일, 그리고 타인에 대한 존중, 동정심, 연대의식, 강한 애착을 고귀한 가치관으로 삼는 인간이 되도록 의식적인 노력을 기울이는 일을 의미한다. 이 이론은 우리에게 다음과 같은 질문과 성찰의 동기를 부여한다.

- 일부 아이들이 과잉행동을 보이는 이유는 강한 열정과 감수성을 타고났기 때문이 아닐까?
- 끈기 있는 성격이 완고하고 비현실적인 것으로 치부되는 이유는 무엇인가?
- 풍부한 상상력을 가진 사람이 누군가와 대화할 때, 또는 그저 타인들이 있는 자리에서 자신의 내면세계에 빠져 있는 것이 부주의하거나 무례한 태도인가?
- 심한 감정적 동요가 과연 '미성숙' 혹은 '마음 수련의 부족'과 관련 있는가?
- 창의적인 공간과 더 많은 자기 결정권을 갖고자 하는 갈망을 경제적 관점에서 진정 '노동의지'의 결핍과 결부시킬 수 있는가? 아니면 더 좋은 성과를 올리기 위해 개개인에게 필요한 조건이 서로 다른 것뿐인가?

예민하면 자주 아프다?

"영혼이 육체에게 말하기를, '자네가 앞서게. 사람들은 최소한 자네 말은 듣지 않나.'"

당신은 지난 몇 주 동안 과로에 시달려 심한 감기몸살에 걸리기 일보직전이다. 하루 휴식을 취하거나 잠시 바람만 쐬도 건강을 회복하는 데 도움이 된다는 사실을 당신도 알고 있다. 그저 상사에게 전화를 걸어 "오늘은 몸이 좋지 않아 쉬어야겠습니다"라고 전하기만 하면 된다. 그러면 감기몸살에 걸려 의사를 찾아가고 병가를 낼 필요도 없어질 것이다. 노동생산성도 더 높아질 것이다. 휴식은 '구태의연한 일상'에서 이틀이 걸릴 일도 하루 안에 해낼 수 있도록 잠재된 힘을 발휘하게 해준다. 그러나 현대 사회에서 이렇게 하는 것이 과연 가능한가?

우리는 어쩌다 정해진 업무시간 동안 자리를 지켜야 하고 몸이 좋지 않아도 마음대로 쉴 수 없는 노동 시스템을 갖게 되었을까? 어째서 휴식이 필요하다는 신호를 몸이 보낼 때까지 일해야 할까? 우리가 매일의 업무량을 미처 소화하지 못할 정도라면 사람이 아니라 시스템이 병들어 있는 탓이 아닐까? 우리 몸은 그저 질병을 야기하는 일상으로부터 잠시 벗어나 건강을 지키라는 신호를 보낼 뿐이다.

고도의 민감성은 정신 장애가 아니며 질병은 더더욱 아니다. 단지 하나의 기질일 뿐이다.

심리학자들이 말하는 '기질'은 체질과 관련된 특성이며 유전적이고 선천적인 요소들의 결합으로 형성된다. 학자들에 따르면 성격은 이런 기질과 환경, 그리고 개개인의 경험에 의해 결정된다. 매우 민감한 사람이 일반적인 다수에 비해 신경학적으로 자극을 다르게 수용한다는 사실은 이미 여러 연구를 통해 검증되었다. 건강 및 질병 문제를 검색하다 보면 다음과 같이 HSP에게서 관찰되는 특이점 몇 가지가 반복적으로 언급된다.

- 매우 민감한 사람들은 특유의 조기 경고 시스템을 갖추고 있어서 신체를 약화시키는 자극을 받으면 남들보다 쉽게 병에 걸린다. 그러나 적절한 대응책만 쓰면 빠르게 건강을 회복하기도 한다. 따라서 HSP는 타인들에게 일종의 지진계 또는 한계를 알리는 감지기 역할을 할 수 있다.
- 스트레스 질환과 트라우마에 노출되기 쉽다.
- 약물, 알코올, 마약, 니코틴, 카페인 등에 민감하다.
- 알레르기나 과민반응을 잘 일으키는 편이다.
- 일상적인 상황에서 감정적 상처를 받기 쉬운 한편, 변화나 위기 상황에서는 강인한 정신력을 발휘하기도 한다.

이것들은 민감한 사람들에게 풀어야 할 숙제이자 강점이기도 하다. 어떤 면에서 이것이 강점일까? 민감한 사람의 신체와 정신은 뭔가 잘못 되어가고 있을 때 신속하게 이를 알리고 무엇에 주의해야 하는지 귀띔해준다. 우리에게 필요한 것은 이를 실천할 용기뿐이다. 이성이 지배하는 시스템에서 벗어나 내면 깊숙이 닻을 내리고 있는 순수한 느낌과 앎의 세계로 뛰어들어야 한다. 건강과 치유의 열쇠는 이런저런 비법을 숭배하기보다는 과학적 지식과 직관적 '앎', 그리고 대안적인 방책을 적절히 조합하는 데 있다.

볼프강 클라게스(Wolfgang Klages)는 1978년에 이미 민감한 환자들에 관해 매우 흥미로운 이야기를 했다. 전직 교수이자 의학박사인 클라게스는 당시 아헨(Aachen) 공대 부속 정신병원장으로 일하고 있었다. 그의 저서 《민감한 사람(Der sensible Mensch)》에는 당시의 경험이 다음과 같이 정리되어 있다.

- 민감한 사람들은 항상 개별적인 증상을 과장하지 않고 객관적으로 묘사한다.
- 우울한 감정은 민감성 때문에 발생하는 것이 아니라 우울증이라는 질병의 증상일 뿐이다.
- 심리치료를 받고자 하는 민감한 사람들은 흔히 학창시절에 우수했거나 그 이상의 탁월한 성적을 거두었으며 직업생활에서도 높은 지적 수준을 요하는 위치까지 올라간 이들이다.

민감한 사람은 자신의 남다름에도 불구하고 사회에 융화되고 강한 민감성을 잘 조절하고자 하는 욕구를 지니고 있다. 이와 관련해 클라게스는 "민감한 환자는 스스로를 괴롭히는 기질을 모든 합리적 수단과 기회를 동원해 통제하려 드는 경향이 매우 강하다"라고 말했다. 또한 민감한 이들 중 특별한 유머감각과 반어적인 표현력을 갖춘 사람이 다수였다고도 말한다. 자신의 존재를 극복하는 데 이러한 수단을 활용하는 것이다. 타인들이 자신의 민감성을 잘 이해하지 못하기 때문에 삶이 무의미하다고 여기는 이들도 있었지만, 클라게스가 관찰한 바에 의하면 민감한 사람이 단순히 자신의 성향을 비관해 자살을 시도하는 경우는 없었다. 이들이 자살을 시도할 경우 그 원인은 민감성이 아니라 정신병 또는 우울증이었다.

민감한 사람들이
흔히 빠지는 심리적 함정

'자신의 약점을 인정하면 약점은 사라지고 내적인 강인함을 얻게
된다. 우리는 항상 스스로에게 제동을 걸고 있다.'

토마스 핏처(Thomas Pfitzer)

고도로 민감한 사람의 삶에는 양면성이 있다. 하나는 신경과민 및
자극과다로 인한 고충, 나머지 하나는 남다른 인지능력의 긍정적
인 면을 누리고자 하는 욕구다. 우리 문화에서는 아직 고도의 민감
성이 그리 이상적인 성향으로 간주되지 않는다. 여기서 우리는 선
택의 기로에 놓인다. 순응할 것인가? 아니면 남과는 다른 길을 걸
을 것인가? 나는 순응이 나태한 타협이자 고질적인 신경과민 상태
로 가는 지름길이라 생각한다. 그것이 야기하는 결과는 무기력함

과 실패와 질병뿐이다. 반복적으로 이를 경험하다 보면 자아가치감에 생채기가 나고 삶의 질은 대폭 저하되고 만다.

볼프강 클라게스는 남보다 민감한 사람들이 극복해야 할 도전과제를 다음과 같이 정리했다. '민감한 사람은 자신의 강한 민감성과 냉정한 현실 요소들 사이의 커다란 간극을 극복하는 과제에 능숙해져야 한다.'

나는 민감한 사람에게 자신의 현실을 스스로 만들어가라고 조언하고 싶다. 민감한 사람 특유의 강점과 긍정적인 특성이 무엇인가에 몰두하기 전에, 자신의 약점과 발전 가능성은 어디에 있는지 살펴보라. 자신의 약점을 아는 사람만이 진정으로 강해질 수 있기 때문이다.

주어진 도전과제와 강점을 모두 파악하고 나면 민감하면서도 강인하게 삶을 꾸려갈 수 있으며, 자기 자신과 타인들, 그리고 삶에 능숙하게 대처하는 참된 능력을 기를 수 있다.

신경과민과 스트레스

일레인 아론은 《민감한 사람들을 위한 워크북(The Highly Sensitive Person's Workbook)》에서 남달리 민감한 이들이 다음 다섯 가지 항목을 자각해야 한다고 조언한다.

- 지나친 자극은 민감한 사람에게든 보통사람에게든 신경과민을 야기한다. 피로감, 무기력감, 만성적인 긴장감을 겪어보지 않은 사람은 없을 것이다.
- 적절한 '자극 수준'을 유지하는 일은 누구에게나 중요하다. 과도한 자극은 불편과 성과 저하를 유발하며, 지나치게 적은 자극은 무료함과 단조로움을 야기한다. 각자가 편안하다고 느끼는 정도가 가장 좋다.
- HSP는 평균 이상으로 빠르게 자극과다 수준에 다다른다. 때문에 이들은 거북함을 느끼거나 자신이 남들에 비해 무능하다고 여기는 경우가 잦다.
- 우리 문화에서는 민감성이 이상적인 성향으로 간주되지 않는다. 그보다는 경쟁, 성과 위주의 사고방식, 소비가 중시되는데, 이는 민감한 사람들에게 커다란 도전이다.
- HSP는 유년기의 어려운 경험에 의해 남들보다 크게 영향을 받는다. 보통사람이라면 일찌감치 잊었을 법한 경험도 오래도록 품고 있으며, 그로 인해 평범한 상황에 대처하는 데 곤란을 겪기도 한다.

고도로 민감한 사람은 남보다 더 많은 자극을 더 강렬하게 인지한다. 예컨대 빛에 매우 예민해 촛불 빛에도 눈이 부시고, 햇빛이 강한 날에는 선글라스 없이 자동차를 운전하는 것이 불가능할 정도다. 그렇다고 스스로를 타인들과 비교하며 있는 그대로의 자신을 받아들이지 않을 경우 민감한 사람이 겪는 특유의 난관은 불행과 공격성을 초래한다. 이는 다시금 스트레스 상승의 원인이 된다. 이런 악순환이 정신적 문제나 신체적 질환을 야기하는 경우도 많다.

그러나 민감한 이들은 삶을 전혀 다른 방향으로 전환시킬 능력도 갖추고 있다. 그저 자신이 자극을 남달리 예민하게 감지한다는 사실을 받아들이면 된다. 그 여운이 남들에 비해 오래간다는 사실도 수용하라. 하루 사이 일의 능률과 속도가 (특히 자극적인 환경에 자주 노출될 경우) 크게 저하될 수 있다는 사실도 받아들여라. 그리고 더 많은 휴식을 취하며 즐거운 마음으로 저녁을 기다리는 연습을 하라. 저녁이 되면 사방이 고요해지고 주위 사람들의 바쁜 움직임도 줄어들 테니 말이다.

자기 회의와 상처받기 쉬운 영혼

타인들이 언제 어떤 조건에서 무엇을 어떻게 하는가를 내 행동의 기준으로 삼거나 남과 나를 비교하는 데만 관심을 기울일 경우 우리는 자신의 본질과 강점, 내면 깊숙이 숨은 욕구가 무엇인지 영영 알지 못하게 된다. 이런 태도는 자신에게 맞지 않는 것에 초점을 맞추고 자신의 다름을 부정적인 것으로 여기게 만든다. 나아가 주위의 기대에도, 스스로 세운 엄격한 기준에도 제대로 부응하지 못한다는 해로운 감정을 양산한다. 동시에 자기 자신과 남들의 기대에 부응하고자 하는 갈망은 점점 더 커진다. 내적인 기대감의 압박도 강해져 자아가치감을 갉아먹는다. 외부에서 자신에게 거는 기대를 의식하며 끊임없이 순응해야 한다는 의무감을 느끼고, 실상은 휴식이 필요한 상황임에도 뭔가를 해내야 한다는 강박관념에 사로잡힌다. 이런 상황에 처한 HSP들 중 자신의 내면 상태가 어떠한지 자각하는 이는 극소수에 불과하다. 그로써 상황은 점점 더 격렬한 소용돌이에 걷잡을 수 없이 휘말린다.

자아가치감과 자기 신뢰가 저하되고 끊임없이 부정적인 경험을 하다 보면 상처에도 쉽게 노출되기 마련이다. 자신이 처한 환경 및 주위 사람들과 조화롭게 공존하고픈 갈망이 자라는 동안에도 부정적이고 거북한 경험은 점점 쌓여만 간다. 이쯤 되면 민감한 사람은 주변인들의 말에 지나치게 큰 의미를 부여하거나 이를 완전히 곡해하기도 한다. 직업생활에서는 이것이 집중력 저하와 성과 저하로 가시화되며, 결국 노련하게 자신을 '팔거나' 사람들 틈에 섞일 엄두조차 낼 수 없게 된다.

볼프강 클라게스는 《민감한 사람》에서, 고도로 민감한 사람은 누군가 잘못 내뱉은 말 한 마디를 오래도록 속으로 곱씹는다고 지적한다. 이는 대개 민감한 당사자에게도 매우 짜증스러운 일이다. 이들은 '공격' 당했다고 느끼기 쉬워 뒤끝 있는 행동거지를 보이기도 한다. 번번이 자기 회의에 빠지고 작은 것에 상처받는 일이 반복되다 보면 주위 사람들의 사소한 감정과 말 한 마디, 표정 하나까지 일일이 자신과 연관 짓기 시작한다. 정신적 상처를 피하기 위해서라도 이런 악순환은 반드시 타파해야 한다!

　주위 사람들은 민감한 이들을 보며 기복이 심하다고 생각할지 모른다. 평소 그 사람이 자신의 감정과 행동을 절제하며 좋은 컨디션을 유지하려 애써왔다면 이 점이 더욱 두드러질 수 있다. 무난히 행동하던 사람이 별안간 신경과민 상태가 되어 변덕을 부리면 주위 사람들은 혼란에 빠질 수밖에 없다. 그러니 민감한 사람이 일관성 없는 성격을 가진 것으로 비치는 것도 당연하다.

　그래서 자신의 높은 민감성을 자각하고 수용하는 일은 한층 더 중요하다. 그럼으로써 자신에 관해 명료성을 얻고 기존의 틀을 타파하며 자기 회의와 유약함을 극복할 기회가 마련되기 때문이다. 명심하라. '당신이 받아들이지만 않는다면 누구도 당신에게 열등감을 심어줄 수 없다.' 엘리너 루스벨트의 말이다. 지극히 타당한 이야기다!

　그러면 자기 확신을 갖고 삶과 마주하며 자신이 원하는 바를 개척해나가기 위해서는 어떻게 해야 할까? 심리학자 실비아 하르케(Sylvia Harke)는 한 유튜브 영상에서 HSP들의 성공을 막는 전형적인 장애물이 무엇인지 보여준다. 그중 몇 가지 추천할 만한 행동방식을 선별해 정리해보았다.

- 완벽주의를 버려라. 자기검열에 대한 집착을 버리고 감정을 허용하며, 완벽한 결과를 얻으려 들기보다는 과정에 집중하라.
- 결정하는 일을 즐기고 위험을 감수할 용기를 지녀라.

- 외부보다는 내면에 더 초점을 맞추어라.
- 이상주의에서 조금 물러나 자신의 욕구를 보살펴라.
- 주위 사람들에게 마냥 맞추지 말고 더 자주 "아니오"라고 말하라. '나'를 내세우고 "나는 있는 그대로의 내가 좋다"라고 말하라.
- 실패에 대한 두려움 대신 믿음과 자기애를 키워라.
- 자기 자신을 표현하고 사람들 앞에 설 때는 명확성을 추구하라.
- 스스로 아웃사이더가 되지 말고 같은 사고방식을 가진 사람들을 찾아 어울려라.
- 자신의 삶에 미소를 선사하고 스스로에게 책임을 지며, 수동적으로 반응하기보다는 능동적으로 행동하라. 희생양을 자처하지 말고 창조적이며 자신감 있는 태도를 취하라.

두려움과 죄책감

민감한 사람은 감각의 깊이가 남달라 세상을 한층 소란스럽고 강렬하고 공격적으로 인지하며, 세상이 자신의 상상과는 다른 모습이라고 느끼기도 한다. 이는 민감한 사람에게 두려움을 유발시킨다. 가령 어릴 적 나는 잠자리에서까지 핵전쟁의 위협에 대한 생각을 떨쳐버릴 수 없었다. 누가 언제 무슨 일을 저지를지 모른다는 두려움도 머릿속을 떠나지 않았다. 이를 극복하기까지는 어느 정도의 인생경험과, 누구에게도 완벽한 '안전'이 보장되지는 않는다는 깨달음이 필요했다. 죽음은 삶의 일부다. 우리는 자기 삶에 스스로 책임질 수는 있을지언정 완벽히 통제할 수는 없다. 이런 진리를 이해한 뒤에야 내 두려움은 점차 잦아들었고, 평생 두려움에 시달리며 살 것인가, 내 길을 갈 것인가를 결정해야 한다는 사실도 이해하게 되었다. 섬세하고 예민한 감각을 타고난 사람들에게는 삶을 신뢰하고 모든 것에 나름의 의미가 있다고 믿기까지의 과정이 멀고 험난한 여행길과도 같다. 그러나 이 길을 걸을수록 두려움은 잦아들 것이다.

민감한 이들을 짓누르는 또 한 가지 요소는 바로 죄책감이다. 이 감정의 원인 중 하나는 양육방식, 또 하나는 이들의 성향이다. 타고난 양심과 높은 이상향, 화목함에 대한 갈망, 감정이입 능력으로 인해 이들은 타인에 대해 유독 큰 책임감을 갖곤 한다. 다른 사람들은 기본적으로 자기 자신과 자녀들에 대해서만 책임을 진다는 사실을 간과하기 일쑤다. 심지어 자녀에 대한 영향력에도 한계는 있다. 자녀에게 책임을 지고 곁에 있어주어야 하는 것은 당연하며 자녀 외의 타인들을 돕는 것도 나쁘지 않지만, 그들의 감정에 대해서까지 우리가 책임질 필요는 없다.

그러나 현실은 흔히 이와는 다르다. HSP들은 갈등을 피하려 들며 말할 때 솔직한 태도를 취하지 않는 경우가 적지 않은데, 이는 상대방의 감정적 반응을 미리 예측해 부정적인 감정이 유발되는 것을 방지하기 위해서다. 이때 자신의 이해관계나 욕구를 소홀히

하게 된다는 사실은 (자신의 약점에 대한 성찰이 충분치 못한 경우) 자각하지 못하는 경우가 많다. 어떤 사람과의 관계에서 발생한 상황이 거북할수록 죄책감은 커지고 책임감에 대한 자각도 한층 강해진다. 그야말로 악순환이다. 그 결과 나 자신과 내 욕구에 대한 책임은 뒷전으로 밀려난다. 그러다 보면 타인을 위해 살게 되며, 내 행복도 남들의 기분 또는 그들로부터 인정받느냐 마느냐에 좌우된다. 이런 상황은 에너지를 앗아가고 삶의 기쁨을 파괴하며 인간관계에도 악영향을 미친다. 자기 자신과의 관계는 물론이고 소중한 주위 사람들과의 관계에서도 마찬가지다.

자신이 타인의 감정에 책임을 지지 않는다는 사실을 자각할수록 우리는 감정적 위협에 덜 노출된다.

이러한 자각은 남달리 민감한 사람이 어려운 상황에서도 자기 자신을 잃지 않고 자신의 이해관계를 대변하며 자기 욕구를 존중할 수 있기 위한 전제조건이다. 그로써 우리는 내적으로 강인해지며, 우리가 품고 있던 두려움도 건전한 수준으로 줄어든다.

• 03 •

섬세한 성향이 지닌 잠재력

앞에서 누차 말했듯 민감한 사람은 주변의 많은 것들을 섬세하게 인지하고 오감이 유난히 발달해 있다. 이런 특성은 엄청난 잠재력을 지닌다. 자료 검색 중에 발견한 어떤 작가들은 이런 잠재력을 특출한 재능 또는 소질이라 표현하며, 또 다른 이들은 단순히 성격이자 능력이라고 말한다. 다만 (거의) 항상 공통으로 언급되는 점은 이 장점이 약점이 될 수도 있다는 것이다. 모든 민감한 사람에게서 이런 특성이나 장점, 소질이 모두 나타나는 것도 아니다.

여기에서 설명하는 특성들 중 당신이 지금껏 개인적 믿음이나 타인의 선입견 및 기대에 반한다는 이유로 강점으로 여기지 않은 요소가 있는지 살펴보라. 혹은 다른 사람이 갖지 못한 민감한 사람의 특징을 딱히 강점이라고 생각해본 적이 없지는 않은가? 보물을 찾듯이 당신의 특별한 강점을 찾아보라. 당신은 무엇에 능한가? 당신에게 즐거움을 주는 것은 무엇인가? 당신은 언제 능력을 마음껏 꽃피우는가? 경제, 정치, 사회 분야에서 당신이 발휘할 수 있는 소중한 잠재력과 특성은 무엇인가?

— 내가 경험한 바에 의하면 매우 민감한 사람들은 퍼즐을 맞추듯 사건의 조각들을 조합해 의미 있는 전체를 만들어내는 속도가 매우 빠르다. 나는 이런 메타적 성찰(Meta-reflection) 능력을 매우 높게 평가한다.

이렇게 전체를 조망하는 인지능력은 상식적이고 윤리적인 의식으로 이어진다. 전체적 맥락을 꿰뚫어볼 수 있기 때문에 해로운 행동방식을 취하는 것은 이들에게 상상도 할 수 없는 일이기 때문이다. 심지어 나는 민감한 아동들에게서도 남다른 정의감과 진정성을 관찰할 수 있었다. 이들 앞에서는 누구도 X를 U라고 속이지 못한다.

고도로 민감한 사람들 중 다수는 높은 사회적 경쟁력과 탁월한 감정이입 능력을 갖추고 있다. 창의력과 비범한 문제 해결 능력, 그로부터 비롯된 혁신적인 사고방식 또한 이들을 특징짓는 요소다.

─ 유타 뵈트혀(Jutta Büttcher), 아우룸 코르디스(Aurum Cordis) HSP 상담센터

감정이입 능력과 공감력

인류는 수천 년 전부터 평화를 갈구해왔으면서도 여전히 견해 차이, 권력, 그 밖의 어리석은 일들 때문에 다툼을 벌인다. 고도로 민감한 사람들은 화합에 대한 욕구가 커서 서로 존중하는 태도로 평화롭게 어울리는 데 온 마음을 기울이기 때문에 인류의 평화로운 공존에 크게 기여할 수 있다. 그들에게는 이것이 별로 힘든 일도 아니다. 있는 그대로의 자기 모습대로 행동하고 스스로를 잘 조절하며, 타고난 사회적 경쟁력, 다시 말해 기꺼이 남을 돕고 보살피고 배려하는 자세와 마음속 깊은 데서 우러나는 애정을 발휘하기만 하면 되기 때문이다.

이제부터 소개할 여러 가지 강점이 물론 HSP만의 전유물은 아니다. 감정이입 능력, 그물망 사고력, 창의력과 예술적 재능 역시 고도의 민감성과 반드시 맞물려 있지는 않다. 다만 HSP를 집중적으로 연구한 심리학자, 코치, 작가들의 이야기를 훑다 보면 이런 잠재능력들이 공통적으로 거론됨을 알 수 있다. 고도로 민감한 사람들에게서 이런 특성이 매우 두드러지며 여러 재능이 결합된 형태로 관찰되는 경우도 다반사라는 것이 이들의 견해다.

매우 민감한 사람은 타인의 이야기를 경청할 줄 알며 상대방의 기분을 매우 빨리 알아채고, 미묘한 어조나 아주 작은 표정 변화도 포착한다. 갈등이 발생할 것을 예견하며 자신을 이해하지 못하는 (또는 이해하려고도 하지 않는) 사람들의 입장까지도 이해한다. 이런 선지식 덕분에 그들은 처신 역시 매우 신중하다. 민감한 사람은 또한 감이 뛰어나기 때문에 이들 앞에서 거짓으로 뭔가를 꾸미는 것도 불가능하다. 어떤 인간관계에 문제가 생길 경우에도 이를 직감하는데, 이때 자신의 이해관계가 걸린 문제인지 남의 문제인지는 중요치 않다. 이들은 조화와 통합을 추구하며, 첨예한 대립이 일어나는 상황에서도 편안하고 조화로운 분위기를 이끌어내므로 제삼자의 갈등 문제에서 훌륭한 중재자 역할을 수행할 수도 있다. 모든 이들의 입장을 존중하고 각각의 관심사를 고려할 줄 알기 때문에 대화를 통해 사려 깊고 균형 있는 해결책을 도출하는 것이다.

매우 민감한 사람은 적응력도 뛰어나다. 그러나 의무적인 순응은 금물이다! 적어도 내적인 성찰을 통해 자신의 목표를 향해 가는 길이 다른 데 있음을 자각했다면 무조건적인 순응을 경계해야 한다. 어쩌면 당신은 지금껏 자신의 진짜 과업과는 거리가 먼 역할을 수행하고 있었는지도 모른다. 민감한 사람은 모든 것에 의문을 품고 성찰하는 일에 익숙하며 모순을 놓치지 않는다. 그러니 타인과 자기 자신, 나아가 평화로운 세상을 위해서라도 이러한 강점을 활용하라.

엄격한 가치관과 지속가능성에 대한 의식

고도로 민감한 사람은 인간과 자연, 동·식물의 세계에 대해서도 남다른 감각을 지니고 있다. 그래서 남들이 어깨만 으쓱하고 지나칠 일, 나 혼자 해 봤자 무슨 변화가 있겠느냐고 생각할 일에도 솔선수범해서 나선다. 어떤 시스템에든 의문을 품고 개개인의 행동이 야기할 영향력과 결과에 관심을 가지며, 예측하는 사고에 익숙하기 때문이다. 또한 고도의 윤리적 이해력을 갖추고 남들이 비현실적이라고 생각하는 이상적인 기준에 집착하며 고매한 가치관을 삶의 기준으로 삼는다. 세상을 변화시키고 우리 시대가 직면한 문제를 해결하는 데 각자의 방식과 가능성을 동원해 팔을 걷어붙이고 나서기도 한다. '가능한 것을 성취하려면 불가능한 것을 시도해야 한다' 라는 헤르만 헤세(Hermann Hesse)의 말이 이들에게는 모토가 된다.

　민감한 사람은 인류가 맞닥뜨린 난관을 피하지 않고 직시하는 용기를 가졌다. 타인은 물론 자기 자신에 대해서도 비판적이며 정의 구현에도 앞장선다. 뭔가를 일단 시작하면 특유의 엄격한 가치관에 따라 선하거나 옳다고 판단되는 일을 책임감 있게 해낸다. 나아가 삶 자체에도 충실하다.

섬세하고 미적인 감각

고도로 민감한 사람의 심도 있는 인지능력은 탁월한 잠재력을 품고 있다. 세부사항과 아주 작은 차이까지도 포착하는 안목이 여기에서 나오기 때문이다. 수, 정보와 자료, 색채, 형태, 그래픽, 인테리어, 패션, 건축, 소재 등 모든 분야에서 그렇다. 예컨대 고도로 민감한 학자는 세부요소까지 볼 줄 아는 예리한 시각 덕분에 우리가 직면한 문제점에 대한 해결책을 찾는 데 기여할 수 있다.

오감이 뛰어난 민감한 사람은 풍미가 훌륭한 음식이나 좋은 음악을 깊이 음미할 수 있으며, 악취나 좋은 향기도 예리하게 구별한다. 불이 나면 큰 화재로 번지기 전에 냄새로 이를 알아차리는 사람도 있다. 예민한 촉각은 섬세한 손재주와 한 쌍을 이루어 다양한 직업군과 세심함이 요구되는 일에 유용하게 활용된다. 뛰어난 미적 감각은 엄격한 가치관과 결합되어 질서와 청결을 유지하는 데 도움이 되며, 이들의 내면에 익숙한 것을 소중히 여기고 가꾸고 보존하고자 하는 자각을 가져다준다.

양심과 투철한 책임감

매우 민감한 사람은 뭐든 대강 넘어가는 법이 없으며 양보다는 질을 중시한다. 많은 시간이 소요될 것으로 예상되는 과제는 특히 신중하고 충실하게 해낸다. 요청을 귀 기울여 듣고 확실한 이해를 위해 재차 질문을 던지기도 하므로 이런 사람이 수행한 업무는 굳이 몇 번씩 수정할 필요도 없다. 꼼꼼함과 정확성에 관해서는 언급할 필요조차 없다. 그래서 일을 끝내기까지 다소 시간이 걸릴 수는 있지만 결과는 흠잡을 데 없다. 스스로도 남들보다 많은 시간이 필요하다는 사실을 알기 때문에 제 시간에 일을 마칠 수 있도록 사전에 철저히 계획을 세워두기도 한다. 완벽할 수는 없을지 모르나 반드시 고품질의 결과물이 나온다. 실수에도 매우 민감하기 때문에 결과를 검토하고 시스템 내의 오류를 찾아내며 문제나 모순, 착오가 발생하는 것을 방지하는 데 뛰어나다. 주어진 임무나 집단에 대한 충성심과 책임감 역시 중요하게 여기므로 책임과 의무에 관해서라면 얼마든 이들을 신뢰해도 좋다.

고도의 직관력과 영성

'스스로를 자신의 진짜 강점, 즉 존재에 닻을 내리고 있는 보다 심오한 자아가 아닌 이성과 동일시하는 사람에게는 늘 두려움이 동반자가 될 것이다.'
에크하르트 톨레(Eckhart Tolle)

세계는 점점 더 복잡해지고 있다. 당면한 문제들의 해결책을 찾는데는 이성만으로는 부족하며, 직관 및 삶의 영적인 측면에 대한 열린 자세도 필요하다. 그럼에도 이런 것들은 오랫동안 터부시되어 왔다.

다수의 민감한 사람들은 유년기부터 직관은 물론 오감을 초월한 영적인 인지능력을 갖추고 있다. 과거에는 이것이 많은 HSP들에게 커다란 부담이었지만, 오늘날에는 이 능력이 점점 더 높게 평가되며 강점이자 기술로 활용할 수도 있게 되었다. 이성과 감성, 직관이 조화를 이루는 지점에서는 복합적이고도 심오한 이해력이 가능해지기 때문이다. 섬세한 감각과 직감은 이제 우리 일상의 자연스러운 일부가 되었다. 예감은 행동과 계획에 있어 더 많은 가능성을 부여해준다. 뜻밖의 '나쁜' 일이 발생할 가능성도 적어진다.

앞서도 수차례 인용한 바 있는 볼프강 클라게스는 1978년에 《민감한 사람》에서 다음과 같이 썼다.

'민감한 사람에 관해 연구하다 보면 이따금 이들이 제6감을 지녔다는 느낌까지 받게 된다. 이것이 기존에 알려진 감각들을 바탕으로 기능한다는 데는 의심할 여지가 없다. 이들은 외부로 표출되는 미세한 신호와 섬세하게 부호화된 공식을 남보다 강하게 인지하는데, 이런 것은 인간에게서는 상실되고 동물에게만 남아 있는 요소들이다. 추측컨대 민감한 사람은 이 능력으로 인해 다른 보통 사람들보다 많은 것을 이해하며, 상황, 분위기, 복잡한 통합을 감지하는 능력도 두드러진다. 따라서 (이는 거의 논리적인 귀결이라 할 수 있다) 초심리학적 · 영적인 영역에서 비롯된 민감한 표현과 감정에 대한 특별히 열린 태도가 이들에게서 관찰되는 것도 놀랄 일은 아니다. 다만 이때는 냉철하게 비판적 거리를 두고 현실감각을 유지해야 한다.'

혁신을 이끄는 능력과 그물망 사고

고도로 민감한 사람이 별다른 어려움 없이 광범위하게 사고하며 때로는 보통사람이 따라갈 수 없을 정도로 멀리 생각한다는 말에 미심쩍은 시선을 보낼 이도 있을지 모른다. 그러나 이는 민감한 사람을 특징짓는 요소다. HSP들은 복합적이고 포괄적이며 광대한 사고를 한다. 그물망 사고, 독특한 사고를 하는 장본인이자 이상주의자이며, 전체적인 맥락과 세세한 부분을 모두 보는 선견지명도 갖추고 있다. 세분화, 우선순위 선정, 참신한 사고, 표본을 파악하는 안목, 심도 있게 파고드는 능력, 과거와 미래를 연결 짓는 능력 등은 민감한 사람으로 하여금 전체적인 체계를 간파하거나 창출하거나 그에 의문을 품게 해주며, 전체를 포괄하는 주제 또한 파악할 수 있게 만들어준다.

HSP 중 다수는 호기심이 많고 다양한 분야에 관심을 가지며 나이가 들어도 왕성한 지식욕과 학구열, 학습능력을 자랑한다. 이들 중 소위 팔방미인이 많은 것도 그 때문이다. 이들은 다양한 법칙을 서로 연결 짓고 어떤 일의 향방을 추측할 줄 알며 시각적인 사고능력도 탁월하다.

창의력과 예술적 재능

HSP들은 어린 시절부터 "너는 참 상상력이 풍부하구나!"라는 말을 자주 듣는다. 그만큼 풍부한 내면세계를 지녔다는 뜻이다. 덕분에 이들 자신은 물론 타인들도 그 혜택을 누릴 수 있다. 창의력이 요구되는 직업에서는 특히 그렇다. 시각적으로 사고하는 일은 물론이고 누구나 이해할 수 있도록 사안을 생생히 설명하는 것도 이들에게는 쉬운 일이다. 추상화하는 능력과 핵심 주제를 간명하게 정리하는 능력이 있기 때문이다. 또한 미적 감각이 탁월해 주위 환경을 아름답게 만드는 데도 일조한다. 민감한 사람은 예술과 문화를 사랑하며 섬세한 손재주를 타고나 탁월한 예술작품을 창조해내는 재능이 있다. 음악에서는 아주 작은 음의 차이까지 포착해내며, 절대음감을 지닌 사람도 드물지 않다.

문제 해결 능력과 위기 대처 능력

해결책을 찾아내고 위기에 대처하는 능력은 흔히 그물망 사고력과 고도의 직관력이라는 두 가지 강점에 기반을 둔다. 매우 민감한 사람들은 뜻밖의 상황이 발생했을 때 침착함을 유지하고 대응 능력을 발휘하며 해야 할 일이 무엇인지 본능적으로 감지한다. 전체를 보는 시각을 잃지 않고 능동적으로 행동할 뿐 아니라 허둥지둥하는 주변 사람들에게 해야 할 일을 차분히 지시하기도 한다. 고도의 민감성에 따른 부담스러운 자극과 상황에 대처하는 법을 익힌 덕분에 위급 상황이 발생해도 맑은 정신으로 정확하고 재빠르게 대응할 수 있는 것이다. 더불어 이들이 지닌 민감한 감지기는 어떤 일의 진전에 문제가 생겼거나 위험이 도사리고 있을 때 사전에 이를 간파하고 한층 더 주의를 기울이도록 경고를 보내기도 한다.

호기심과 감흥

지금껏 내가 만난 고도로 민감한 사람들은 대부분 지식욕이 강했다. 풍부한 감각 덕분에 이들은 많은 정보를 수용하고 소화하며, 거울신경세포의 작용으로 자신의 학습능력도 잘 파악한다. 따라서 남달리 민감한 사람은 보다 빠르게 전문성을 습득하고 자연히 그물망 사고를 하게 된다. 학습 과정도 간소화된다. 이들은 독립적이고도 신속하게 새로운 업무 및 영역에 익숙해질 수 있고, 다양한 분야에 관해 광범위한 지식을 갖추는 동시에 하나의 영역을 구석구석 깊이 있게 파고들기도 한다. 일단 뭔가를 실천하기로 결정했거나 어떤 것에 대한 열의가 타오르기 시작하면 다른 사람들보다 훨씬 더 그것에 깊이 심취한다.

심오한 자기 성찰과 열의

성격은 성찰에 의해 형성되기도 한다. 매우 민감한 사람은 타인과 자기 자신의 감정을 보다 강렬하게 인지하므로 감정과 경험을 성찰하는 데도 능숙하다. 고도의 감정적 인지능력을 갖추고 인지한 것을 깊이 있게 소화하는 덕분에 지나간 사건을 떠올릴 때도 매우 생생하고 강렬한 감정에 사로잡힌다. 오래 전의 사건을 아주 상세한 부분까지 기억하는 데도 남다른 능력을 발휘한다. 이런 에피소드 식의 기억력은 이들의 두드러진 특성이기도 하다.

특유의 강렬한 감정은 이들로 하여금 특정한 순간에 황홀하게 빠져들며 몰입상태의 행복감을 경험하게 만들어준다. 타인들과 교류할 때도 결코 피상적인 관계는 맺지 않는다. 이들은 깊은 상념에 젖기를 좋아하고 사물을 근본까지 파헤치며, 많은 것을 인지하고 의문을 품는다. 상대방에게 관심을 갖고 주변 환경에 녹아들어 그 일부분이 된다. 냉정한 분위기가 지배하는 곳에 인간적인 온기를 가져다주는 호감의 전파자이기도 하다. 이들이 뭔가에 한 번 확신을 품으면 아무도 그 마음을 돌려놓을 수 없다. 진심으로 그에 감응하고 열중하기 때문에 주위 사람들까지 그 열정에 감염될 정도다. 이처럼 타인들에게 호기심과 열정을 전파하고 자신의 관심사에 동참하게 만드는 것도 민감한 사람들이 지닌 능력이다.

정신적 강인함과 생명력

고도로 민감한 사람은 특징적인 신경체계를 타고났기 때문에 남들에 비해 많은 일상적 스트레스 요인을 통제할 수 있다. 다양한 정보와 자극을 받아들이고 난관을 능숙하게 극복하는 데도 익숙하다. 여기에는 커다란 잠재적 에너지가 숨어 있다. 물론 이런 에너지를 끄집어내려면 자신의 남다른 민감성을 받아들이고 주기적으로 긴장 완화와 휴식을 취해야 한다는 전제조건이 붙는다.

남달리 민감한 성향을 날마다 조절하며 살다 보면 의지력과 지구력, 인내력은 저절로 길러지기 마련이다. 모든 HSP들이 모든 상황, 모든 삶의 단계에서 이 능력을 감지하는 것은 아니나, 이런 잠재력을 가졌다는 사실에는 변함이 없다. 이러한 확신의 근거가 무엇인지 궁금한가? 나는 지금껏 수많은 민감한 사람들과 대화를 나누며 이들에게서 두드러진 성격적 특성을 관찰할 수 있었다. 이들은 성찰할 줄 알고 감정이입 능력이 탁월하며, 생각이 깊고, 자기자신에 관해 고찰하며 발전하고자 하는 마음가짐도 갖추고 있었다. 현재 순조로운 시기를 보내고 있는가, 아니면 어려운 상황에 처해 있는가는 문제가 되지 않았다. 남다른 민감성 때문에 현실로부터 도피하려는 사람은 아무도 없었다. 그래서 나는 다음과 같은 신조를 갖게 되었다.

섬세하다는 것은 강인함을 의미한다.
민감성은 우리에게 내적인 힘을 부여해주기 때문이다.

민감한 사람은 이처럼 좋은 조건을 갖추고 있다. 이를 바탕으로 삶을 조금씩 변화시켜보라. 스트레스를 관리하고 주기적으로 휴식을 취하라. 그러면 당신의 강한 민감성이 일생 동안 얼마나 큰 잠재적 에너지를 축적해왔는지 깨닫게 될 것이다. 이제 잠재되어 있던 섬세한 강인함에 날개를 달아줄 때다! 당신만의 섬세한 방식으로 에너지를 끌어 모으고 삶에 박차를 가하라. 그러나 열의가 한껏 고조된 상태에서도 언제든 에너지가 방전될 수 있다는 사실만은 자각하라. 중간중간 휴식을 취하기 위해 적당히 속도를 늦출 필요도 있다.

'세상을 변화시키고자 한다면 스스로 그 변화가 되어라.'
마하트마 간디(Mahatma Gandhi)

나의 강점은 무엇인가

잠시 자기 자신을 평가하는 시간을 가져보자. 남달리 민감한 당신의 잠재력은 무엇인가? 당신은 어떤 강점을 자각하고 있으며, 그중 어떤 것을 실제로 일상에서 활용하는가? 당신이 아직 발견하지 못한 숨은 능력에는 어떤 것이 있는가?

감정이입 능력과 공감력	☆☆☆☆☆
엄격한 가치관과 지속가능성에 대한 의식	☆☆☆☆☆
섬세하고 미적인 감각	☆☆☆☆☆
양심과 투철한 책임감	☆☆☆☆☆
고도의 직관력 및 영성	☆☆☆☆☆
혁신을 이끄는 능력과 그물망 사고	☆☆☆☆☆
창의력과 예술적 재능	☆☆☆☆☆
문제 해결 능력과 위기 대처 능력	☆☆☆☆☆
호기심과 감흥	☆☆☆☆☆
심오한 자기 성찰과 열의	☆☆☆☆☆
정신적 강인함과 생명력	☆☆☆☆☆

나만의 강점: 나는 고도의 민감성과 맞물린 나만의 강점 중 어느 것을 목표 달성에 의식적으로 활용하는가?

숨은 잠재력: 활용되지 못하고 내 안에 잠자고 있는 강점에는 무엇이 있는가?

HIGH SENSITIVITY

더 많이 느끼고,
더 넓게 생각하고,
더 깊게 성찰하는 사람들

2장

민감하고
강인한 사람들의 이야기

이야기는 수천 년 전부터 지식을 전달하고 서로에게서 무언가를 배우며 성장해나가기 위한 최고의 수단이었다. 이야기는 또한 즐거움을 주고 감정을 촉발시키며 숫자나 기록, 자료 등보다 우리 내면에 훨씬 큰 힘을 부여한다. 글 쓰는 사람으로서 나는 좋은 이야기가 얼마나 큰 힘을 지녔는지, 언어가 어떤 영향력을 발휘할 수 있는지 잘 알고 있다.

그러나 단순히 아는 것과 실제로 경험하는 것은 차원이 다르다. 일전에 나는 진정성 있는 이야기의 힘을 제대로 실감한 적이 있다. 어느 유명 여성지의 인터넷 판에 내 기사가 실린 적이 있는데, 뜻밖에도 순식간에 수천 건의 피드백이 쏟아진 것이다. 주제는 말할 것도 없이 '나는 고도로 민감한 사람이다' 였다. 이 '커밍아웃'

은 나 자신에게도 무척이나 떨리는 일이었다. 그런데 별안간 1,100명이 넘는 사람들이 페이스북에서 '좋아요'를 클릭했던 것이다. 나는 얼떨떨해졌다. 이 많은 사람들이 내 기사를 읽었단 말인가!

거기서 끝이 아니었다. 기이한 존재를 대하는 듯한 부담스러운 호기심이나 곱지 않은 시선의 피드백이 쏟아질 것이라는 예상과는 달리 호의적인 댓글이 주를 이루었다. 불편한 반응은커녕 많은 사람들이 내게 친근하게 연락을 해왔다. 그들 중 몇 명과는 지금까지도 주기적으로 연락을 주고받는다. 어떤 사람은 내게 감사의 말을 전했고, 내 이야기에서 용기를 얻었다는 사람도 있었다. 대부분은 고도의 민감성에 관해 '더 많이' 알고 싶어 했다. 또 다른 이들은 자신의 예민한 기질을 새로운 관점에서 바라보게 되었다고 말했다. 요약하자면 민감성에 관해 있는 그대로 솔직히 털어놓기로 한 내 용기가 다른 사람들에게도 영감과 동기와 용기를 부여한 것이다. 참으로 감동적인 순간이었다.

이 책을 구상하면서 나는 다른 이들의 경험담을 반드시 실어야겠다고 마음먹고 (매우) 민감한 사람들의 일화를 수집했다. 여러 사람의 개별적인 상황에 관해 긍정적으로 성찰할 수 있는 이야기면 충분할 터였다. 그렇게 해서 제6감, 건강, 인간관계와 가족, 직장과 직업(소명), 여가와 소비, 그리고 감각과 초감각에 관한 이야기들이 모아졌다.

이 장은 스스로 매우 민감하다고 여기는 사람들의 도움으로 탄생할 수 있었다. 일부 일화는 개인적으로 연락을 주고받던 분들로부터 제공받았으며, 대부분의 다른 일화는 민감성에 관한 정보·연구 연합을 통해 이 책의 기획에 관해 알게 된 분들이 제공해주었다. 책이 탄생하기까지 아낌없는 지원을 해주신 연합 대표님에게 이 자리를 빌려 감사의 마음을 전한다.

이 일화들은 매우 고무적일 뿐 아니라, 민감한 사람의 경험과 감정세계를 제3자의 입장에서 심도 있고 내밀하게 엿볼 수 있게 해준다. 나는 이들이 보내온 이야기들을 꼼꼼히 읽어본 뒤 내 지식과 직감, 글의 목적에 대한 적절성을 고려해 일부를 선별했다. 그중 일부는 자신이 매우 민감하다는 사실을 제대로 파악하지 못할 경우 어떤 증상이 나타날 수 있는가를 보여준다. 이때는 만성 스트레스가 영혼을 갉아먹고 통상 '비정상적인' 상태 혹은 '질병'의 증후군으로 간주되는 특정한 행동양식이 나타난다. 이 일화의 주인공들이 모두 실제로 고도의 민감성을 지녔는지 확증할 길은 없다. 그러나 이를 통해 나는 민감성이 지닌 다양한 면면을 새로이 살필 수 있었다. 독자들에게도 많은 도움이 되리라 믿어 의심치 않는다.

예민한 감각이
우리에게 말해주는 것들

감각은 인간과 환경을 이어주는 연결고리 역할을 한다. 우리 내면에 영향을 미치고 그것을 외부 세계와 연결 짓는 것이다. 우리는 주변 환경을 보고, 듣고, 냄새 맡고, 맛보고, '몸으로' 느낀다. 최근에는 이성 위주의 사회 분위기 속에서도 (오랜 세월 잊혀온) 제6감의 중요성이 다시금 부각되고 있다. 이는 비단 민감한 이의 경우에만 해당되는 이야기가 아니다.

살다 보면 감각을 통해 인지한 것에 온전히 몰입하게 되는 순간, 마법에 걸린 것처럼 극도의 쾌락을 맛보거나 아름다움의 세계로 이끌려드는 순간이 있다. 눈앞에 우뚝 솟은 거대한 산을 바라보거나 빛의 유희에 사로잡히는 순간, 시원한 바람이 부는 가운데 철썩이는 파도를 바라보며 평온함을 느끼는 순간이 그렇다. 영혼을 어루만지는 아름다운 음악에 귀를 기울일 때, 만물이 생성하는 봄을 온몸으로 느낄 때, 사랑하는 사람의 품에 안겨 그의 손길을 느낄 때도 마찬가지다.

감각을 통한 정보를 얼마나 강렬하게 체험하는가는 사람마다 천차만별이다. 이는 개개인의 신경체계의 구조에 크게 좌우된다. 스스로 매우 민감하다고 여기는 사람들이 모두 예리한 감각감지기까지 타고난 것도 아니다. 또한 강렬한 인지를 가능하게 하는 감지기를 타고났다고 해서 모든 종류의 감각을 민감하게 인지하는 것도 아니다. 그러나 다음 한 가지만은 HSP 모두가 공통적으로 경험하는 현상이다.

고도의 인지감각을 갖춘 사람들은 유쾌한 자극뿐 아니라 불쾌한 자극도 보다 강렬하게 감지한다.

매우 민감한 사람은 신경과민에 이르기 쉽기 때문에 고도의 인지능력을 적절히 조절할 전략이 필요하다. 이런 전략만 확보한다면, 이후에는 뛰어난 인지능력을 발휘해 남들은 감지하지 못하는 귀한 정보를 얼마든 손에 넣을 수 있게 될 것이다.

청각 _ 바닥 쓰는 소리와 아름다운 선율

거리의 소음, 치과의 기계 소리, 째깍대는 시계 소리, 커다란 사무실 여기저기서 웅성대는 말소리, 구내식당의 소음, 이웃집에서 흘러나오는 음악 소리, 영화관의 시끄러운 음향, 아이들이 떠드는 소리…… 청각이 예민한 사람에게는 이 모든 것이 스트레스다. 작은 소음에도 금세 지쳐버리고 머릿속이 흐리멍덩해지기 때문이다. 그러나 민감한 청력이 마냥 해로운 것만은 아니다. 저마다 다른 새들의 지저귐, 아름다운 선율, 흐르는 계곡물 소리, 바람 소리와 파도 소리, 배우자의 숨소리, 사랑하는 사람의 심장 소리는 이들에게 영혼을 씻어주는 샘물처럼 느껴진다.

── 예민한 청각을 타고난 탓에 나는 이 주제에 늘 관심을 갖고 있었다. 그러던 차에 나와 똑같은 문제를 약으로 해결하려는 사람들이 굉장히 많다는 사실을 알게 되었다. 그러나 동전의 양면처럼 민감성에도 파괴적인 측면과 건설적인 측면이 동시에 존재한다고 생각한다.

먼저 동전의 부정적인 면, 즉 소음을 예를 들어보자. 나는 가을마다 환경미화원들이 우리 집 앞에서 빗자루로 낙엽을 쓸어내는 소리가 너무나 귀에 거슬렸다. 마치 치과에서 스케일링을 받을 때 나는 기계 소리 같았다. 나를 괴롭힌 것은 치통이나 청소 작업 자체가 아니라 그것이 야기하는 소음이었다. 신경을 긁어대는 소음을 듣고 있노라면 맥박이 빨라지고 집중력도 떨어졌다. 현재는 실질적인 방법을 동원해 이에 대처하고 있다. 거리에서 빗자루 소리가 들리면 창문을 닫거나 아예 소리가 들리지 않는 곳으로 피해버린다. 치과 진료는 안 갈 수 없으니 치료를 받기 전에 자기 최면을 건다.

이제 동전의 긍정적인 면을 생각해보자. 나는 음악가들의 손끝에서 탄생하는 아름다운 화음과 선율, 황홀한 멜로디와 울림을 사랑한다. 음악에서 부조화가 느껴질 때면 (비록 전문가는 아니지만) 머릿속으로 곡에 변화를 주기도 한다. 이때는 내 강점인 분석적 사고와 풍부한 상상력이 고도의 민감성과 결합되어 한층 유용하게 작용한다. 작곡이든 전기 회로도 설계든 철학적 사고든, 새로운 무언가를 창조하는 일은 모두 개개인의 사고방식과 태도, 재능에 크게 좌우된다. 주어진 규칙에 따르는 대신 타고난 능력과 관심사를 발휘할 수 있는 공간만 주어진다면 고도로 민감한 사람들은 이런 일에서 큰 성과를 거둘 수 있을 것이다.

— 안드레아스(Andreas), 45세

민감한 청각적 인지능력을 타고난 사람들은 날마다 '소리'에 시달린다. '세상의 소음'이 도처에서 쉼 없이 들려오고 때로는 예기치 않게 바짝 긴장하기도 하는 탓이다. 그래서 어떤 사람들은 자연 속으로 들어가 홀로 지내고픈 바람을 갖기도 한다. 그러나 중요한 것은 소음에 대처하는 전략을 고안하는 일이다. 청각적으로 부담이 되는 상황을 능동적으로 변화시키거나 유연한 태도를 갖는 것, 계획에 없던 휴식을 취하는 것 등의 방법을 취할 수 있을 것이다. 대중교통을 이용할 때는 좋아하는 음악을 듣거나 소음을 줄여주는 필터형 귀마개를 이용하면 도움이 된다.

시각 _ 영화 〈아바타〉의 추억

"오직 마음으로 볼 때만 잘 보이는 거야. 중요한 것은 눈에 보이지 않아."

앙투안 드 생텍쥐페리(Antoine de Saint-Exupéry), 《어린 왕자》 중

우리에겐 여러 감각이 있지만, 보통은 그중에서도 눈으로 인지하는 것이 가장 지배적이다. 시각이 얼마나 큰 영향력을 발휘하는지는 눈만 감아 봐도 금세 분명해진다. 눈을 감는 즉시 후각과 미각, 촉각은 훨씬 민감해지고 자기 자신마저 낯설게 느껴진다. 잘 알려진 대로 맹인들은 시각을 제외한 나머지 감각이 정상적인 시력을 지닌 다른 사람들에 비해 훨씬 발달해 있다. 심지어 그중 일부는 보통사람보다 훨씬 많은 것을 '볼' 수 있다. 외부 세계의 시각적 자극으로 인해 우리가 볼 수 없게 된 것들을 훤히 내다보는 것이다.

── 내게는 이제 시각적 자극이 특별히 큰 문제가 되지는 않는다. 아마도 많이 익숙해졌기 때문이리라. 그러나 다른 사람들이 딱히 신경 쓰지 않는 것에서 스트레스를 받는 경우는 많다. 햇빛이 강할 때, 요란한 색깔과 무늬가 들어간 옷을 입은 사람을 볼 때, 묶은 머리에서 머리카락 몇 가닥이 삐져나와 있을 때, 갓 면도한 남편의 얼굴에서 깎지 않은 수염 한 가닥을 발견할 때가 바로 그렇다. 일부러 의식하는 것도 아닌데 내 미적 기준에 맞지 않는 것은 무엇이든 이렇게 눈에 거슬린다. 이 때문에 사람들에게 선입견을 갖게 되는 경우도 많다. 겉모습과 상관없이 타인을 있는 그대로 받아들이려 항상 노력하는데도 그렇다.

몇 년 전, 오랜만에 남편과 단둘이 나선 영화관 나들이에서 나는 인상적인 경험을 했다. 우리는 주위 사람들이 추천한 〈아바타〉를 보았다. 3D 영화는 처음이었는데, 초반에는 꽤 괜찮았다. 그런데 삼차원 영상 때문에 시간이 갈수록 감각적 균형이 파괴되는 느낌이 들었다. 현기증이 나고 속이 거북해 눈을 질끈 감아야 했다. 3D 안경을 벗고 보기도 하고, 눈을 감은 채 심호흡도 해보고, 영화의 내용에만 집중하려 애썼지만 헛일이었다. 현기증이 가시지 않고 감각이 극도로 나를 자극하는 바람에 불안정한 상태가 되었다.

망설인 끝에 나는 남편에게 사정을 이야기했다. 모처럼의 데이트였기 때문에 중간에 나가버리기는 아쉬웠지만, 영화가 끝난 뒤에 남편과 다시 만나기로 하고 거리로 나가 머리를 식혔다. 그 뒤 저녁식사 자리에서 남편은 내게 영화의 나머지 줄거리를 들려주었

다. 내게는 그것으로도 충분했다. 우리는 그렇게 멋진 저녁시간
을 즐길 수 있었다.

─ 자브리나(Sabrina), 35세

이 일화는 민감한 사람과 그의 배우자 모두가 민감성에 관해 이해
하는 일이 얼마나 중요한지 잘 보여준다. 자브리나가 영화를 끝까
지 보았다면 감각이 완전히 마비되는 지경에 이르렀을지도 모른
다. 배우자에게 자신의 상태를 설명한 것은 매우 현명한 선택이었
다. 배우자 또한 그런 사정을 선뜻 이해해주었기 때문에 이후에도
두 사람은 즐거운 시간을 보낼 수 있었다. 남편이 아내의 상태를
고려하지 않고 난감해했다면 아마도 자브리나는 신경이 날카로워
진 채 영화관에서 나와 곧장 집으로 향했을 것이다. 두말할 필요
없이 고도의 민감성은 부정적인 것으로 각인되었을 것이다. 예민
한 감각 때문에 영화감상을 끝까지 함께하진 못했지만, 유연성을
발휘한 덕분에 두 사람은 둘만의 즐거운 저녁시간을 오롯이 만끽
할 수 있었다.

후각과 미각 _ 그 엄마에 그 딸

후각과 미각은 서로 다른 감각인 동시에 긴밀히 연계되어 있기도
하다. 한적한 길을 산책하던 중에 자동차가 지나간 적이 있는가?

그때 당신은 그저 한옆으로 물러섰는가, 아니면 코를 틀어막았는가? 후각이 유난히 예민한 사람은 배기가스의 맛이 혀끝에서 느껴질 정도로 강하게 냄새를 인지한다. 통닭 바비큐 가게에서 새어나오는 기름진 냄새는 물론이고, 친구와 반갑게 포옹하고 인사하면서 옷에 밴 상대방의 향수 냄새가 온종일 코를 찌르기도 한다. 예민한 후각과 미각을 타고나지 않은 사람은 세상에 얼마나 많은 맛과 냄새가 존재하는지 상상도 못할 것이다. 그래서 고도로 민감한 사람들에게는 해외여행도 큰 도전이다. 어떤 음식이 눈앞에 들이밀어질지도 알 수 없거니와, 음식이 입에 맞지 않는다고 거의 그대로 남기는 것도 예의가 아니잖은가.

예민한 코와 혀를 가졌다는 것은 다른 한편으로 깊은 맛을 음미할 수 있다는 뜻이기도 하다. 혀끝에서 녹는 초콜릿 한 조각, 신선한 딸기 한 개, 어린 시절의 향수를 불러일으키는 음식을 통해 이들은 감각의 세계로 깊이 빠져든다. 계절의 냄새, 배우자의 익숙한 체취, 아기의 젖내를 맡으며 깊은 행복감에 젖기도 한다.

— 그 엄마에 그 딸이라는 말은 우리 모녀를 두고 하는 말일 것이다. 어느 날 한창 일에 열중해 있는데 남편이 아이들을 데리고 귀가했다. 외출에서 돌아오면 버리고 씻어야 할 것부터 꺼내놓는 것이 우리 집 규칙이다. 음식이 남아 있는 도시락통도 그중 하나인데, 그날은 딸아이가 평소 즐겨 먹던 포도를 남겨 가지고 왔다. "아빠, 포도가 너무 달고 시어서 못 먹었어요"라는 딸의 말에 마

치 어린 시절의 나 자신을 보는 것 같아 웃음이 나왔다. 어릴 적 나는 음식 맛이 평소와 아주 조금만 달라도 먹지 못했는데, 딸아이도 그런 모양이었다.

내 까다로운 식성이 조금이나마 나아지기까지는 아주 오랜 시간이 걸렸다. 새로운 것을 먹어보라고 부모님이 아무리 강요해도 소용이 없었으니, 딸아이를 나무라는 것도 의미 없다는 것을 나는 잘 알고 있었다. 새로운 음식을 먹어보라고 권하면 딸은 "도저히 못 먹겠어요"라고 대답했다. 새로운 맛을 경험한다는 것이 아이에게는 그토록 어려운 일이었다. 낯설거나 입에 안 맞는 음식이 견딜 수 없을 만큼 자극적으로 느껴지는 게 분명했다. 후각도 만만치 않게 예민해서, 내가 아침식사로 귀리죽을 먹고 있으면 딸은 옆에서 코를 움켜쥐고 "엄마, 냄새가 너무 지독해요"라고 불평했다. 그럼에도 나는 종종 이런저런 음식을 먹어보도록 권유한다. 음식에 대한 두려움과 거부감을 덜어주고, 입맛을 바꾸거나 미각을 보다 잘 조절할 수도 있다는 사실을 알려주기 위해서다.

유년기 이래로 내 식성은 크게 변했을 뿐 아니라 새로운 음식을 맛보고자 하는 의욕도 커졌다. 내가 고도로 민감하다는 사실을 알게 되면서 유난히 예민한 미각과 후각도 내 것으로 받아들이게 된 덕분이다. 그저 남들보다 맛과 냄새를 훨씬 강하게 느낄 뿐임을 깨닫고 조금 더 느긋해질 수 있었던 것이다. 거부감 드는 맛과 냄새가 주는 자극도 좀 더 쉽게 통제할 수 있게 되었다.

— 카트린 조스트, 36세

간혹 악취가 난다고 불평하는 사람을 보며 다른 이들은 어리둥절해하는 경우가 있다. 음식이 상한 것 같다고 말하거나, 자신과 맞지 않는다며 음식에 손을 대지 않을 때도 마찬가지다. 그러나 미각과 후각은 매우 유익하고 중요한 능력이다. 가령 이 감각이 발달한 사람은 화재가 발생했을 때 일찌감치 냄새로 이를 감지할 수 있다. 상한 음식을 예리하게 가려내 본인이나 주위 사람들이 식중독에 걸리는 일을 예방하기도 한다. 이처럼 모든 것에는 장단점이 존재한다.

촉각 _ 오픈카를 못 타는 여자

촉각은 피부에 닿는 무언가를 인지하는 감각으로 표면적인 민감성과 관련이 있다. 나아가 현대 생리학에서는 또 다른 '지각력'을 여럿 정의하고 있는데, 온도감각, 통증감각, 균형감각, 고유수용성감각으로도 불리는 신체감각 등이 그것이다. 우리는 이런 감각들을 통해 주변 환경을 인지하며, 이는 우리의 안위에 영향을 미친다. 피부 내에는 감각 수용기가 있어 우리가 압력, 온도, 접촉, 떨림, 통증 등을 감지하게 해준다. 이것이 신체 내부 깊숙이에서 느껴지는 감각과 결합되면 헤아릴 수 없이 다양한 자극이 탄생한다. 민감하지 않은 사람에게는 이것이 문제가 되지도 않을뿐더러 일부는 이를 즐기기도 한다. 그러나 고도로 민감한 사람에게는 이것이 집중력 저하와 불쾌감의 원인이 되는 경우가 많다.

—— 수년 전, 나는 오랫동안 꿈꾸던 오픈카를 장만했다. 그런데 이후로 그 자동차를 운전하며 단 한 번도 편안했던 적이 없다. 세찬 바람도 방해가 되었고 너무 춥거나 너무 더웠으며 주위 소음도 만만치 않았다. 어째서 그렇게 많은 사람들이 오픈카를 좋아하는지 이해할 수 없을 정도였다. 나 역시 즐겨보려 노력했지만 결코 그럴 수 없었다. 이후 임신 사실을 알게 되자마자 그 차를 팔아버렸다.

고도의 민감성에 관해 알고 나서는 내가 오픈카를 불편해했던 이유도 분명해졌다. 내게는 편안함을 느낄 수 있는 적당한 온도가 매우 중요했다. 바람의 세기나 소리에도 민감했다. 바람은 내게 부담 그 자체였다. 집에서도 외풍이 들거나 어딘가 창문이 열려 있으면 금세 이를 감지한다. 예전에는 남들은 아무렇지 않은데 혼자 유난을 떨고 싶지 않아서 집중력이 흐려져도 참고 넘어갔다. 그러다 보니 신경이 너무 예민해진 나머지 평소의 조용한 성격답지 않게 종종 까칠해지곤 했다. 지금은 내가 민감성을 타고났음을 인정하고 보다 적극적으로 그런 상황에 대처하며 해결책을 찾는다.

나는 사람들에게 이해받고자 오랫동안 내가 아닌 다른 모습으로 살아보려 노력했다. 무척이나 고된 일이었다. 이제는 먼저 내 심신을 편하게 하는 데 신경을 쓴다. 오픈카처럼 멋진 차보다는 평범한 자동차를 타고 다니는 것도 그런 이유에서다.

— 프란치스카(Franziska), 42세

앎–성찰–수용–대안 찾기. 프란치스카의 경험담은 민감한 사람들이 자신의 욕구를 얼마나 억누르고 사는지 분명히 보여준다. 대세를 따라야 한다고 생각하는 탓이다. 자신이 남과 다르다는 사실을 인지하고 나면 다수에 소속되고자 하는 욕망은 더욱 커진다. 그러나 남들이 아무리 열광하는 것이라도 자신은 전혀 관심이 생기지 않거나 자신과 맞지 않는다면 스스로에게 유익한 방향으로 상황을 풀어나가야 한다. 거센 바람이 방해가 되면 바람을 차단하라. 추위가 느껴지면 옷을 두껍게 입어라. 털옷을 입고 책상 앞에 앉아 있는 모습을 남들이 이상하게 쳐다봐도 신경 쓸 것 없다. 치과에서 쓰는 기계의 진동과 소음을 견딜 수 없다면 의사에게 잠시 쉬고 싶다는 의사를 표하라. 피트니스 센터에 있는 진동 운동기구가 근육 형성을 촉진해준다고 해도 진동이 거북하게 느껴지면 다른 기구를 사용하라. 근육 좀 덜 만들면 어떤가.

당신이 편안함을 느끼기 위해 무엇이 필요한지 고찰해보라. 누구에게나 '자기 돌봄의 권리'가 있다. 이는 당신의 안녕에 관한 문제다. 자유롭게 선택하고 행동하라!

제6감 _ 불행을 미리 예감하다

사람들은 제6감을 예지능력, 예감, 텔레파시 혹은 직관이라 부르기도 한다. 여기에는 한 가지 공통점이 있다. 오감만으로는 인지할 수 없는 사건이나 분위기를 감지하는 능력이 그것이다. 어떤 사람들은 타인이 어떤 생각을 하고 무엇을 느끼는지, 현재 안고 있는 가장 큰 고민이 무엇인지 본능적으로 감지한다. 누군가의 아픈 부분을 간파하거나 미래를 내다보는 사람도 있다. 실제로 가족의 죽음 등 예지한 바가 실현되는 사례도 있다. 어디선가 '나쁜' 일이 벌어지면 동요되기도 하는데, 어떤 이들은 무슨 일이 벌어질지 정확히 아는 반면 그저 불안한 기분을 느끼다가 뒤늦게야 거북함의 이유를 알게 되는 사람도 있다.

직관이 일종의 무의식적인 경험의 창고로부터 나온다는 점에서는 어느 정도 통일된 견해가 존재하지만, 더 깊이 파고들 경우 의견은 분분해진다. 이 특수한 인지능력을 직시하고 인정하며 적절히 조절하는 일이 많은 사람들에게 쉽지만은 않은 이유도 바로 여기에 있다.

── 내 이야기는 20년 전의 어느 사건으로 거슬러 올라간다. 한번은 남자친구 집에서 하룻밤을 묵고 아침에 눈을 떴는데 몸 상태가 무척 좋지 않았다. 설사를 하고 음식도 먹지 못했다. 도무지 원인을 알 수 없었지만 내가 '통상적인' 의미의 병에 걸린 것이 아니

라는 사실만은 분명했다.

나쁜 몸 상태의 원인이 밝혀진 것은 저녁시간이 다 되어서였다. 나와 아주 가까웠던 친오빠가 전화를 걸어 아내와 헤어졌다고 이야기한 것이다. 당시는 물론이고 이후에도 오빠는 이 일로 고통스러운 시간을 보냈는데, 나는 오빠의 고통을 고스란히 함께 느꼈다. 그나마도 불안감의 원인을 알았다는 생각에 한결 마음은 놓였다. 이때 나는 사랑하는 사람들에게 일어난 큰 변화를 내가 감지한다는 사실을 처음으로 알게 되었다. 친한 친구가 심장발작을 일으켜 병원에 실려 갔을 때도 같은 경험을 했다.

엄마가 된 뒤로는 모성애가 감정을 지배한 탓인지 불행을 예감하는 일은 줄고, 일상적인 일에서 어떤 직감이 드는 경우가 많아졌다. 가령 통화만으로 상대방의 상태가 좋지 않음을 느끼기도 하고, 누군가를 떠올리는 순간 그 사람이 불현듯 눈앞에 나타나거나 전화를 걸어오는 일도 있다. 20년 전에는 이런 예지력이 두렵기만 했다. 오빠도 나와 비슷한 경험이 많았기 때문에 오빠에게 내 상태를 털어놓을 수는 있었지만, 내가 그렇다는 사실을 받아들이기는 힘들었다.

그러다 얼마 전 고도의 민감성에 관해 알게 되고서야 마음이 홀가분해지고 이 문제도 긍정적으로 받아들일 수 있게 되었다. 지금은 이런 능력을 내 삶의 일부분으로 받아들이고 보다 성숙한 자세로 그에 몰두할 마음의 준비도 되어 있다. 두 아이들도 남다른 민감성을 타고났기 때문에 한층 더 동기 부여가 된다. 모든 일에는 다 이유가 있다는 내 신조도 큰 도움이 된다.

— 이자벨(Isabell), 46세

다른 사람들이 조금도 감지하지 못하는 것을 경험하고 인지한다는
것은 그리 유쾌하기만 한 일이 아니다. 오감을 넘어선 영역에 대해
공공연히 입을 열었다가는 미심쩍은 눈초리와 곤혹스런 반응을 사
게 될 위험도 있다. 그러나 이것을 '정상적인' 능력으로 만들기 위
해서라도 우리는 이를 감행해야 한다. 특별한 인지능력을 자기 자
신을 위해 쓰거나, 주위 사람들을 보다 세심하게 돌보거나 직장에
서 동료들에게 가까이 다가가는 데 활용할 수도 있다. 이 얼마나
멋진 능력인가! 누군가를 떠올린 순간 그가 눈앞에 나타난다면, 그
저 보고 싶은 사람을 마음속과 현실에서 두 번 만나는 것이라 생각
하고 이를 즐기는 것은 어떤가?

• 03 •

건강의 재발견

의학계에서는 오래 전부터 모든 인간이 똑같다고 여겨왔다. 인류의 대다수에게 적용되며 현대 의학과 심리학의 기준이 된 귀한 지식의 기초도 여기서 출발했다. 질 좋은 의료혜택을 받을 수 있다는 것이 어마어마한 축복이라는 말에 반박할 사람은 아마도 없을 것이다.

그러나 학문이 이루어낸 커다란 발전에도 불구하고 오늘날에는 어떤 지식도 모두에게 보편적으로 적용될 수는 없다는 사실이 점점 분명해지고 있다. 그리하여 오래된 연구결과가 무효화되고 새로운 연구가 진행되기도 한다. 여성과 남성이 각기 다른 치료법과 약을 필요로 하는 경우도 있고, 아이들이나 고도로 민감한 사람에게는 보통사람에 비해 훨씬 낮은 용량의 약물을 처방해야 한다. 어떤 물질은 극히 적은 양을 사용하면 치료 효과를 내지만 다량을 복용하면 생명을 위협할 수 있다. 동종요법, 위약효과, 자연치유, 사후체험, 약초를 이용한 치료법은 물론이고, 대체의학에 의존해 난치병을 치료하거나 기존의 치료법과 약물, 수술 없이 건강을 되찾는 사람들을 보면 현대 의학에 큰 회의가 들기도 한다.

이와 동시에 세상에는 다양한 가능성이 존재한다는 사실도 분명해진다. 질병의 증상을 개선하는 일도 물론 중요하지만, 근본적인 원인을 파악하지 않고서는 어떤 치료법이나 수술로도 완벽한 치유 효과를 보기 어렵고 기껏해야 증상을 완화시킬 수 있을 뿐이다. 따라서 의사나 심리학자의 치료를 받되 각자에게 맞는 생활방식을 유지하고 자기 자신과 세상에 대한 관념에도 변화를 줄 필요가 있다.

영혼은 자신의 요구가 받아들여지지 않는다고 여기면 항상 신체를 통해 신호를 보낸다.

무엇이 우리를 건강하게 만드는가? 사람은 언제 건강하고 언제 병들었다고 할 수 있는가? 이미 병에 걸렸다면 그것을 영구적으로 치료할 방법에는 어떤 것이 있을까? 나아가 이 모든 것은 고도의 민감함과 어떤 관련이 있는가?

활동과 운동 _ 이 남자가 스트레스를 푸는 법

지나친 자극은 스트레스를 유발한다. 원시시대에는 그저 적을 피해 안전한 곳으로 달아나거나 그에 맞서 싸우면 스트레스가 해소되었다. 그러나 오늘날 우리는 까다로운 고객을 응대하거나 상사와 불화를 일으킨 뒤에도 고작해야 점심시간을 이용해 잠깐 바람을 쐴 수 있을 뿐이다. 그래봐야 긴장된 에너지가 해소되기는커녕 더욱 누적된다. 이는 민감성과 관계없이 많은 사람들이 일상에서 겪는 흔한 상황이다.

사무실 근무와 온갖 종류의 책무로 인해 활동 및 신체인지에 할애할 시간은 나날이 줄어드는 추세다. 매우 민감한 사람에게는 이것이 특히 치명적이다. 많은 것을 강렬하게 인지하다 보면 스트레스 수위가 이미 한계에 도달해 까다로운 고객이나 상사를 응대할 여지가 남지 않기 때문이다. 창밖에서 들리는 각종 소음, 동료가 풍기는 강한 향수 냄새, 사무실을 점령한 거북한 분위기 등은 모두 그들에게 '도피 본능'과 더불어 스트레스를 유발하는 자극이다. 그러나 어디로 도피해야 한단 말인가? 소파에 앉아 쉬어야 할까, 아니면 몸을 움직이는 편이 나을까? 다음 일화는 감각이 예민한 사람에게 활동이 얼마나 중요한지 잘 보여준다.

── 나처럼 인지능력이 남다른 사람을 일컫는 HSP라는 개념이 있다는 사실을 몇 달 전에야 알았다. 평생 나 자신이 '어딘가 다르다'

는 느낌을 품어온 내게는 이것이 망치로 머리를 때리는 것 같은 충격이었다. 더욱이 예민한 내 신경계를 다스릴 수 있는 무언가를 내가 직관적으로 실천해왔음을 깨닫고 스스로가 무척 대견하게 느껴졌다.

내 부모님은 경제적으로 다소 궁핍했고 한 분은 질병까지 앓으셨다. 그럼에도 두 분 모두 자연과 운동을 사랑했다. 덕분에 나도 학교가 파하면 산과 들을 쏘다니며 에너지를 재충전하고 감각을 단련시키거나 고요함에 흠뻑 젖어들어 그저 '존재'하는 일을 마음껏 누렸다. 뛰고, 기어오르고, 균형감각을 키우며 내 기질을 끊임 없이 확인했다. 보육교사이자 인생상담가로서 나는 요즘 아이들이 이런 기회를 더 많이 누려야 한다고 생각한다. 다양한 미디어, 인터넷, 시간적 압박, 빠른 속도 등 자극의 홍수를 겪는 현대인에게는 신체 활동을 통해 자신의 진정한 모습을 알아가는 기회가 절대적으로 필요하다. 특히 HSP에게는 그 중요성이 두 배로 커진다.

어릴 때부터 나는 운동을 매우 좋아했고 '스캐너'형(당시에는 물론 이런 개념을 알지 못했다) 성향 덕분에 각종 운동을 두루 섭렵했다. 체조와 탁구 동아리에서 활동했고, 신체접촉을 허용하지 않는 쇼토칸 가라데를 배웠으며, 십대 시절에는 수영과 육상 동아리에서도 꽤 활약했다. 수영과 육상은 특히 몸 전체를 사용하고 경쟁의 '자극'적인 면과 자연을 자유롭게 느낄 수 있다는 점에서 유익했다. 체육 수업시간에 종종 곤란을 야기했던 타인과의 직접적인 신체접촉이 없다는 점도 장점이었다. 수영과 육상 덕분에 나는 다양한 관심사에도 불구하고 초점과 목표를 잃지 않을 수 있었다. 이처럼 다양한 활동을 통해 키운 정신적 강인함은 이후의 삶에서 큰 도움이 되었다.

대학 입학시험이 가까워올 무렵에는 춤에 대한 열정도 샘솟았다. 주말마다 친구들과 근처 클럽에 드나들며 리듬감, 동작의 조합, 자아인지, 리드(lead)와 팔로잉(following)에서 발산되는 역동성을 배웠고, 상대방의 에너지에 압도되는 일 없이 파트너와 가까운 거리를 유지하는 법도 익혔다. 지금도 춤은 내게 무언의 소통(비단 남녀 간의 소통만을 의미하는 것이 아니다)을 가능케 하고 유익한 만남을 의식적으로 즐기게 해주는 멋진 수단이다.

30대 중반 살사(Salsa)와 디스코폭스(Discofox)를 시작한 나는 무용치료사 및 포커싱(Focusing, 미국의 심리학자 유진 젠들린(Eugene Gendlin)이 창안한 심리치료요법-역자) 심리치료사 교육을 이수했다. 요즘에는 동료들과 함께 스모비(Smovey) 운동, 신체인지훈련, 자유 무용을 주제로 한 세미나도 개최한다. 지난 수년간의 교육 과정에서 내가 최우선적으로 배운 것은 내 특별하고도 강렬한 인지능력을 되찾는 법이었다. 또한 직관력을 강화함으로써 타인들을 돕고 나 자신에게도 훌륭한 코치가 될 수 있었다.

— 비르기트 겝하르트(Birgit Gebhard), 48세

이 얼마나 멋진 이야기인가! 이 경험담에 고무된 나는 집필을 중단

하고 잠시 동네를 한 바퀴 돌고 왔다. 활동은 스트레스를 낮추고 건강한 삶을 영위하는 데 중요하다. 경직된 육체와 민감함에 갇힌 채 스트레스에 잠식당하지 말고 몸을 움직여라. 긴장을 완화시키는 데는 경쟁적인 스포츠보다는 유연하고 지속적인 활동이 도움이 된다. 민감하면서도 강인하다는 것은 자기 신체에 주의를 기울이고 내면의 소리를 들으며, 자신에게 필요한 것과 유익한 것, 자신을 강인하게 해주는 것을 느끼고 실천하는 일을 의미하기도 한다. 그러니 계속 몸을 움직여라!

가끔은 철저히 나부터 챙길 필요가 있다

많은 이들이 스트레스와 기력 소모에 시달린다. 민감한 사람은 물론이고 무딘 사람들도 예외는 아니다. 국제 보건 기구의 국제질병사인분류(The International Statistical Classification of Diseases and Related Health Problems, ICD)에서는 번 아웃 증후군을 질병으로 규정하고 있지 않다. 그보다는 삶의 극복에 관한 문제로 간주되는 번 아웃은 대개 수개월에 걸쳐 진행되며 신체 · 감정 · 정신의 쇠약을 야기한다. 흔히 거론되는 원인으로는 직업이나 환경으로 인한 스트레스가 있다. 고도로 민감한 사람은 보통사람들보다 쉽게 신경과민이 되는 탓에 스트레스성 질병에도 보다 쉽게 노출된다. 신체와 정신이 보내는 신호에 세심한 주의를 기울여야 하는 또 하나의 이유다.

— 내가 번 아웃 증후군에 걸리리라고는 상상도 못했다. 열네 살 때 아버지가 돌아가신 뒤 어머니와 힘들게 생활하면서 나는 늘 스스로가 단단한 사람이라고 생각했다. 한시도 일에서 손을 놓을 수 없었지만 일이 즐겁기도 했다. 그러나 쌍둥이를 임신하면서 건강이 나빠져 병가를 낸 뒤로는 대부분의 시간을 누워 지내게 되었다. 그리고 이후의 육아휴직까지 총 3년을 집에서 보냈다.

직장에 복귀해야 할 즈음에는 이중적인 감정이 나를 사로잡았다. 다시 출근한다는 생각에 마음이 설레는 한편, 내가 정말 직장에 나가고 싶은 것인지 의문이 들었다. 동료들이 내게 뭐라고 할까? 오랜 공백 끝에 나를 보면 어떤 반응을 보일까? 업무에 다시 적응할 수는 있을까? 지난 몇 년 동안 업무의 내용은 물론이고 업무 처리 과정에도 많은 변화가 있었다. 게다가 이제 나는 직장뿐 아니라 아이들과 남편, 집안일도 살펴야 한다. 남편이 교대근무를 하는 탓에 아이들을 온전히 혼자 돌보는 시간이 많으니 부담은 한층 더 컸다.

나는 3일은 전일제로 일하고 주말을 포함해 4일을 쉬는 시간제 근무를 택한 뒤 예전과 같은 부서로 복귀했다. 새로운 얼굴이 몇몇 눈에 띄었지만 다행히도 전부터 알고 지낸 세 동료들과 사무실을 함께 쓰게 되어 마음이 놓였다. 걱정했던 것보다 일도 어렵지 않아 업무에도 금방 적응할 수 있었다.

모든 일이 순조로우니 처음에는 마음이 편했다. 그런데 얼마 안 가 회사 이전 문제로 분위기가 어수선해졌다. 그리고 새 건물에서의 자리 배치가 공지되는 날, 좋지 않은 소식이 전해졌다. 전 건물에서 팀을 이루어 일하던 낯선 무리에 나 홀로 끼게 된 것이다. 모두 좋은 동료들이기는 했지만 부담스러운 것은 어쩔 수 없었다. 그러자 몸도 그에 상응하는 반응을 보였다. 아침에 일어날 때마다 온몸이 욱신거렸다. 독감에 걸렸다고 생각하고 의사를 찾은 나는 어디가 불편하냐는 의사의 물음에 곧장 울음을 터뜨렸다. 눈물은 좀처럼 멈추지 않았다. 의사는 내게 번 아웃이라는 진단을 내리고 3주간의 병가가 필요하다는 소견서를 써주었다.

처음에는 손가락 하나 움직일 힘조차 없었다. 난생 처음으로 집안일에서도 손을 놓았다. 그러나 3주를 쉬고 나자 원기가 회복되고 다시 출근할 의욕도 생겼다. 복귀한 뒤에는 의사의 조언대로 근무시간을 조정했다. 상사는 내가 오후 5시까지 근무하기를 바랐지만, 나는 고민 끝에 나부터 챙기기로 마음먹고 이를 거절했다. 결국은 하루 최대 6시간씩 4일간 근무한 뒤 사흘을 쉬는 것으로 합의를 보았다. 이렇게 하니 건강은 나아졌지만 신경이 예민하고 머릿속이 복잡해 한동안 불면증에 시달렸다. 특히 가을 초입에 심했는데, 다행히 동종요법에서 사용하는 약이 도움이 되었다. 이제 규칙적으로 휴식도 취하고 있다. 소파에 앉아 독서에 심취해 있으면 다른 생각을 차단할 수 있다. 집안일이야 조금 미루면 어떠랴. 스스로를 돌봐야 할 때가 되면 몸과 영혼이 미리 신호를 보낸다. 이제 나는 그 신호에 귀를 기울일 줄 알게 되었다!

— 니콜(Nicole), 38세

니콜의 이야기는 예민한 사람의 일상에 얼마나 다양한 요소가 영향을 미칠 수 있는지 잘 보여준다. 스스로에 대한 높은 기대, 주위 사람들을 사회적·감정적으로 강하게 인지하는 성향, 크고 작은 변화에서 느끼는 정서적 불안 등이 바로 그것이다. 엄밀히 따지면 이 모든 것의 중심에는 직장과 가정, 사회에서 자신에게 맞는 '자리'를 찾고자 하는 소망이 자리 잡고 있다.

이 이야기는 또한 민감한 사람에게서 강인함이 남다른 방식으로 발휘됨을 알 수 있게 해준다. 니콜이 번 아웃을 겪은 뒤 빠른 속도로 건강을 회복하고 직장으로 복귀할 의지를 발휘한 것만 봐도 알 수 있다. 또 의사의 조언을 받아들이고 내면의 소리에도 귀를 기울이며 자신에게 필요한 것이 무엇인지 찾아냈다. 이렇게 하기 위해서는 남들과 다른 길을 갈 용기는 물론, 더 나은 삶의 질을 위해 커리어에 대한 욕심을 버리는 일도 요구된다.

술과 마약을 통한 어리석은 도피

앞서도 언급했듯이 민감한 사람에게는 대개 알코올과 마약이 보통 사람들의 경우보다 훨씬 강하게 작용한다. 그러니 아예 손을 대지 않는 게 가장 좋다. 알코올과 마리화나는 일시적으로 긴장을 완화시키고 자극을 차단하지만 극히 적은 양이라도 지속적으로 사용하면 스트레스 지수가 상승한다. 게다가 원하는 효과를 내려면 복용량을 점점 늘릴 수밖에 없으니 중독에 이르는 것도 시간문제다.

이 책의 집필을 위해 자료를 수집하면서 나는 안나(Anna)라는 여성을 알게 되었다. 그녀의 감동적인 이야기는 나를 숙연하게 만들었다. 자신의 이야기를 책에 싣도록 허락해준 그녀의 용기에 감사할 따름이다. (고도로) 민감한 젊은이들이 안나의 전철을 밟지 않도록 하는 데 다음 이야기가 도움이 될 것이라고 믿는다.

━ 나는 어릴 때부터 남달리 민감했다. 이를 분명히 자각하게 된 것은 2012년 말, 다른 대학으로의 편입을 위해 타지로 가 셰어하우스에 살면서부터였다. 나는 함께 사는 다섯 사람들과 많은 시간을 보내고 어울렸는데, 그 과정에서 내가 남들과 대화를 하며 얼마나 많은 것을 인지하는지 깨달았다. 나도 모르게 사람들의 동작과 눈빛, 말 한 마디에 숨은 의미까지 파악하려 애쓰고 있었던 것이다. 심지어 누가 자세를 고쳐 앉으면 (그저 그게 더 편해서 그런 것일 텐데도) 나는 그것을 나와 연관 지었다. 그러다 보니 정신적으로 힘들 수밖에 없었다.

주말이면 파티가 열렸고 술도 많이 마셨다. 함께 어울려 술을 마실 때는 남들에게 신경 쓰지 않고 느긋해질 수 있었다. 사람들이 보내는 수많은 신호와 소음도 무시할 수 있었다. 조인트(Joint, 마리화나를 섞어 말아 피우는 담배-역주)도 즐겼는데, 이것을 처음 접했을 때는 천국에 와 있는 느낌이었다. 두세 개비를 피우고 나면 그저 드러누워서 나 자신에게만 집중할 수 있었다. 내게는 이것이 주변 세상을 잊는 유일한 수단이었다.

한동안 그렇게 시간이 흘러갔고, 나는 실습을 위해 호주의 어느 농장에 가게 되었다. 그런데 도착하자마자 상황이 이상하게 돌아갔다. 모든 것이 멋지고 아름다웠음에도 나는 고작 열흘 만에 집으로 가는 비행기에 올라야 했다. 새로운 자극이 넘쳐나는 상황에서 예전처럼 술이나 마약으로 감각을 차단시킬 수 없었던 탓이다. 나는 자극에 대처하는 방법을 몰랐고, 새로운 환경은 그런 내게 어마어마한 부담이었다.

가족들은 예정보다 일찍 귀국한 나를 반갑게 맞아주기는커녕 좋은 기회를 날려버렸다며 이해할 수 없다는 시선으로 바라봤다. 힘든 시간을 보낸 나는 또다시 술과 마약에 손을 댔고, 어느덧 그것만으로는 모자란 지경에까지 이르렀다. 그때부터 자해가 시작되었다. 괴로운 기억에 더해 날마다 인지하는 수많은 자극까지 소화하느라 엄청난 정신적 압박감에 시달린 탓이었다. 자해는 일시적으로 자극을 잠재우는 효과가 있었다. 살을 베는 고통이 일면 비로소 정신이 되돌아왔다는 느낌이 들었기 때문이다. 시간이 흐르자 자살 충동까지 밀려왔다. 이 모든 스트레스로부터 벗어나고만 싶었다. 마침내 나는 한 친구에게 모든 것을 털어놓았고, 그로부터 모든 것을 전해들은 부모님은 나를 병원으로 데려갔다.

생각지도 못했던 상황에 두 분은 큰 충격을 받으셨지만, 당시의 나는 나 자신이나 주위 사람들이 어찌 되든 개의치 않았다.

나는 경계선 인격 장애라는 진단을 받고 5주 동안 입원해 있었다. 감정을 조절하는 법을 배우고 자해를 막는 일이 관건이었지만 개별 상담을 맡은 치료사는 병이나 휴가를 핑계로 자리를 비우기 일쑤였다. 병원에서 적절한 치료를 받지 못하고 있다고 느낀 나는 외부에서 대화를 나눌 누군가를 찾기로 했다. 지금의 담당 치료사를 알게 된 것도 이때다. 그러나 술과 마약을 처음 접한 셰어 하우스로 돌아가면서 나는 예전의 생활습관에 도로 빠져버렸다.

그때 가족들이 팔을 걷고 나서지 않았다면 나는 어떻게 되었을지 알 수 없다. 가족들이 나를 있는 그대로 보아주고, 수용하고, 사랑해준다고 느낀 것은 참으로 오랜만이었다. 어머니는 우연히 고도의 민감함이라는 주제를 접하고 주기적으로 내게 읽을거리를 가져다주셨는데, 처음에 나는 그것들을 거들떠보지도 않았다. 그렇잖아도 남들과 다르고 '약해 빠졌다'는 시선을 받아온 마당에 부서지기 쉬운 유리처럼 취급받는 건 생각만 해도 질색이었다. 그때만 해도 고도의 민감성이 유약함과 동의어라고 생각했던 것이다. 그러나 이내 호기심이 들어 그것을 조금 읽어보니 뜻밖에도 내 이야기가 거기 있었다. 마음이 홀가분해진 나는 '민감하다고 나쁜 건 아니구나. 지금부터라도 잘 대처하자'라고 마음먹었다.

지금도 나는 틈틈이 민감한 사람을 위한 참고자료를 찾아보며 자극을 통제하는 법을 배운다. 기분도 예전보다 훨씬 나아졌다. 요즘은 방에서 혼자 음악을 듣는 일도 많고, 저녁에도 사람들과 대화하는 대신 홀로 휴식을 취하며 긴장을 푼다. 사람들과 어울려야 한다는 강박관념도 버렸다. 주위 사람들도 이제 내 성향을 알고 있지만 딱히 부정적인 시선을 던지는 사람은 없다. 마약과 술도 필요 없게 되었다. 간혹 맥주 한 잔을 즐기는 게 전부다. 옆에서 마신다고 덩달아 마시는 일도 없고 이삼 주 동안 술을 입에 대지 않을 때도 있다. 예전 집에서의 기억은 베일에 가려진 듯 희미해서 언제 무슨 일이 있었는지도 잘 기억나지 않는다. 술과 마약이 그 시절 나의 의식과 기억을 앗아가버린 것 같다. 지금의 내가전혀 다른 사람이 되어 있다는 사실에 그저 감사할 따름이다.

— 안나, 24세

술과 마약은 안나에게 어떤 문제에 대한 해결책도 되어주지 못했다. 그러나 이 이야기는 그보다 더 많은 것을 시사한다. 다시 말해 병의 다양한 증상과 진단을 다른 관점에서 바라보고, 무엇보다도 그 원인을 제대로 찾아내 진정한 치료책을 모색할 필요가 있음을 알려준다. 집필에 필요한 자료를 검색하는 동안 국제질병사인분류에 의거해 인격 장애, 정신질환, 의존성 또는 중독 진단을 받은 민감한 사람들이 그러한 병명을 거북하게 여긴다는 사실을 거듭 확인할 수 있었다. 물론 위급한 상황에서는 어떤 요법이나 입원, 진단만으로도 큰 도움이 된다. 그러나 고도의 민감함이라는 문제는 여전히 남아 있다. 환자는 이 점에서 자신이 충분히 이해받지 못했다고 느낀다.

문제는 또 있다. 매우 민감한 사람은 어려서부터 자신이 다르다고 느끼기 때문에 소속감을 갖기도 어렵다. 자신의 민감성에 관해 알지도 못하는 상태에서 정신질환이라는 낙인이 찍힐 경우 자아가 치감에는 커다란 금이 간다. 민감함에 관한 기본적 이해가 없을 경우 초기의 치료가 효과를 내는 것처럼 보이다가도 금세 '병적인' 행동양상이 재발하거나 심지어 더욱 강하게 나타날 수도 있다.

그래서 고도의 민감함이라는 기질과 정신질환의 증상을 구별하는 일은 매우 중요하다. 발견되지 않은 민감성은 정신적 문제가 자라나기 쉬운 텃밭과도 같다. 의사들은 늘 정신질환만을 치료하려 들지만, 치료법이 효과를 보이려면 민감한 기질이 반드시 고려되어야 한다. 치료하는 동안이나 그 이후에도 끊임없이 과도한 자극과 스트레스를 유발하는 생활방식을 유지한다면 정신은 치유되기 어렵다.

안나의 경우 학업과 셰어하우스가 문제의 원인인 것으로 추정된다. 일단 셰어하우스에서는 조용히 안정을 취할 만한 조건이 충족되지 않았다. 더불어 공동체에 소속되어야 한다는 압박감은 안나가 불건전한 행동방식을 따르게 만들었다. 이후 치유되기까지 안나에게는 다음과 같은 여러 요소가 중요한 역할을 했다.

- 위기 상황에서는 기존의 의학 및 심리치료가 (귀중한) 도움이 되

었다. 그 뒤에도 심리치료사가 안나에게 중요한 역할을 했다.

- 가족들이 자신을 있는 그대로 받아줌으로써 안나는 소속감을 느끼고 의지할 곳을 찾게 되었다.
- 자신이 민감하며 남들과 다르다는 자각, 그리고 이에 맞게 행동이나 습관에 변화를 주는 것이 비정상은 아니라는 깨달음도 중요하게 작용했다.

한 이론에 의하면 민감한 성향은 (숨겨진) 트라우마에 의해 강화되며 이로 인해 당사자는 정신적 질환에 노출되기도 쉽다고 한다. 이는 안나의 경우에도 해당되는 것으로 보인다. 이 책의 집필을 마치기 얼마 전에 내게 보낸 이메일에서 그녀가 이런 말을 했기 때문이다.

'치료가 큰 진전을 보이고 있습니다. 최근에는 과거에 일어났던 중대하고도 거북한 사건을 다루는 중인데, 그 일이 내 삶에 얼마나 큰 영향을 미쳤는지 이제야 비로소 실감합니다.'

심리학자 실비아 하르케에 따르면 트라우마를 유발하는 것은 비단 사고, 자연재해, 전쟁, 폭력, 학대 등만이 아니다. 아주 민감한 사람에게는 그보다 훨씬 미묘한 원인이 있을 수도 있는데, 예를 들어 태아 시절의 경험이나 출산 과정에서 겪은 문제가 그것이다. 여기에도 치유의 실마리가 숨어 있을 수 있다.

일상적이고 사소한 변화를 주는 일도 양질의 심리치료만큼이나 중요하다. 민감한 사람에게는 사소한 것이 큰 영향을 미칠 수도 있다. 다만 이 작은 변화를 위해서는 민감한 사람 본인과 가족, 주위 사람들 모두에게서 생각의 큰 전환이 요구된다. 남과는 다른 길을 가려면 고된 여정을 거치고 때로는 눈물도 흘려야 하며, 감정과 사고에서 유연성도 발휘해야 한다. 나아가 민감한 모습 그대로 사람들 앞에 설 수 있는 용기도 필요하다. 이런 의미에서 다음과 같은 질문을 던져보는 것도 의미 있을 것이다. 현재 성인이 된 민감한 사람들의 유년기에 이미 고도의 민감함이라는 주제가 알려져 있었다면 이들의 인생은 어떻게 달라졌을까?

널뛰는 감정을 어찌 할까?

민감한 사람은 남들보다 많은 것을 깊고 강렬하게 느낀다. 외부에서 유입되는 자극이 없어도 이들의 내면세계는 이미 다채롭고 풍부하다. 이에 외부 자극이 더해지면 감정은 말 그대로 춤을 추기 시작한다. 감정은 매일의 경험을 내면에 각인시키고 보다 풍성하게 만들며 평생 동안 우리를 성장하게 해준다.

— 내게 감정이란 나비와도 같다. 이 나비는 아름다운 색채로 펼쳐지며 날갯짓을 하거나 인생길에 한동안 동반하기도 한다. 나아가 자신을 신뢰하고 직시하는 법을 내게 가르쳐준다.
예민하고 강렬하게 들끓는 감정들은 평생 나를 따라다녔다. 어린 시절에는 이를 감당하기가 너무나 힘들었다. 내가 슬픔에 잠겨 있으면 어머니는 몇 시간이고 침대 곁에 앉아 나를 달래며 원인을 알아내려 애쓰셨다. 그러나 내 감정을 중요치 않은 것으로 여긴 나는 좀처럼 입을 열지 않았다. 중요한 것은 엄마가 곁에 있다는 사실뿐이었다. 그때 어머니가 하신 말씀을 나는 지금까지도 가슴 깊이 새기고 있다. "말하지 않아도 이해해. 나는 있는 그대로의 너를 사랑하니까."

젊은 시절에 경험한 감정들 중 가장 강렬했던 것은 딸아이가 내 몸 안에서 자라날 때의 느낌, 내가 한 생명을 키워내고 있다는 느낌이었다. 그때 내게는 있는 그대로의 자신이 받아들여질 때의 느낌을 아이에게 심어주는 일이 매우 중요했다. 이 감정을 지금 딸아이로부터 온전히 돌려받게 되어 더할 나위 없이 행복하다.

누구도 피해갈 수 없는 숙명은 내 인생에도 어김없이 찾아와 나를 뒤흔들어놓았다. 어머니와 첫 번째 남편의 이른 죽음은 불과 몇 달 사이에 내 예민한 감정의 세계를 감당할 수 없이 뒤흔들어놓았다. 동시에 이는 내 안에 강인함을 길러주었다. 삶을 위한 강인함, 현재를 위한 강인함, 하루하루를 있는 그대로 받아들이며 지금 이 순간을 살아갈 수 있는 강인함, 사랑하는 사람들의 감정을 느끼고 그들의 이야기를 들어주며, 그들이 나를 필요로 할 때 도와줄 수 있는 강인함이었다.

그러나 이런 강인함을 발휘할 수 있게 된 것은 불과 얼마 전부터다. 이에 도달하기까지 나는 먼 길을 걸어와야 했다. 두 번째 결혼생활에서는 내 민감함이 약점으로 작용했다. 나는 이에 무기력하게 대응했을 뿐 아니라 어느 순간부터는 스스로도 그게 약점이라고 믿으며 움츠러들었다. 결혼생활에 마침표를 찍고 나서야 비로소 나 자신에게 이르는 길을 되찾을 수 있었다.

지금은 나 자신과 내가 느끼는 감정을 신뢰하며 꿋꿋하게 나만의 길을 걸어가고 있다. 그리고 이따금씩 날아들어 얼마간 내 동반자가 되어주는 화려한 나비들을 기쁘게 맞이한다. 이들이 몰고 오는 것이 빛이든 그늘이든 상관없다. 나비의 모든 날갯짓이 내게 힘을 주고 나를 성장시켜주기 때문이다.

― 울리(Ulli), 62세

감정은 아름답고 밝은 빛으로도, 칠흑 같은 어둠의 모습으로도 찾아올 수 있다. 모든 종류의 감정은 육신이라는 껍데기를 생기로 채운다. 계몽주의의 시작으로부터 촉발된 변화는 그래서 더욱 끔찍했다. 이 시대에는 이성이 '통제권'을 잡으면서 감정은 도외시되기 시작했다. 그러나 이제는 성과를 중시하고 감정을 소홀히 하는 사회 · 경제 구조에 회의를 품는 사람들이 점차 늘고 있다. 그런 사회구조로부터 하차하는 사람들도 많아졌다. 일부는 자발적으로 하차하지만 대부분은 정신적 · 신체적 질병 때문에 본의 아니게 도태되기도 한다. 감정을 소홀히 할 때 발생하는 에너지 체증은 이런 질병의 발생을 한층 촉진시킨다.

인간은 느끼는 존재다. 인간에게는 감정이 허락되어야 하며, 이를 마음껏 발산할 공간 역시 필요하다. 그래야만 감정을 해소할 수도 있다. 억제된 감정은 언젠가는 질병, 우울증, 자기혐오 등의 형태로 폭발하기 마련이다. 특히 HSP에게는 넘쳐나는 감정을 조절하는 법을 배우고 나쁜 감정이란 없음을 이해하는 것이 절대적으로 중요하다. 두려움, 슬픔, 분노, 혐오, 경멸 등은 억제할수록 강하게 발산되며, 그로써 기쁨, 경탄, 행복, 사랑과 같은 감정이 들어설 자리는 점점 좁아진다. 자신의 감정을 꿰뚫어보고 기꺼이 받아들이는 것은 맑디맑은 호수를 헤엄치는 일과도 같다. 반면에 수용되지 않는 감정은 우리를 음울하고 깊은 늪으로 이끌고 들어간다.

원인 모를 통증이 전하는 메시지

영혼이 울면 신체는 이를 우리에게 알린다. 신체는 인간이 스스로를 보살피게끔 만드는 중요한 전달자다. 음악을 들을 때 귀를 기울이듯 신체가 보내는 신호에도 귀를 기울여야 한다. 고도로 민감한 사람은 이런 신호들을 보통사람에 비해 일찍 포착하며 특히 통증에 예민하다. 통증은 '진짜' 질병을 예고하는 신호일 수 있으므로 아프다는 느낌이 든다면 한층 더 주의를 기울여야 한다.

그러나 통증이 반드시 신체적 질병만을 예고하는 것은 아니다. 매우 민감한 사람들 중에는 또 다른 영역의 질병을 언급하는 경우도 많다. 사람은 보통 통증을 신체적 질병 및 부상과 동일시하기 때문에 민감한 사람이라 해도 '이 영역'을 이해하기는 쉽지 않을 것이다. 일부 HSP는 다른 사람들, 심지어 다른 생명체의 기분과 감정까지 인지할 수 있다. 신체적 불편함도 당연히 느낀다. 그러나 자신의 신체가 어떻게 기능하는지 명확히 이해하기까지는 오랜 시간이 걸릴 수도 있다. 다음 글은 이것이 어떤 과정을 거쳐 이루어지는지 보여준다.

— 나는 다른 사람들이나 주변 일들을 돌보느라 나 자신을 제대로 돌볼 수 없었던 때가 많았다. 쉽게 말해 '천사병'이었다. 그때는 내 몸이 나 자신을 느끼고 인지하는 법을 가르쳐주는 도구임을 미처 알지 못했다. 이후로도 이를 깨닫기까지는 오랜 시간이 걸렸다. 그동안 나는 끊임없는 통증 때문에 수없이 병원을 들락거렸다. 통증은 심할 때도 있었고 그저 신경에 거슬리는 정도로 그치기도 했다. 그중에서도 제일 견디기 힘들었던 것은 원인을 알 수 없는 치통이었다.

시간이 흐르면서 나는 내면에서 '너는 건강해'라고 부드럽게 속삭이는 목소리를 감지했다. 그러나 불쑥불쑥 찾아와 지독하게 나를 괴롭히는 통증은 그대로였다. 치료와 관련된 직업에 종사하는 나는 신체적 · 정신적 원인에서 비롯된 통증에 시달리는 환자들을 많이 다루었는데, 내 치료를 받은 사람들은 언제 그랬냐는 듯 통증이 가신 채로 돌아갔다. 이를 보며 나는 고민에 휩싸였다. 어째서 나는 남을 돕는 일에만 능숙한 것일까?

평소 세계가 공명 법칙에 따라 돌아가고 있다고 믿던 나는 치료를 받으러 오는 사람들에게 내 모습을 투영시켜보기 시작했다. 그러자 이들의 통증이 투박한 신체에서 발현된다기보다는 섬세한 에너지 입자의 모습을 하고 있다는 데 생각이 미쳤다. 나는 바로 이 에너지 입자를 정화함으로써 불편한 부분을 치료해줄 수 있었던 것이다.

이러한 깨달음을 얻은 뒤 나는 내 신체와 소통하기 시작했다. 통증이 오면 즉각 없애려 들던 습관도 버렸다. 대신에 그것을 인지하고 나 자신만의 에너지 정화 의식을 고안해 날마다 활용하고 있다. 이제는 통증이 언제 발생하는지 정확히 알 정도다. 내 몸에 온전히 주의를 기울이지 않고 다른 사람의 에너지에 자리를 내어줄 때 몸이 아픈 것이다. 내게 통증은 나 자신을 돌보아야 할 때임을 알려주는 신호다.

— 브리타 힐데브란트(Britta Hildebrandt), 47세

어떤 사람들의 귀에는 이런 이야기가 미심쩍게, 혹은 미신적으로 들릴지도 모른다. 그러나 강한 신체적 인지능력을 지닌 사람들 중에는 실제로 원인 모를 통증을 앓는 이가 많다. 이런 사람은 신경이 예민한 우울증 환자로 간주되기 일쑤지만, 관점을 바꾸어보면 그들이 겪는 온갖 질환을 새로이 조명해볼 수도 있다. 브리타의 경험담은 지금껏 알려진 과학적 지식과 대안적 접근법을 함께 고려하도록 우리를 독려한다. 지금까지는 이러한 접근법에 대한 연구가 완벽하지 않은 상태다. 우리는 치유에 이르는 길, 혹은 자신의

신체를 보다 잘 이해함으로써 더 높은 삶의 질을 누리는 방법을 모색해야 한다.

자신만의 수면방식을 찾아라

하루의 끝에 고요가 찾아들고 침대에 드러누워 편안한 꿈의 세계로 빠져드는 일…… 이 얼마나 황홀한 순간인가. 그러나 이 순간이 언제나 쉽게 찾아오지는 않는다. 수면이라는 주제는 적당히 민감한 사람이나 특별히 민감한 사람 모두에게 똑같이 큰 관심사다. 인간은 잠 없이는 생명을 유지할 수 없다. 신체, 정신, 영혼은 모두 주기적인 휴식을 필요로 한다. 그 이유는 학자들도 아직 정확히 밝혀내지 못했다.

지나친 스트레스를 받으면 꿈을 꾸지 않게 된다. 경험한 것을 소화하는 데 필요한 중요한 도구 하나가 사라지는 것이다. 그래서 고도로 민감한 사람들에게는 규칙적으로 질 좋은 수면을 충분히 취하는 일이 특히 중요하다. 수면과 관련해 사람들이 경험하는 바는 저마다 천차만별이지만, 다음과 같은 경험은 누구나 한번쯤 해보았을 것이다.

— 나는 민감한 사람 중에서도 머릿속이 항상 온갖 생각으로 들끓는
   인식형에 속한다. 밤이 되어 잠자리에 들어도 생각은 끊이지 않

는다. 그러나 생각하는 일에 익숙해지고 이를 내 일부로 받아들인 뒤부터는 이것이 더 이상 방해가 되지 않는다. 침대에 누우면 나는 즐거웠던 기억이나 평소에 숙고해보고 싶었던 기분 좋은 주제를 고른다. 생각이 뭉게뭉게 꼬리를 물고 이어지도록 내버려두다 보면 어느덧 편안한 잠에 빠져든다.

때로는 생각이 머릿속을 맑게 깨우고 새로운 아이디어를 탄생시키기도 한다. 이때는 생각이 계속해서 머릿속을 맴돌지 않도록 미리 준비해둔 종이에 적어야 한다. 그러다 보면 늦게까지 깨어 있게 되기도 한다. 이런 밤은 무척이나 흥미진진하다. 이튿날 중요한 약속이 있어 일찍 일어나야 한다면 물론 곤란하지만, 이런 경험 덕분에 나는 신체적 피로에도 불구하고 이성이 맑게 깨어 있을 수 있다는 사실을 알게 되었다. '생산적인' 밤 시간을 놓치고 싶지 않은 것도 그 때문이다. 이때 샘솟는 아이디어들이 결국은 일에도 유용하게 쓰이니 말이다.

생각이 꼬리를 물고 이어지도록 놔두기로 결심하게 된 데는 수년 전의 경험이 계기가 되었다. 구동독에 살던 시절의 일이었다. 처음 구한 직장의 생산부에는 전쟁 이전부터 쓰던 기계가 여전히 남아 있었는데, 컨베이어 벨트 앞에 앉아 몇 초마다 똑같은 손동작을 반복하는 일은 고되기 그지없어서 생산원들은 날마다 쉼 없이 이곳에서 일하기를 꺼렸다. 그래서 '연대'하는 뜻에서 사무직 직원들이 하루씩 돌아가며 일을 도와주었다. 나도 예외는 아니었는데, 온종일 이 일을 하고 녹초가 된 날은 침대에 누워도 잠이

오지 않았다. 반쯤 잠든 상태에서 몇 초마다 똑같은 손동작을 반복하는 꿈을 꾸었기 때문이다. 생각을 떨쳐버리려 할수록 머릿속은 도리어 맑아져서 이튿날 아침이면 완전히 기진맥진한 채 일어나야 했다. 한동안 이런 일이 반복되자 밤새 고군분투하는 일에도 진력이 났다. 기력 소모가 너무나 심했다. 그래서 생각이 떠오르는 대로 내버려두기 시작했는데 놀랍게도 그와 동시에 고군분투는 끝이 났다. 낮 동안 받은 인상이 충분히 소화되도록 내버려두자 비로소 편안히 휴식을 취할 수 있게 된 것이다.

— 라이마르 륑엔, 54세

낮 동안 일어났던 일들이 미처 소화되지 못했을 때, 꿈을 꾸다 깨어버렸을 때, 반쯤 잠이 든 상태에서 좋은 생각이나 아이디어가 떠오를 때는 수면에 방해를 받기 마련이다. 그러나 자신에게 어떤 수면 방식이 맞는지 정확히 파악하고 나면 직장에서든 일상에서든 여유를 찾을 수 있다. 여기에 좋은 사례를 하나 소개한다.

— 예전에 나는 항상 이른 아침에 일터에 나가 있어야 한다고 생각했다. 늦잠은 용납할 수 없는 일이었다. 그러나 잠을 푹 자고 출근하기로 결심하고 이를 실천하다 보니(고객들에게도 솔직하게 양해를 구해놓았다) 어려운 일을 해결할 최고의 아이디어나 좋은 구상안이 정확히 수면시간의 마지막 단계에 떠오르는 것이었다. 사무실에서는 이 아이디어를 실행하기만 하면 되었다. 그래서 이따

금 나는 고객들에게 내 수면시간도 노동시간에 포함시켜야 한다고 농담처럼 말하곤 한다.

— 텔케(Telke), 32세

감정 사용설명서

기쁨이 넘치고 모든 것이 경쾌하게만 느껴지는 삶을 상상해보라. 태곳적부터 인류는 이런 행복을 추구하며 살아왔다. 누구나 삶의 정상에 서서 자유를 느끼며 환희에 젖어 숨 막히도록 아름다운 발 밑의 경치를 바라보고자 하는 소망을 품고 있다. 이때 머리 위로 빛나는 햇살은 당연한 전제조건이다. 그러나 행복한 인생에 대한 거창한 상상은 자칫하면 삶의 아름다운 면을 간과하게 만든다. 완벽함과 행복을 좇다 보면 우리는 삶을 풍부하게 만드는 사소한 것을 놓치고 만다. 더 큰 문제는 모두가 행복을 꿈꾸며 정상을 향해 우르르 몰려든다는 점인데, 이때 계곡에는 곡식을 심고 과일나무를 가꾸고 옷을 만들 사람이 아무도 남지 않게 된다. 삶의 근간이 사라지는 것이다.

행복의 바탕은 깊은 골짜기에 있다.
우울함, 슬픔, 눈물은 행복을 인지하는 능력을 얻기 위한 전제조건이다.

—— 나는 구슬픈 음악을 좋아한다. 느린 선율과 리듬은 내 내면에 가장 큰 반향을 일으킨다. 이런 음악은 무엇보다도 나의 내면을 풍요롭게 만든다. 그렇다고 내가 항상 비애에 젖어 있는 것은 아니다. 오히려 그 반대다. 내가 삶의 기쁨을 매우 강렬하게 느낄 수 있게 된 데는 구슬픈 음악이 도움이 되었다고 생각한다.

행복 연구가들은 영혼이 마냥 생기로울 수는 없다고 이야기한다. 영혼에게도 기복이 필요하다는 뜻이다. 깊은 비애는 우리에게 더 큰 행복을 느끼는 능력을 부여해준다. 나는 강렬한 비애가 도리어 우울증이라는 무채색과 무감각의 나락으로 굴러 떨어지는 일을 막아준다고 확신한다.

— 라이마르 륑엔, 54세

가벼움이 어떤 느낌인지 알려면 먼저 무거움이 뭔지 알아야 한다. 일상을 무너뜨리는 위기의 순간들은 우리의 눈앞에 새로운 지평을 열어주고 삶을 새로운 관점으로 보게 해준다. 행복을 느끼는 능력과 보다 큰 강인함도 이때 다져질 수 있다. 매우 민감한 사람들은 때로 비애에 젖어 자신이 과연 삶을 감당할 수 있는지 의문을 품는다. 그러나 이런 회의는 그저 (고도로) 민감한 가치관에 바탕을 두지 않은 구조체계나 기대치에 자신을 적용시킴으로써 나오는 것뿐이다.

이따금 슬픔에 젖고 눈물을 터뜨린다 해도 잘못될 것은 없다. 누군가 가끔 침체된 기분이 되어 홀로 틀어박힌다고 해서 그를 우울증 환자로 취급할 권리는 누구에게도 없다. 이런 시간에서 힘을 얻고 감사한 마음으로 일상으로 되돌아가거나 새로운 길을 걸어 갈 수 있다면 그는 슬기롭게 균형을 맞추고 있는 것이다. 다만 어떤 에너지도 얻을 수 없고 삶이 마냥 정체될 경우에는 주의를 기울여야 한다. 이때는 주위의 도움을 구하고 끊임없는 슬픔을 야기하는 것이 무엇인지 파악하며, 여유를 두고 긴 휴식을 취하는 것이 좋다.

잠깐씩 찾아오는 비애의 감정은 문을 활짝 열고 기꺼이 받아들여라. 눈물은 감정의 찌꺼기를 씻어내어 영혼을 정화하며, 행복한 인생을 만드는 사소하고 아름다운 수많은 순간들을 우리 눈앞에 펼쳐놓는다.

• 04 •

민감성의 강점을 발휘할
절호의 기회, 일과 직업

직업을 선택하는 행위에는 우리가 어린 시절에는 미처 알지 못했던 미래를 비롯해 수많은 차원이 내포되어 있다. 자신의 강점이나 장애물을 최대한 일찍 파악하는 일이 중요한 이유도 여기에 있다. 한 사람의 인격체는 수학이나 국어, 영어 따위보다 훨씬 많은 것으로 이루어져 있다. 학교에서 각각의 아동이 지닌 소프트 스킬과 특성을 미리 파악해 아이들에게 다양한 직업과 삶의 가능성을 보여줄 수 있다면 얼마나 큰 축복이겠는가. 보다 많은 휴식을 취하고 좀 더 따분함을 느낄 수 있도록 더 많은 자유와 시간을 허락해준다면 또 얼마나 좋을까? 따분함은 창의력과 호기심의 어머니다.

아이들에게 끊임없이 기존의 지식을 들이밀면 이들은 흉내 내고 반복하는 것만 배우게 된다. 그리고 열심히 일하는 개미는 될지언정 책임감 있는 혁신가나 해결사로 자라나지는 못한다. 나 역시 한때는 열심히 일하는 개미였기에 감히 이렇게 말할 수 있는 것이다. 약간 독특했을지는 모르지만 어쨌든 개미는 개미였다. 어느 날 내 몸 전체가 파업에 돌입하기 전까지는 그랬다. 그 뒤로 나는 힘겨운 과정을 거쳐 마침내 혁신가의 길을 걷게 되었고, 비로소 다음과 같은 깨달음을 얻었다.

1. 인생은 내가 받은 교육 이상의 많은 것으로 이루어져 있다.
2. 나의 발전과 더불어 내 일도 바뀐다.
3. 나는 내 민감한 기질과 가치관, 소명을 좇고자 하는 바람을 의식적으로 직업과 연계시켜야 한다. 그러지 못할 경우 삶의 에너지가 소모되고 내 몸은 파업에 돌입할 것이다.

고전적인 경제의 세계로 들어서는 사람들은 대부분 정신없는 나날을 보내게 된다. 위계질서를 버리고 열린 구조를 택하는 기업들이 점점 늘어나는 추세이기는 하나, 대부분의 노동자에게 일상은 암울하기 그지없다. 정해진 근무시간 외에 끝도 없는 초과근무, 지나치게 넓은 사무공간, 고정된 휴식시간, 조용한 휴식공간의 부재, 지시에 따른 업무처리, 창의성을 발휘할 수 없는 지정된 업무분야, 수많은 직종에서 늘 똑같은 일의 리듬도 그렇다. 이 모든 것은 특별히 민감하지 않은 사람에게도 흔히 부정적인 영향을 미친다.
　여기에서는 여러 경험담을 통해 민감한 사람들이 직업 및 일과 관련해 무엇을 변화시킬 수 있는지, 이들이 어떤 경험을 하고 무엇에 대항해 싸우고 있으며, 어떤 강점을 업무에 활용할 수 있는지에 관해 다룰 것이다.

조금 늦더라도 나만의 길은 반드시 찾을 수 있다

한 가지 일을 배우고 간간이 그와 관련된 추가 교육을 받으며 평생 그 일에 종사하다가 은퇴하는 것. 많은 사람들이 직업을 찾는 과정에서 막연히 이런 상상을 한다. 어떤 부모들은 자녀가 어떤 사람이 되거나 무슨 전공을 택해야 하는지 직접 결정하기도 한다. 또 어떤 사람들에게는 현재 주어진 직업교육이나 학업의 기회를 움켜잡는 것 외에는 선택의 여지가 없다. 정규 교육과정을 마친 뒤 대학 진학이냐 취업이냐의 기로에서 수많은 밤을 지새우며 자신이 평생 종사할 수 있는 직업이 무엇인지 필사적으로 고민하는 사람들도 많다.

다수의 HSP에게는 일찍부터 '옳은' 선택을 하고자 하는 열망이 있기 때문에 하나의 직업을 선택하는 일이 유난히 어렵다. 남달리 민감하다는 사실을 스스로 알고 있는가는 이와 별개의 문제다. 이 열망은 직업 선택 과정에 깊은 영향을 미친다. 남달리 민감한 사람은 변화에 능하고 환경에 적응하는 능력을 타고났으며 끊임없이 의미를 탐색하기 때문에 직업에서도 카멜레온이 색깔을 바꾸듯 다채로움을 발휘한다.

— 나는 늘 '외부 요소'에 몰두해 에너지를 소모시키기 일쑤였다. 부모님의 사업, 대학시절의 소소한 아르바이트, 이후의 직업교육과 직장생활에서도 마찬가지였다. 나는 모든 일을 항상 타인의 관점에서 보며 내가 할 수 있는 모든 것을 쏟아 부었고, 그럼에도 스스로 만족한 적이 없었다. 상사들은 내가 어차피 자발적으로 하는 일이니 말릴 이유가 없다고 생각했다. 내게 가치 평가의 기준이 되는 보상이나 칭찬도 돌아오지 않았다. 이렇게 나 자신에게 소홀하다 보니 어느덧 나에 대한 감각도 잃고 말았다.

만 17세에 대학 입학시험에 합격하자 사람들은 내게 의대에 진학하라고 닦달했다. 순종적이었던 나는 그 말대로 의대에 입학해 3학기를 다녔다. 그 뒤에는 전공을 두 번 더 바꾸었다. 그밖에도 세 가지 직업교육을 받고 그에 맞는 자격증도 취득했다. 그러나 학창시절과 마찬가지로 대학에 가서도 공부나 인생 자체에 별다른 재미가 느껴지지 않았다. 사회생활을 시작한 초기에는 그나마 조금 나았다. 처음에는 늘 열정적으로 일에 몰두해 최고의 성과를 올렸기 때문이다. 항공정비사, 기관사, 철도교통관제사, 박물관 기차 운행, 민간 철도 개통, 벤처기업 운영 등 모든 일에서 나는 수없이 초과근무를 해가며 앞장섰다. 가족들과의 시간도 마다했다. 그러나 결국은 만족감과 에너지와 재정이 모두 바닥난 채 끝나기 일쑤였다.

매우 민감한 사람은 살아남기 위해서라도 "아니오!", "그만!"이라고 말하는 법을 배워야 한다. 감정이입 능력과 다음 일을 예측하는 능력은 그에 상응하는 성취욕과 커다란 책임감을 야기해 한 인간을 망가뜨리기도 한다. 이를 방지하려면 관습에서 벗어난 업무 방식을 택하고 자신만의 신념을 고수하며, 가능하다면 시간제 근무를 택하는 것도 좋다. 그러면 일을 하며 자신만의 까다로운 기대치를 충족시키는 것은 물론, 삶에 대한 기쁨과 일하는 즐거움을 잃지 않고 목표를 향해 갈 수 있을 것이다.

민감한 기질을 타고났더라도 시간을 내어 스포츠나 맛있는 요리를 즐기고 애정이 담뿍 담긴 포옹과 접촉도 즐길 줄 안다면 일과 삶의 기쁨, 책임감과 엉뚱한 아이디어(이는 결코 삶에 빠져서는 안 될 요소다) 사이에 균형을 잡을 수 있다. 이는 나 스스로 경험한 바이자 내 신념이기도 하다. 나는 너무 오랫동안 너무 많은 것을 너무 진지하게 받아들이려 애썼다.

인생은 계속된다. 최근에는 요나스 요나손(Jonas Jonasson)을 비롯해 여러 스칸디나비아 작가들이 섬세한 감각과 유머를 발휘해 독자들에게 기상천외한 삶의 모습을 보여주고 있다. 이런 책을 읽고 나면 삶에 대한 신뢰를 되찾고 뭔가 틀어져도 너무 심각하게 받아들이지 않을 수 있다.

― 안드레아스(Andreas), 54세

타고난 민감성을 일찍 간파할수록 우리는 직업 선택과 소명이라는 문제에서 더 나은 기회를 얻게 된다. 여기서 중요한 것은 한 번 선택한 직업을 평생 지속할 수 있느냐가 아니다. 직업과 소명은 생각보다 유동적이다. 인생에 드문드문 공백기가 찾아온다 해도 이를 사형선고처럼 여길 필요는 없다. 주관을 갖고 그 이유를 설명할 수 있으면 그만이다. 세상은 남다른 사고를 하는 사람, 가장자리 너머 더 멀리까지 볼 수 있는 사람을 점점 더 필요로 한다. 중요한 것은 우리 내면 깊숙이 숨어 있는 잠재력과 재능에 걸맞은 기본기를 갖추는 일이다. 이것이 올바른 길이다.

소명은 직업 및 인생에서의 경험을 토대로 형성되어야 한다. 이는 빨리 이루어질 수도 있고 다소 시간이 걸릴 수도 있다. 씨를 뿌린 뒤 수확하기까지는 인내심이 필요한 법이다. 그러나 열매를 거두는 날은 언젠가 반드시 온다. 간혹 병충해가 생기고 농작물의 일부를 잃을지라도 말이다. 돌투성이 길을 걷는다 할지라도 그 끝에는 분명 거두는 것이 있다.

— 상대방이 보내는 신호를 아주 작은 것까지 감지한다는 건 커다란 행복일 수 있다. 이런 능력을 갖춘 사람은 타인들이 송출하는 신호와 사람들 사이에 일어나는 징후를 포착하며, 이것을 사회적·감정적으로 세분화해 인지한다. 그러나 때로는 이것이 양측 모두에게 부담일 수도 있다. 모든 접촉을 반드시 탐구하고 분석하고 성찰해야 하는 것은 아니기 때문이다. 사람 사이의 접촉은 때로 우연적이고 가벼워도 괜찮다. 그러나 내게는 이것이 늘 쉽지만은

않다.

나는 사회교육학을 전공하며 조기교육 및 치료적 과제 수행을 중점적으로 연구한 뒤 사람 사이의 접촉과 관계를 주로 다루는 직업을 갖게 되었다. 나는 언제나 내 직업을 사랑했다. 그러나 한 남자의 아내이자 세 아이의 엄마 역할을 하며 넓은 정원이 딸린 집을 관리하고 직장에서 반일근무까지 하다 보니 내 건강상태는 언제나 위험수위에 가까웠다. 남편이 집안일을 아주 많이 도와주는데도 휴식을 취할 겨를이 없었다. 사람 사이에 벌어지는 일들을 다층적으로 인지하다 보니 이를 분류하고 소화하고 그에 적절히 대처하는 법도 배워야 하는데 그런 여유조차 허락되지 않았다. 생각을 차단한다는 것도 불가능했다. 무너지기 일보직전까지 버티던 나는 결국 병에 걸리고 말았다.

우연인지 운명인지 모르지만, 위기로부터 소명을 발견하면서 악순환은 드디어 끝을 맺었다. 삶의 위기를 겪으며 도리어 정신운동 치료사 교육을 추가로 받을 힘이 생긴 것이다. 이로써 나는 타고난 능력을 더 잘 이해하고 직업적으로 보다 유용하게 활용할 수 있게 되었다.

교육과정에는 당연히 내가 치료하는 아이들의 경험을 나 자신의 것과 분리하기 위한 자아분석이 포함되어 있었다. 내 남다른 감정적 인지능력을 구체적으로 다루는 법을 배웠다는 점은 그보다 훨씬 중요했다. 나는 인지한 것에 회의를 품고 무시하는 대신 이를 내면의 공명판을 이용해 조절하고 치료 수단으로도 활용하기 시작했다. 저주받은 능력이라 여기던 것이 귀한 재능이자 보물처럼 느껴지던 순간이었다.

사람들 사이에 오고가는 마음의 언어도 보다 잘 이해할 수 있게 되었다. 이는 치료를 받으러 오는 아이들이 각자의 사연을 긍정적으로 풀어나갈 수 있도록 돕는 데 유용했다. 아이들이 자신의 소망과 문제, 두려움, 갈등을 아이답게 순수한 방식으로 내게 보여주는 것이 크나큰 선물처럼 여겨질 때도 있다. 나는 아이들과 같은 세계를 공유하며 조금씩 함께 성장하고 있다. 때로는 아이들이 삶의 수많은 가능성 사이에서 자아를 탐색하고 길을 찾는 과정에 작은 자극이나 해답을 제시해주기도 한다. 그러나 대개는 아이의 말에 귀를 기울이거나, 아이가 자신의 모습을 직시하고 스스로를 사랑하게 되도록 거울 역할을 해줄 뿐이다. 모든 아이들은 나름의 이야기와 놀라운 특성을 지니고 있다. 내가 아이였을 때 누군가 내 잠재력을 알아보고, 내 다름 역시 전체의 한 부분이라고 일러주었더라면 얼마나 좋았을까……

– 가브리엘레(Gabriele), 50세

가브리엘레의 이야기는 사람이 자신의 능력을 긍정적으로 자각하고 이를 일에 활용할 때 얼마나 큰 만족감을 느끼게 되는지 알 수 있게 해준다. 그리고 그에 이르기까지 얼마나 큰 에너지가 필요한지도 행간에서 읽을 수 있다. 그녀는 이 험난한 여정의 끝에 목적지에 도달함으로써 좋은 결실을 맺을 수 있었다.

나만의 성공 척도는 따로 있다

성공이란 과연 무엇일까? 우리는 언제 성공했다고 말할까? 그에 대답하는 일은 간단하면서도 복잡하다. 간단히 말하면 목표를 설정하고 달성했을 때 우리는 성공한 셈이다. 엄밀히 말해 목표를 정의하는 사람도, 어느 시점에 이르러 목표를 이루었다고 단언하는 사람도 바로 우리 자신이다. 성공 여부를 정의 내리는 장본인은 개개인이라는 소리다.

그런데 설정했던 목표가 자신에게 전혀 맞지 않음을 깨달았을 때는 어떻게 대처해야 할까? 목표에 자신을 억지로 끼워 맞추어야 할까? 성공은커녕 번번이 실패만 반복한다면 어떻게 할 것인가? 반대로 평범하지 않은 목표를 세우고 실제로도 달성했지만 타인들에게서 성공으로 인정받지 못한다면 이는 우리에게 어떤 영향을 미칠까?

HSP들은 우리 사회에서 소수에 속한다. 나머지 다수가 추구하는 목표는 이들의 것과는 다르다. 우리 사회의 교육·직업·가치 평가 체계는 다수에 의해 만들어지고 정의된다. 그럼에도 자신만의 성공 모델을 개척해나가는 일에는 분명 가치가 있다. 이를 위해서는 새로운 깨달음과 지극히 개인적인 목표에 많은 시간과 공간을 할애해야 한다.

—— 과거에 나를 가장 괴롭히던 문제들 중 하나는 바로 내 삶에 지속

성이 결여되어 있다는 점이었다. 그래서 구직 면접에서 내 이력을 해명하는 일이 늘 무척이나 어려웠다. 스스로에게도 끊임없이 '나는 어째서 한 가지 일을 끈덕지게 해나가지 못하는 걸까?' 라는 질문을 던졌다.

스캐너형 인간에 대해 알게 된 뒤에야 비로소 가슴에 얹혀 있던 묵직한 돌을 내려놓은 기분이었다. 동시에 '이 깨달음을 어떻게 적용해야 하는가?' 라는 문제가 주어졌다. 처음에는 막막할 뿐이었다.

일단 나는 지금까지 거쳐온 길을 하나씩 돌아보며, 내 불안정성과 끊임없이 새로운 것을 시도하려는 충동을 어떻게 하면 긍정적으로 활용할 수 있을지 고민했다. 그리고 마침내 그 답을 찾았다. 다양한 주제의 프로젝트를 각각 단기간에 걸쳐 수행하는 일을 하게 된 것이다. 매번 새로운 사람들과 함께 일하는 것은 물론이다. 악순환은 드디어 끝이 났다. 나는 넘쳐나는 호기심을 충족시키는 동시에 일종의 성공과 지속성도 달성할 수 있었다.

사람은 자신의 적성에 맞지 않는 일을 장기적으로 할 수 없다. 오늘날 나는 기업체를 대상으로 경영 컨설팅을, 개인을 대상으로 인성상담을 제공한다. 그러나 이때 수치나 통계는 크게 고려하지 않는다. 어떤 구상안의 적절성을 측정하는 수단으로서는 이것이 유용할 수 있지만, 그 구상안 자체의 근간이 되는 것은 바로 개별적 특성이기 때문이다. 가령 매우 민감한 사람들은 분기 또는 연 단위를 훨씬 뛰어넘는 사고를 하므로 이들에게 적용할 수 있는 성공의 척도도 다를 수밖에 없다.

— 아르네 잘리히(Ame Salig), 49세

우리의 사고방식은 사회·교육체계로부터 영향을 받으며, 이 체계
는 성공이란 무엇이고 그것을 위해 어떤 능력을 발휘해야 하는지
매우 명확히 정의한다. 간단히 말해 성공한 사람이란 돈을 많이 벌
고 직장에서 초고속으로 승승장구하는 사람을 가리킨다. 이에 부
응할 수 없는 사람은 스스로를 교묘히 팔기 위해 창의력이라도 한
껏 발휘해야 한다. 반대로 이 체계를 타파하고자 하는 사람은 위험
을 감수할 수 있는 용기와 대담함, 의지 관철 능력을 갖추어야 한
다. 자기 자신, 자신의 잠재력과 강점, 가치관에 대한 명확한 이해
도 필수적이다. 그래야 성공한 사람의 전형적인 표본이 무엇인가
와 상관없이 자의식과 자신감, 명확성이 자라난다. 이런 요소들은
자신에게 맞는 목표를 설정하고 자신만의 속도로 크고 작은 성공
을 이루기 위한 토대다.

  긍정적인 점은 노동시장에 변화가 일고 있다는 사실이다. 전문
성은 물론이고 개성까지 갖춘 사람이 환영받는 추세다. 자신이 어
떤 일을 하고자 하는지, 어떤 목표를 가졌는지 명확히 알고 있는
사람은 성공으로 가는 길이 어느 방향인지 감지할 수 있다. 아직
감이 오지 않는다면 지금부터 탐색에 나서도 늦지 않다. 힘차게 한
걸음 전진하라!

언제까지 주변에 휘둘릴 것인가?

민감한 사람은 타인들 속에서 이질감을 자주 느낀다. 개중에는 그럼에도 불구하고 남들과 같은 길을 택하고 그 길에서 평범하게 성공하려 애쓰는 사람도 있다. 그러나 언젠가는 회의가 밀려든다. 이런 삶의 방식이 어딘가 잘못된 것으로 느껴지고 외부의 손에 휘둘린다는 느낌도 받는다. 남들은 아무렇지 않게 받아들이는 과제, 근무시간, 근무조건 등도 시간이 갈수록 커다란 장벽처럼 느껴진다. 보통사람들은 아무렇지 않게 뛰어가는 길에서 민감한 사람들은 걸핏하면 돌부리에 채이고 넘어져 자기 회의라는 이름의 가시밭으로 굴러 떨어지기도 한다. 수많은 생채기에도 불구하고 능력을 발휘해야 한다는 신념만은 굳건하지만, 그 결과는 쌓여가는 스트레스와 압박감이다. 이대로 계속 가면 머지않아 몸과 마음이 경고를 보내온다. 경고음은 우리가 귀를 기울일 때까지 점점 커진다. 우리는 이 경고를 반드시 받아들여야 한다.

— 번 아웃은 내게 경고신호였다. 내 나이는 거의 마흔에 가까웠고, 나는 내가 원하는 게 뭔지 스스로 잘 안다고 생각했다. 대학을 졸업하고 곧장 전공을 살려 성공적인 직업생활을 해왔다고 여겼다. 한부모 가정의 엄마인 데다 끊임없이 잔병치레를 하고 걸핏하면 '몽상'에도 빠지느라 정작 손에 든 일을 잊기가 일쑤였지만. 그저 조금 더 노력하고, 적응하고, 중요한 일에 집중하면 직업에서도

승승장구할 수 있으리라 믿었다.

그런데 마침내 그날이 찾아왔다. 불면증이 시작되고 몸은 녹초가 되었으며 편두통이 생기고 맥박이 빨라지는 증상도 나타났다. 게다가 끊임없이 주위 사람들과 갈등을 빚었다. 별안간 삶이 견디기 힘들게만 느껴졌다. 대체 무슨 일일까?

코칭 분야에서 장학생으로 직업교육을 받을 수만 있다면 당장 직장에서 뛰쳐나갈 작정이었다. 그리고 기어이 이를 실행했다. 배우자, 직장, 친구관계, 담배, 그 밖에 몇몇 해로운 습관들을 끊어버리고 내 길을 찾기 시작한 것이다. 어디로 가야 할지도 모른 채 그저 내면에서 울리는 목소리에 따랐다. 목소리는 나 자신에게 향하는 길로 나를 이끌었다. 명상과 묵언수행, 자연에서 하는 활동 등 홀로 있는 시간을 많이 가지면서, 건강한 삶을 살려면 자주적으로 삶을 이끌어가야 한다는 사실을 깨달았다. 더불어 내가 고도로 민감한 사람이라는 사실도 알게 되었다.

처음에는 결심을 감행하는 일이 순탄하지만은 않았다. 나는 재정난에 시달리며 관청, 공무원, 의사들과 씨름해야 했다. 예전의 생활로 돌아가고픈 유혹을 느낄 때마다 내 내면의 목소리는 잘 해나가고 있다며 나를 격려했다.

결국 나는 트레이너 겸 코치 직업교육을 여러 차례 받고 고도로 민감한 사람들의 지역 모임도 주도하게 되었다. 서서히 자신감이 생기고 HSP의 다양한 가능성에 관한 구상안도 현실화할 수 있었다. 특정 집단을 대상으로 한 나름의 코칭 콘셉트를 구상하고 실행하면서, 내가 온전히 나 자신의 모습으로 머물 때 가장 큰 반향을 얻어낼 수 있다는 사실도 깨달았다. 주어진 환경에 순응하고 자신을 포기한 채 남의 손에 좌우되던 삶으로부터 탈피한 일은 나로 하여금 커다란 결실을 맺게 해주었다. 민감한 기질을 파악하고 수용함으로써 자기 결정권을 갖고 나 자신을 보살피는 법을 배운 것이다. 나아가 자신만의 길을 찾도록 사람들을 도와줄 수도 있게 되었다.

— 비르기트 라이너(Birgit Rainer), 47세

우리는 신체와 영혼이 보내는 번 아웃과 같은 경고신호에 귀를 기울여야 한다. 이는 자기 자신을 위한 것이자 소중한 주위 사람들과 사회 전체를 위한 의무이기도 하다. 일찍 실천할수록 좋다. 자기 결정권을 발휘하고 자신만의 길을 개척하고자 하는 것은 고집도 아니고 사회의 일원이 되기를 거부하는 태도도 아니다. 남다른 인지능력을 지닌 사람들에게는 끊임없이 과도한 자극에 노출되는 환경에서 건강을 유지하며 장기간 일하는 것이 그저 불가능하다. 직업을 유지하려는 의지가 있다 해도 육체와 정신이 이를 따라올 수 있느냐가 문제다.

물론 안정성과 재정문제가 달린 일이므로 정신을 바짝 차리고 적응하려 노력하는 사람도 있을 것이다. 자신만의 길을 가는 데는 자아성찰을 할 용기와 위험을 감수하는 마음가짐, 때로는 일시적인 물질적 희생도 요구되기 때문이다. 그러나 우리는 안정성의 기

준을 각자에 맞게 정의하고 그에 맞는 토대를 마련해야 한다. 당신은 불안정한 삶에 대한 두려움, 당신을 약하게 만들고 에너지를 소진시키고 병을 유발하는 상황을 그 토대로 삼겠는가? 아니면 당신을 강하게 만들고 자신에게 향하는 길을 찾는 동시에 사회에 기여할 수 있게 해주는 믿음을 토대로 삼겠는가?

나에게 돈이란?

화폐는 공인된 교환 및 지불의 수단이다. 돈을 돈으로 살 수도 있다는 말은 언뜻 이상하게 들리기도 한다. 점점 더 많은 사람들이 이 이상한 시스템에 의문을 품고 있다. 대다수 경제 전문가들은 화폐경제 법칙이 아주 간단하다고 주장해왔다. 제대로만 한다면 자본주의의 법칙에 의거해 실컷 쓰고도 남을 만큼의 돈을 벌 수 있다는 것이다. 누구나 부자가 될 수 있다. 아하, 정말 그럴까? 73억이나 되는 지구인 모두가 정말 부자가 될 수 있을까?

모든 사람이 돈으로 부자가 될 수 없다는 사실이 드러난 지는 이미 오래다. 이 문제의 원인은 화폐 자체가 아닌 시스템에 있다. 원칙적으로 돈은 유익하다. 돈을 소유함으로써 안전한 삶을 확보할 수 있으니 말이다. 식품을 구입하고 화장지를 쓰는 것도 돈이 있어야 가능하다. 집, 의복, 기술, 건강, 이동수단을 이용하는 데도 돈이 들며, 심지어 요즘은 가상의 것에 돈을 쓰는 사람도 많다. 사람들에게는 최소의 비용으로 점점 더 많은 것, 점점 더 나은 품질, 가능한 한 최신의 것을 소유하는 일이 중요해졌다. 온라인 배송업체들 덕분에 소비자는 더 낮은 비용으로 더 많은 서비스를 요구하게 되었고 온라인 상점들은 지역 소상인들이 감당할 수 없는 가격으로 소비자를 유혹한다. 소비자는 이제 왕이 아닌 폭군으로 탈바꿈했다. 가격이 내려가도록 밟고 또 밟으며, 마음에 안 드는 물건은 반송하면 그만이다. 상황이 이러니 기업체는 생산비를 절감할 수밖에 없고, 이는 품질 하락으로 이어진다. 노동자에 대한 대우도 점점 나빠지고 있다. 소수의 부자들은 부를 축적하며 스스로를 행복한 사람으로 여긴다. 그런데 사람이 정말 돈만으로 행복해질 수 있을까? 부유하다는 게 과연 무엇인가? 모든 사람에게 이 말이 똑같은 의미를 가질까? 연구에 의하면 사람은 일정한 소득수준에 다다르고 나면 그 이상의 수입을 올려도 더 행복해지지 않는다.

고도로 민감한 사람은 돈을 그저 교환 및 지불의 수단으로만 간주하지 않는다.

HSP들은 돈 자체는 물론이고 그와 관련된 모든 과정을 보다 복합적인 시선으로 바라본다. 이들은 스스로를 향해 묻는다. 나는 어떻게 돈을 벌고자 하는가? 기업체에 고용되어 일할 것인가? 그렇다면 어느 기업을 택할 것인가? 내 능력의 값어치는 얼마나 될까? 나는 무엇에 돈을 쓰고자 하는가? 빚을 지고 싶은가? 살아가는 데 얼마의 돈이 필요할까?

— 나는 돈을 대하는 태도가 다른 사람과는 좀 다르다. 돈은 내게 지불의 수단이라기보다 가치 측정 수단, 애정과 감사의 마음을 전하는 수단이자 즐거움의 표현수단이다. 그래서 내게는 돈을 쓰는 것도 하나의 복잡한 과정이다. 식료품, 의복, 가구, 전자제품, 그밖의 모든 것을 구입할 때 나는 수많은 질문을 던진다. 판매자, 생산자, 제품 자체와 그것의 원재료에 대한 가치 평가가 정당하게 이루어졌는가? 내가 지불하는 비용으로 그 가치가 충분히 표출되는가? 제품이 어디에서 어떻게 생산되었는가? 이것이 내 윤리적·생태학적 원칙과 맞아떨어지는가? 상점의 주인과 판매자에게 호감이 가는가? 그들이 정직하고 명확한 태도를 보이는가? 꼭 합리적인 소비라고 할 수 없는 경우라도 돈을 꺼내면서 마음이 편안한가? 이렇다 보니 새 물건을 구입하기까지 다소 시간이 걸리는 것도 당연하다.

자유직에 종사하는 나에게 돈은 자아가치감을 가르쳐주는 가장 큰 스승이다. 돈을 통해 나는 내 영향력과 행동, 존재, 전문지식, 민감성, 에너지의 가치를 스스로 '어림' 할 수 있다. 신뢰와 관련해서도 돈은 특별한 가르침을 준다. 아무리 계획을 잘 세워도 번번이 수입이 불안정해질 때가 있다. 전략적이고 합리적인 이유로 잠시 내 길에서 벗어나면 의뢰는 줄어든다. 그러나 내 감각을 신뢰하고 꿋꿋이 옳은 방향이라 여겨지는 길을 걷다 보면 수입은 다시 늘어난다.

결코 쉽지 않은 길이지만, 돈이 아니라 나 자신에 대한 믿음과 능력, 민감한 재능을 통해 안정성과 성취감을 얻다 보면 커다란 보람을 느낄 수 있다. 지금껏 겪은 삶의 굴곡조차 충분히 가치 있는 것으로 여겨진다. 나는 고도의 민감성과 섬세함이라는 재능이 내게 이토록 풍요로운 삶을 가져다주는 데 늘 감사하고 있다.

— 잉아 달호프(Inga Dalhoff), 40세

매우 진솔하고도 투명하게 느껴지는 잉아의 이야기는 고도로 민감한 사람들이 어떤 방식으로 돈 문제를 대해야 하는지 상징적으로 보여준다. 돈과 관련된 문제에서 소통, 명확성, 책임감을 중요시하는 것이다. 그러나 모든 사람이 그처럼 의식적이고 솔직하고 가치를 존중하는 태도로 돈을 대하지는 않는다는 사실도 명심해야 한다. 고도로 민감한 사람은 돈 문제를 비판적·집중적으로 고찰하지 않고서는 저 '냉혹한' 경제의 세계에서 살아남을 수 없다. 돈을 대하는 자유로운 사고방식을 키워라. 현재 재정 상태가 풍족하든 그렇지 못하든, 부와 화폐에 관해 자신만의 정의를 내리는 것이 중요하다. 가령 지금 큰 빚을 내어 집을 사고자 하는가? 그러면 30년 뒤에 당신 손에 남는 것은 낡은 주택 한 채뿐일 것이다. 게다가 이를 보수하기 위해 또다시 대출을 받아야 할지도 모른다. 부채의 압박감을 이겨낼 수 있는가? 집이 없어도 유연성을 유지하며 사는 편이 보다 여유롭고 행복하지 않을까?

기업체를 설립할 때는 외부 자본의 비율을 어느 정도로 책정할지가 관건이 된다. 사업체를 천천히 확장시킨 뒤 유기적으로 성장시키는 편이 보다 나은 방법이 아닐까? 내가 목표로 하는 것이 과연 '대기업'인가? 그렇다면 어떤 사업 파트너가 적당할까? 다양한 가치관을 지닌 사람들을 결집시킨다면 어떨까? 그럴 경우 내부에서 충돌이 일어날 수 있다. 엄격한 윤리관을 지닌 사람은 '양보다 질'이라는 신념으로 능력에 맞는 보수를 지급해야 한다고 생각한다. 이런 사람은 이익의 극대화가 아닌 구성원들 간의 조화로운 관계와 고객 존중을 최우선으로 삼는다. 반면에 이익의 극대화와 비용의 최소화를 성장의 비결로 여기는 사람도 있다.

경제의 세계에 발을 들인 이상 우리는 자신에게 필요한 것에 항상 초점을 맞추고 직감에 주의를 기울여야 하며, 그 무엇도 (고전 경제학적 관점에서) 합리적이고 중대한 발전이라는 식으로 미화해서는 안 된다. 매우 민감한 사람에게는 대개 한 번의 큰 발전보다 여러 단계에 걸친 작은 발전이 유익하다. 그로써 모두가 편안함을 느끼며 사랑과 삶을 누릴 여유도 생기기 때문이다. 단기간의 큰 성장은 합리적이기는 할지언정 우리에게 감당할 수 없는 부담을 지우는 경우가 많다.

업무공간에서 마냥 시달리지 말고 지혜를 발휘하라

인류는 한때 동굴생활을 했다. 오늘날은 어떤가? 마찬가지로 동굴에서 생활한다. 명칭만 '집'으로 바뀌었을 뿐이다. 그 규모는 작기도 하고 크기도 하다. 어쨌든 우리에게는 편안하고 사적인 공간이 필요하다. 태곳적 인류는 먹을 것을 찾기 위해 동굴에서 벗어났다. 동굴 밖은 전쟁터였다. 오늘날은 어떤가? 우리는 먹을 것을 살 돈을 벌기 위해 동굴을 나선다. 어떤 이에게는 이 역시 전쟁처럼 느껴진다. 날마다 생존을 위해 싸우는 것이다.

수많은 전장 중 하나는 바로 커다란 사무실이다. 이곳에서는 모두가 서로를 감시한다. 누구나 끊임없이 성과를 올려야 한다. 은신은 생각조차 할 수 없으며 항상 원활한 소통이 이루어져야 한다. 더 많은 이윤을 남기고 끊임없이 기업체를 성장시키려면 비용을 절감해야 하므로 시간 낭비도 금물이다. 이때 비용이란 다름 아닌 사람에게 드는 돈을 가리킨다.

넓은 사무공간에서 끊임없이 타인들의 시선과 소음에 노출되는 일은 모든 이에게 커다란 압박감을 준다. 내성적인 사람은 물론이고 외향적인 사람에게도 마찬가지다. 고도로 민감한 기질을 가진 사람이라면 능력 발휘에 대한 의지가 아무리 크다 해도 넓은 사무실이 견디기 힘든 장애물일 수밖에 없다.

— 예전 직장에서 나는 20~30명 남짓의 동료들과 함께 커다란 사무공간에 앉아 일했다. 우리는 세 팀으로 나뉘어 한 팀당 약 10평방미터쯤 되는 공간을 차지하고 있었다. 개개인에게 할애된 공간이 매우 비좁았음은 말할 것도 없다. 각자의 자리에는 가림막

이 둘러져 있어 책상 앞에 앉으면 옆 사람의 모습은 보이지 않고 목소리만 들렸다. 물론 자리에서 일어나면 곧장 동료들을 볼 수 있었다.

내 일과는 이른 아침 사무실을 채우고 있는 동료들의 다양한 감정과 기분을 감지하는 일로 시작되었다. 누군가는 사랑에 빠져 있고, 다른 누군가는 사랑의 고뇌를 안고 있었다. 또 다른 누구는 아이가 아팠고, 누구는 가족 중 한 사람을 잃는 아픔을 겪었다. 이 모든 감정들을 감지하다 보니 미처 업무를 시작하기도 전에 내 안에는 감정의 혼란이 일었고, 이후에도 일에 집중할 수 없었다. 잠깐 집중되는가 싶으면 어디선가 전화벨이 울렸다. 그러니 업무도 수박 겉핥기식으로밖에 할 수 없었다. 스스로에게 항상 엄격한 내게는 용납할 수 없는 일이었다. 원하는 대로 성과가 나지 않으니 욕구불만은 점점 커졌고, 마감 기한을 정하고 하는 일이라 스트레스도 이만저만이 아니었다. 유명 인사들을 유선으로 인터뷰하는 것도 업무의 일부였는데, 수화기에 매달려 있을 때 뒤에서 누군가 지난밤의 파티 이야기나 농담을 하고 있으면 정말이지 견딜 수 없었다.

이런 상황이 계속되다 보니 결국은 몸이 반응을 보였다. 얼굴에 심한 통증을 동반한 발진이 생긴 것이다. 나는 제약회사에서 일했지만 이런 발진에 어떤 약도 듣지 않는다는 사실만 확인할 수 있었다. 이후 나는 천연재료로 만든 제품만 사용하기 시작했다. 직장도 그만두었다. 퇴사한 지 3주 만에 얼굴은 물론이고 모든 게 정상으로 돌아왔다. 그제야 나는 모든 일을 능동적으로 결정하고 통제할 때 내가 원하는 결과를 얻을 수 있음을 깨달았다. 그리고 다음번에는 혼자서 사무실을 쓸 수 있는 직장을 구했다. 면접을 보는 자리에서 나는 당당히 이렇게 요구했다.

"귀사에서 일하게 되면 업무에 집중할 수 있는 공간을 갖고 싶습니다. 학술적인 내용을 심도 있게 다루려면 이런 환경이 필요합니다. 물론 필요할 경우 의사소통이 원활히 이루어지도록 문을 열어두겠습니다. 특별대우를 요구하는 게 아니라 일에 집중하기 위함이니 양해해주셨으면 합니다."

고용주는 이를 긍정적으로 받아들여 내게 개인 공간을 마련해주었다. 내 민감한 기질에 관해 성찰하고 타인들 앞에서 솔직한 태도를 취한 보람이 있었다.

— 안네(Anne), 42세

안네의 사례에서 우리는 부적합한 업무환경이 어떤 결과를 야기하는지 분명히 알 수 있다. 상황을 자신에 맞게 변화시키려면 커다란 용기가 필요하다는 사실도 배우게 된다. 일종의 '존재론적 유연성'을 발휘해야 하는 것이다.

　매우 민감한 사람에게는 물론 직장을 그만두는 일이 어마어마하게 어려운 일일 것이다. 동굴에서 나와 일하러 가는 게 결국은 생존과 직결된 문제 아닌가. 그러나 오늘날에는 다른 대안도 수없이 많다. 재택근무, 자유직, 시간제 근무, 혹은 안네처럼 개인 업무

공간을 갖는 것도 좋은 방법이다. 그럼으로써 우리는 매일의 투쟁을 즐거움으로 변화시킬 수 있을 것이다.

회의 시간에 빛을 발하는 현명한 조언자

중견기업이나 대기업에서 일해본 사람이라면 회의문화를 모를 리 없다. 이틀이 멀다 하고 회의에 참석하면서 도대체 왜 날마다 이 법석을 떨어야 하는지 의문을 품어본 경험도 누구나 있을 것이다.

독일 여성 경영인들에게 리더십 트레이닝을 제공하는 쉬보스(sheboss) 사의 대표 마리온 크나츠(Marion Knaths)는 회의석상에서 남녀 의사소통법의 차이를 책과 영상을 통해 간단명료하면서도 재기 있게 묘사한다. 간단히 말해, 여성들은 대화중에 연결고리를 잃지 않는다. 사회적이며 관계 맺기를 유도하는 의사소통법을 사용하는 것이다. 그래서 항상 좌중을 둘러보며 모두를 이야기에 끌어들이지만, 아무도 이들의 말에 귀를 기울이지 않는다. 이때 사내에서 소위 잘나가는 남자 직원이 마이크를 넘겨받고는 앞의 여성이 한 이야기를 상사를 바라보며 반복한다. 그러면 효과가 단박에 나타난다. 쉽게 말해 남성들은 위계질서를 명확히 하는 의사소통을 한다. 승승장구하고 싶다면 먼저 발밑을 탄탄히 다져놓고 지속적으로 자신의 입지를 방어하며 '넘버원'의 자리를 향해 가는 길목에서 최고의 모습을 보여야 한다. 실패는 이때 고려되지 않는다.

그가 말하는 아이디어가 원래 자신의 것이었는지 아닌지도 관심사가 아니다. 어쨌거나 그 아이디어가 '상부'에 도달되도록 만든 장본인은 자신이 아닌가.

　나도 이런 상황을 자주 목격했다. 그런데 최근 넘쳐나는 리더십 트레이닝에서 여성들은 남성의 이런 태도를 똑같이 따라 하도록 종용된다. 과연 이것이 좋은 전략일까? 오히려 나는 어떤 회의에든 고도의 인지능력을 갖춘 사람이 최소한 한 명은 참석해야 한다고 생각한다. 남성이든 여성이든 상관없다. 민감한 사람은 의사소통 방식 또한 남다르며 (그가 민감하고도 강인한 자아의식을 지녔다는 전제 하에) 집단을 목표로 이끌 수도 있다. 그의 지위가 무엇인가는 전혀 별개의 문제다.

― 나는 아무 어려움 없이 많은 사람들 앞에서 이야기할 수 있다. 아는 사람들 앞에서라면 더욱 쉽다. 내가 좋아하는 사람들인가 여부는 이때 상관없다. 그러나 중요 현안에 관해 논의하는 회의가 아니라 잡담을 나누거나 단독 발표를 하는 자리라면 이야기는 달라진다. 잡담을 좋아하지 않는 나는 이럴 때 자리를 피해버린다. 내게 가장 긴장되는 자리는 대기업에서 열리는 회의다. 이런 자리에서 나는 외계인이라도 된 것 같은 느낌을 자주 받는다. HSP인 탓에 단순히 귀로 듣는 것보다 훨씬 많은 것을 감지하기 때문이다. 회의실 안을 지배하는 분위기는 물론이고 누가 거짓말을 하거나 뭔가를 과장하는지도 포착한다. 그러나 나 말고는 아무

도 신경 쓰는 것 같지 않다. 회의에서 중요한 것은 결과가 아닌 '쇼' 였다. 언젠가부터 나는 스스로를 향해 '내가 왜 여기에 있는 것인가?' 라는 물음을 던지기 시작했다. 그리고 업무의 일환으로 회의에 참석하되 내적으로는 나 자신을 완전히 차단시켜버렸다. 처음에는 동료들과 이에 관해 의논해보려 했지만 내 말을 달가워하는 사람은 없었다. 회의란 어떤 결과를 도출하는 자리가 아니라 그저 승진을 위해 자신을 내보이는 무대에 지나지 않았다. 나는 지금도 이런 종류의 자기 과시용 회의를 싫어한다.

이윽고 나는 회의를 피하기 위해 다른 (의미 있는) 약속을 잡기로 마음먹었다. 내 지위는 그리 높지 않았지만 실질적인 업무에 관해 논의하고 결정을 내리는 회의에 참석하면서 나는 모임을 주도하는 법을 배웠다. 자기 선전에 집중하기보다는 사람들에게 질문을 던짐으로써 목적에 맞도록 회의를 유도했다. 회의가 끝난 뒤의 반응은 흥미로웠다. 사람들은 내게 바위처럼 꿋꿋하게 평정을 유지한다고 말했는데, 정말이지 멋진 피드백이었다. 스스로가 남달리 민감하다는 사실을 미처 알기도 전에 본능적으로 이런 방법을 고안하고 무의식적으로 활용한 것이다. 내가 고도로 민감한 기질을 가졌음을 알고 난 뒤에는 성찰을 통해 '질문하기 전략' 을 보다 의식적으로 사용할 수 있었다.

내 남다른 인지능력에 명확한 개념을 부여할 수 있게 되자 더할 나위 없이 홀가분했다. 타인들이 나보다 적은 것을 인지하고 의문도 적게 품는다는 사실 역시 이해할 수 있었다. 이제 나는 미팅에서 남다른 인지능력을 의식적으로 발휘해, 아무도 언급하지 않은 것에 집중하고 노련하게 해결책을 찾아내는 역할을 하게 되었다.

— 아르네 잘리히, 49세

이 글에서 묘사된 회의 장면은 오늘날 우리 사회를 지배하는 의사소통문화를 적나라하게 보여준다. 민감한 남성이 주류 남성들의 전형적인 의사소통 방식에 적응하기 어려워한다는 사실, 오만한 남성들 간의 서열 싸움에 휩쓸리고 싶어 하지 않는다는 사실도 확인할 수 있다. 이런 싸움에서 남성들은 거만하게 자신을 내세우기만 할 뿐, 모두가 허풍을 떠느라 정말 중요한 일에 투자해야 할 시간과 에너지를 낭비하고 있다는 사실조차 깨닫지 못한다.

　서열 다툼을 벌이는 '거친' 이들과 혀를 차며 지켜보는 '섬세한' 이들 모두가 명심해야 할 것은, 민감한 기질을 의식적으로 활용하는 사람만이 주도권을 쥘 수 있다는 점이다. 혹은 권력 싸움을 피하고 모두의 안녕을 추구하는 선두집단을 지원하는 것도 가능하다. 한마디로 민감한 사람은 경제·사회 분야에서 '현명한 조언자' 역할을 수행할 수 있다. 오만하다는 인상을 줄지도 모른다는 노파심 때문에 나는 오랫동안 이런 이야기를 입 밖에 내지 않았다. 그러나 여기서 나는 HSP들이 더 현명하다고 주장하는 게 아니라, 누구나 나름의 강점을 지녔음을 강조하려는 것이다.

불편한 모임 자리 _ 버틸까, 나갈까?

네트워크 없이는 경제 · 사회 분야의 그 무엇도 제대로 돌아갈 수 없다. 모든 조직과 시스템은 사람들 사이의 관계망에 기반을 두고 있으며, 목표 달성 역시 공동체 내에서 더 유리하다. 경제 · 경영 · 정치 · 사회 프로젝트는 물론이고 사적인 계획에서도 마찬가지다. 현대 사회에서 온 · 오프라인 네트워크의 활성화가 모두 정점에 이르렀다. 점점 더 새롭고 다양한 삶의 모델이 생겨나면서 같은 사고 방식을 지닌 사람들 간의 교류와 상호 지원의 필요성이 그만큼 커졌기 때문이다. 특히 독립적인 사업을 시작하는 사람에게는 네트워크가 필수 불가결하다.

고도로 민감한 사람은 자신의 예민한 안테나와 남다른 인지능력이 네트워크를 형성하는 데 커다란 장애물이 될 수 있음을 자각해야 한다. 개인적인 이상향 및 가치관을 추구하는 동시에 수많은 사람들의 각종 정보, 다양한 자극까지 소화해야 하기 때문이다.

— 아주 민감한 사람에게는 타인들과의 신체접촉이 불가피한 붐비는 장소에 머무는 일이 무척이나 큰 곤욕이다. 그러나 네트워크를 형성하기 위해서는 사람들 사이에 낄 수밖에 없다. 나 역시 나의 민감한 기질을 알기 전까지 모임이 거북하기만 했다. 그 원인이 무엇인지는 어렴풋이 느끼기만 했을 뿐 명확히 설명할 수는 없었다.

여성 박람회 기획을 시작으로 자영업을 시작한 이후 나는 다양한 네트워크 모임에 초대되는 일이 잦았다. 그중 첫 번째 모임은 결코 잊을 수 없다. 나이가 지긋하고 '경험 많은' 한 여성이 새로운 모임을 꾸려 처음으로 사람들을 초대한 자리였다. 몇 시간을 위해 장장 250킬로미터를 달려온 터라 최대한 그 시간을 즐기기로 마음먹고 모임 장소로 들어갔는데, 발을 들여놓는 순간부터 거북한 느낌이 밀려왔다. 당시에는 자각하지 못했지만 낯선 실내공간과 냄새, 어둑한 늦가을 저녁이라는 시간대도 원인이었던 것 같다. 그러나 무엇보다도 나를 불편하게 한 것은 사람들의 억지 미소와 인위적인 태도였다. 지금이라면 일찌감치 자리에서 일어나 기분전환을 하러 나갔을 테지만 당시에는 억지 미소를 참아가며 세 시간을 고스란히 버텼다.

민감한 기질에 관해 알게 되면서부터 나는 이처럼 끔찍한 경험도 긍정적인 방향으로 전환시킬 수 있었다. 2008년에는 스스로 여성 사업가 네트워크를 창설했다. 네트워크가 꼭 필요했으므로 보다 특별한 방식으로 이에 접근하기로 마음먹은 것이다. 남달리 민감한 사람에게는 네트워크가 무척 부담스러운 존재일 수 있다. 이런 사람은 가시적인 장면과 말을 인지하는 데서 그치지 않고 섬세한 안테나를 통해 보이지 않는 것까지 포착하며, 모임이 본격적으로 시작되기도 전에 분위기를 간파한다. 달그락거리는 식기 소리, 문 닫히는 소리, 이리저리 밀치고 밀리는 사람들의 움직임, 웅성대는 소리와 바쁜 움직임도 이들에게는 한층 명료하게 인지

된다. 현재 나는 초반 분위기가 부담스럽다고 느껴지면 곧바로 자리를 뜬다. 대개는 초반 분위기에서 주최 측이나 모임 주선자의 성향이 읽히기 때문이다. 사람들의 긴장도와 에너지는 즉각 주변으로까지 전파된다. 예외적으로 이런 에너지가 내게 유익한 경우도 있는데, 이를 감지하면 나는 거북함을 무릅쓰고라도 자리를 지킨다. 최근 몇 년 사이에는 네트워크 모임에 나가면 프로파일러처럼 흥미진진하게 주변을 관찰하기 시작했다. 그러면 사람들이 서로에게서 무엇을 원하는지 감지된다. 이처럼 고도로 민감한 기질의 장점을 의식하면 네트워크에서도 이를 유용하게 활용할 수 있다.

모임 자리가 불편하게 느껴진다면 자신의 한계를 인정하고 과감히 자리를 뜨는 것이 좋다. 민감한 사람은 몸이 요구하는 바에 주의를 기울이지 않을 경우 금세 신경과민이 되고 스트레스를 받는다. 불편한 자리를 피하면 다음번 성공적인 네트워크 모임을 치렀을 때의 기쁨도 그만큼 클 것이다.

— 산드라(Sandra), 45세

민감한 사람은 남녀를 막론하고 누구나 이런 경험이 있을 것이다. 모임 참여의 동기가 개인적 관심사인지, 아니면 다른 필요성 때문인지는 별개의 문제다. 이때 개개인이 겪는 어려움의 정도에도 차이가 있는데, 이는 각자가 어떤 유형의 민감함을 타고났는가, 성향이 내성적인가 외향적인가에 따라 달라진다. 여기에 도움이 될 만한 조언을 몇 가지 소개한다.

준비 단계

모임 장소로 출발하기 전에 조용히 휴식을 취하며 마음을 가라앉혀라. 가능하면 모임 장소를 사전에 둘러보는 것도 좋다. 초반부터 스트레스를 받지 않으려면 여유 있게 도착할 것을 권한다. 그러면 천천히 주차할 곳을 찾을 수 있음은 물론, 모임 장소가 붐비기 전에 자리를 잡을 수도 있다. 미리 참석자 명단을 확인해 친근하게 느껴지거나 당신의 흥미를 끌 만한 소수의 사람들과 친분을 맺어두는 방법도 추천한다. 페이스북 등의 소셜 네트워크를 활용하면 한결 수월하다. 상황이 허락할 경우 주최자와 미리 접촉해두는 것도 좋다.

참석 단계

모임의 분위기에 젖어들되 자신이 필요로 하는 것에도 주의를 기울여라. 잠시 머리를 식히고 싶은가? 마실 것이 필요한가? 음식이 제공될 경우 예의상 무엇이든 먹기보다는 당신의 위장과 뇌에 유익한 것을 신중히 선택하라. 편안하게 느껴지는 장소 역시 물색해두는 게 좋다.

이와 관련해 내가 어느 행사에서 겪었던 일화를 소개하겠다. 몇몇 유명 강연자들이 초청되었는데, 세 번째 강연이 시작되기도 전에 나는 이미 과도한 자극을 받은 상태였다. 그럼에도 왠지 자리를 지켜야 한다는 느낌이 들었다. 평소에는 앞자리를 선호하는 편임에도 변경된 실내 구조와 분위기 때문에 이날은 뒤쪽 가장자리를 택했는데, 이는 탁월한 선택이었다. 난데없이 불 쇼를 비롯한 온갖 자극적인 공연이 펼쳐져, 앞쪽에 앉았더라면 아마도 즉각 자리를 떠야 했을지 모른다. 그 자리를 지키고 있었던 것도 결국은 잘한 일이었다. 바로 뒤에 이어진 한 강연자와의 대화에서 매우 좋은 인연을 맺을 수 있었던 것이다.

행사에 참석했을 때 거북한 느낌이 든다면 스스로에게 솔직히 물어보라. 행사가 기대했던 바를 충족시켜주는가? 당신을 그곳까지 오게 만든 행사의 주제와 목표가 예고된 대로 진행되고 있는가? 분위기는 마음에 드는가? 다른 참석자들과 잘 어울릴 수 있는가? 좋은 인연과 동기부여라는 소득이 있는가? 그렇다면 좋은 일이다. 그렇지 못하다면 굳이 자리를 지킬 필요가 있는지 고민해보라. 잠깐이라도 휴식을 취하며 기분전환을 하는 것은 어떤가? 밖으로 나가 신선한 공기를 마시며 당신의 몸과 마음에 다시금 초점을 맞추어보라. 머릿속이 한결 맑아질 것이다.

참석 이후 단계

반드시 휴식을 취하라. 그 뒤에는 당신이 해야 할 일에 초점을 맞추고 모임에서 만난 사람들에게 가까운 시일 내에 연락을 취하라. 일단은 선호하는 소셜미디어를 이용하라. 상대방을 어느 정도 알고 난 뒤에는 개인적으로 이메일을 보내되 그로부터 곧바로 답장이 올 것이라고 전제해서는 안 된다. 고도로 민감한 사람은 의무 이행에 남달리 민감해 상대방으로부터도 똑같은 것을 기대하기 쉽다. 그러나 누군가 곧장 답장을 하지 않는다면 대개는 자신의 일에 집중하느라 바쁜 것일 뿐, 당신에게 거부감을 품고 있어서가 아니다. 여유 있게 기다린 뒤 다시 한 번 연락을 취해보라. 인연이 될 사람이라면 이번에는 답장이 올 것이다.

나 자신과의 대화

자기 능력에 대한 지나친 기대는 커다란 압박감을 야기한다. 압박 감은 자아가치감을 갉아먹고 자기 회의를 야기하며 결국은 신체적 통증을 일으킨다. 이런 상황에 이미 익숙해져버린 상태에서는 어떤 대책이 필요할까? 여기서 자신만의 길을 개척한 한 여성의 글을 소개하겠다. 그녀가 어떤 용기를 품고 자신의 내면을 들여다보았는지, 어떤 생각을 하고 무엇을 느꼈는지 알 수 있을 것이다. 글을 쓰는 도중에 일어난 내면의 변화도 감지할 수 있다. 믿음과 용기와 힘이 넘치는 이 여성의 이야기를 들어보자.

— 월요일부터는 일에 치여 정신없는 나날을 보내게 될 것이다. 휴가까지는 일주일밖에 남지 않았는데 할 일은 휴가 전에 미처 끝낼 수 없을 만큼 쌓여 있다. 스트레스와 긴장감 때문에 내 욕구는

뒷전이 될 것이며, 휴식은커녕 물 마실 틈조차 없으리라. 무엇 하나 중요하지 않은 일이 없는 탓에 어디에서 시작해야 할지 스스로도 알 수 없을 것이다. 시간에 쫓겨 원치 않게 야근을 하고 스스로를 채찍질하다 정신적 · 육체적으로 녹초가 되리라.

그 뒤에는 스스로를 제대로 돌보지 못한 무능한 자신을 탓할 것이 뻔하다. 번번이 똑같은 상황에 처하는 나 자신이 한심스러워 스트레스는 한층 심해지고 여가시간도 무기력하게 보내게 될 것이다. 이처럼 스스로를 혹사시키는 태도와 욕구불만을 고치려면 시간이 필요하다.

이런 생각들을 써 내려가는 이 순간에도 나는 호흡이 고르지 못하고 긴장된 상태다. 생각의 위력은 어마어마하게 커져 나를 짓누른다. 한 주가 지나면 짐을 쌀 기운도, 학수고대하던 여행에 대한 기쁨도 사라지고 없을지 모른다. 스트레스에 짓눌린 채 여행길에 오를 게 뻔하다. 나는 그럴 수밖에 없는 인간이다. 나는 나 자신에게 잠식당하고 있다. 세상에 나밖에는 존재하지 않는다. 사랑하는 사람들에게 죄책감이 든다. 나는 스스로를 사랑할 수 없는데 그들은 여전히 애정 어린 눈길로 내 곁을 지켜준다. 그러나 나를 이렇게 소심하고 쓸모없는 존재로 치부해서 좋을 게 무엇이겠는가? 어쩌면 나는 기존의 나를 버리기 두려워하는 것은 아닐까? 그 뒤의 내가 어떤 모습일지 두려워서? 익숙한 것을 놓아버리고 나면 내게는 뭐가 남을 것인가?

글을 쓴다는 것은 좋은 일이다. 반복되는 악순환을 세세히 정리하다 보니 마음이 한결 홀가분해진다. 쓴 것을 재차 읽으며 이것이 지난 수십 년간의 내 모습이었음을 분명히 깨달았다. 어깻죽지에 또다시 통증이 느껴진다. 그런데 여느 때와는 달리 뭉클해진다. 이 어깨에 너무 많은 짐을 지워왔구나. 나 자신의 짐은 물론 타인들의 짐까지. 이제야 내가 얼마나 강한 사람인지 실감한다. 언젠가는 이 힘을 진정으로 누릴 것이다. 아니, 오늘부터 실천하는 게 어떨까? 이 힘을 발휘함으로써 조금씩, 점점 더 여유로운 삶을 누리게 되리라.

나 자신과 이 세상과 삶의 한가운데는 내가 있다. 창밖에서 새가 지저귀고 상쾌한 바람이 창을 통해 불어온다. 자연 속으로 여행을 떠나고픈 욕구가 되살아난다. 삶을 찾아 떠나는 여행. 아일랜드여, 기다려라! 이제 그곳의 풍경과 사람들 속으로 뛰어들 준비가 되었다. 그곳에서 남편과 단둘이 마음껏 여유를 누릴 것이다.

— 마르티나(Martina), 46세

이 글은 우리가 품고 있는 의문에 대한 해답이 바로 우리 내면에 있음을 보여준다. 누구나 이를 발견할 수 있다. 이성에게만 의존하지 않고 마음 가는 대로 따라갈 용기만 있다면 말이다. 이 글에 숨어 있는 힘을 이해하려면 글이 쓰인 배경을 알 필요가 있다. 마르티나는 오랫동안 스스로를 혹사시켜왔다. 사회교육학자로 일하며 트라우마에 시달리는 사람들을 돕느라 정작 자신은 휴식이나 재충전의 시간을 갖지 못한 것이다. 게다가 25년 동안 자기 체험

교육, 상담치료, 병원 근무, 전시회 업무, 감독관 등 수많은 직업을 전전하면서도 별다른 성공을 거두지 못했다. 매번 제대로 '기능' 해야 한다는 강박관념에 사로잡혀 있던 탓이다.

이 체험수기를 쓰기 4주일 전 어느 자연치료사의 수면치료가 마르티나에게는 탈출구의 열쇠와도 같았다. 스스로도 잊고 있었던 트라우마가 밝혀지면서, 지난 수십 년 동안 그녀가 일에 자기 자신을 투영시켜왔음을 깨달은 것이다. 그제야 마르티나는 악순환을 타파할 수 있었다. 그녀의 이야기를 통해 우리는 내면의 지혜를 탐색하는 일이 얼마나 값진 것인지 알 수 있다. 더불어 새로 시작하기에는 언제라도 늦지 않다는 사실도 깨닫게 된다.

내가 일하는 이유

내 일은 의미 있는가? 내 노동을 제공받는 측의 환경, 생산 및 근무조건이 나의 가치에 상응하는가? 내가 가진 것을 온전히 발휘할 수 있는 일인가? 내가 속한 기업체가 외부에 선전하는 것이 실제 운영방식과 맞아떨어지는가? (매우) 민감한 사람들은 직업생활을 영위하는 내내 '의미 찾기'와 실랑이를 벌인다. 누구나 살기 위해 돈을 벌어야 하며, 그러고자 하는 의지 또한 누구나 품고 있다. 그렇다면 일과 관련된 맥락 전체가 왜 중요할까? 그저 돈만 벌면 되는 것 아닌가?

절대로 그렇지 않다! 비흡연을 신념으로 삼는 광고 관련 종사자가 담배 생산업체의 의뢰에 굴한다면 어떻겠는가. 혹은 당신이 유해성분이 든 염료를 사용하는 의류 제조업체에서 일한다고 상상해보라. 민감한 사람이 회사의 가치관에 회의를 느끼면서도 장기간 그곳에 재직하다 보면 끊임없이 정신적 한계에 부딪치기 마련이다. 이는 어딘가에 흔적을 남기게 된다.

— 봉사활동은 내 오랜 염원이었으나 이를 실천하기에는 상황이 여의치 않았다. 직장에서의 과중한 업무 때문에 수년 전부터 나는 이미 방전 상태였다. 2011년에는 마침내 번 아웃 진단을 받고 장기간 휴직하기에 이르렀다. 온갖 치료사와 의사를 전전했지만 나를 괴롭히는 증세는 좀처럼 호전되지 않았다. 일에도 적응하지 못해 세 차례의 복귀 시도 끝에 퇴사하고, 새로 구한 직장에서도 적응에 실패했다. 비참한 기분에 젖은 나는 정신적 부담만이라도 줄이기 위해 무엇을 해야 할지 고민했다. 내가 진정 원하던 일이 무엇인지도 숙고해보았다. 진정으로 존중받고, 의미 있는 동시에 즐거움을 얻을 수 있는 일, 압박감 없이 내 팀워크 능력과 지구력을 확인할 수 있는 일이 무엇일까? 실업급여를 받고 있었으므로 당분간 돈 걱정은 없었다.

그때 불현듯 봉사활동이 떠올랐다. 곧바로 내가 사는 지역에서 할 수 있는 활동이 무엇인지 인터넷으로 검색해보았다. 병원, 양로원, 요양병원 등은 HSP인 내게 부담이 될 수 있어 고려에서 제외했다. 동물보호소도 마찬가지였다. 자선단체에는 이미 봉사자가 넘쳐났다. 마침내 나는 빈곤층 및 난민 가족의 아동·청소년에게 교육의 기회를 제공하는 기관을 발견했다. 그곳에 연락을 취하자 마침 직원들 중 여러 명이 병가와 휴가로 자리를 비웠다는 대답이 돌아왔고, 나는 곧바로 주 15시간까지 일을 도울 수 있었다. 사무도 보고 이란과 이집트에서 온 두 난민 가족을 전담하며 이들에게 필요한 서류를 번역하고 보육기관이나 학교 등록 문제를 돕기도 했다. 병원 방문이나 서류 작성, 어학원 등록, 의복과 가재도구를 마련하는 일도 도왔다. 나중에는 아동들의 학습지원 업무도 할 수 있었다. 내가 원하던 일을 하게 되자 커다란 성취감이 밀려왔다. 의미 있는 일, 내 생각과 아이디어를 투입할 수 있는 일, 민감한 기질을 활용할 수 있는 일을 찾은 것이다. 마침내 나는 행복을 되찾았다.

물론 좋은 점만 있는 것은 아니다. 불행을 목격하기도 했고 동료들과 의견이 일치하지 않을 때도 있었다. 그러나 남다른 민감성 덕분에 상대방의 입장에서 생각해보고 그들을 있는 그대로 수용할 수 있었다. 타인에게 필요한 것을 물어보고 가능한 것은 실현되도록 노력하는 것도 내 몫이었다. 때로는 산타클로스가 된 기분이었다.

이곳에서 일한 지도 어언 8개월이 되어간다. 나는 마음이 시키는 일을 하라고 조언해주고 싶다. 봉사활동을 통해 나 자신에 관해 많은 것을 배웠을 뿐 아니라 전보다 훨씬 너그러워졌고, 행복감

과 성취감의 순간도 수없이 겪었다. 아직 정식으로 일할 수 있을
정도로 건강상태가 회복되지는 않았지만 언젠가는 이 기관의 정
직원이 되어 일하는 것이 내 목표다.

— 실비아(Sylvia), 47세

이 이야기에는 강렬한 메시지와 정치적 시사점이 동시에 담겨 있
다. 먼저 이 사례는 민감한 사람이 혼자 힘으로 깊은 수렁에서 벗
어나고, 의술이나 상담치료가 아닌 의미 있는 일을 통해 새로운 힘
을 얻는 과정을 그리고 있다. 의술과 상담치료는 오로지 환자가 사
회에서 다시 제 '기능'을 하도록 만드는 데만 관심을 쏟는다. 실비
아가 봉사활동에 쏟아 부은 열정과 헌신적인 태도는 깊은 감명을
준다. 그녀는 자신이 처한 상황으로부터 벗어날 탈출구가 있다는
굳은 신념을 잃지 않았다. 아무 조건도 없이 우리 사회에 귀한 공
헌을 하는 멋진 여성이다.

　다른 한편으로 이 글은 기본소득 도입 문제를 상기시킨다. 이
제도가 도입된다면 우리 사회 전체에 커다란 선물이 될 것이다.
이는 개개인의 재정문제를 초월하는 의의를 갖는다. 개개인의 만
족감과 건강을 보장함은 물론, 실비아의 경우처럼 자기 능력을
가장 잘 활용할 수 있는 곳에서 일하며 사회적 공존에 기여할 기
회도 부여하기 때문이다. 봉사활동을 하는 젊은이의 수가 줄어드
는 이유에 관해서도 한번쯤 고민해봐야 한다. 그 원인이 정말 젊
은 세대의 이기주의에 있을까? 무조건 능력 발휘만 강요하는 사

회 분위기 때문은 아닐까? 그 압박감을 견뎌내기도 벅찬 젊은이들에게서 어떻게 자발적인 사회 참여를 기대한단 말인가?

잡담, 그 쓸데없는 대화를 받아들이는 일

고도로 민감한 사람은 남들이 어쩌면 그렇게 피상적인 일에 관해 몇 시간씩 대화하며 즐거워할 수 있는지 일찍부터 의문을 품는다. 잡담은 학교 운동장, 파티, 대학 교정, 구내식당, 각종 행사장 등 어디서나 넘쳐난다. 민감한 사람이 한 주제에 심취해 어떤 말을 할까 숙고하는 사이에 다른 사람들은 이미 다음 주제로 넘어가 있는 경우도 허다하다. 대부분의 HSP에게 잡담은 이해할 수 없는 행위다. 그러나 잡담의 유익한 면 또한 받아들이고 배울 필요가 있다.

— 예전에는 잡담이 대체 무슨 쓸모가 있는지 이해할 수 없었다. 내게 잡담이란 시간낭비일 뿐이었다. 잡담하는 사람들을 경멸하는 것은 아니지만, 모르는 사람, 아마도 다시는 만날 일이 없을 사람과 대화를 나누는 일이 내게는 고통이었다. 상대방의 기대에 부응하기 어렵다 보니 파티 같은 자리도 가급적 피하게 되었고, 이는 나를 고립되게 만들었다.
고립은 또 그것대로 고민거리였다. 내게 문제가 있는 것은 아닌지, 어째서 아무도 나와 '진지한' 대화를 나누지 않는 것인지 의문이었다. 자기 회의가 점점 강해졌고 내가 소심한 성격은 아닐까 고민도 했다. 그러나 잡담이 싫은 것은 어쩔 수 없었다. 그처럼 쓸데없는 일에 에너지나 생각, 아이디어를 낭비하고 싶지 않았다. 마침내 나는 잡담에 아예 끼지 않기로 마음먹었다. 소심한 성격 때문이 아니라 그저 내가 원치 않는 것뿐이라고 결론 내리니 마음이 홀가분했다. 그런데 이렇게 생각하자 오히려 잡담도 받아들일 수 있었다. 이때부터는 대화의 주제를 내가 원하는 방향으로 이끄는 방법을 동원하기 시작했다. 축구, 정원 꾸미기, 자녀 등의 주제는 열정적이면서도 가볍게 대화를 나누기에 안성맞춤이었다.

잡담이 그저 내 취향에 맞지 않을 뿐이며, 잡담을 싫어하는 내게 문제가 있는 것은 아님을 깨닫기까지는 수년이 걸렸다. 그러나 이제는 잡담도 삶을 재미있게 만들어주는 유익한 요소임을 알고 있다. 잡담을 하든 무엇을 하든 중요한 것은 내가 기능하는 방식을 파악하는 일이다. 나아가 내 수동적인 측면을 능동적으로 전환시키고 타인들의 기대로부터 압박을 받는 상황을 탈피하며, 당면한 상황에서 어떻게 행동해야 할지도 스스로 결정할 수 있다.

— 톰케 뮐러(Tomke Müller), 40세

눈앞을 가로막는 장애물과 자신의 강점을 인지하지 못하는 사람은 스스로 해낼 수 없는 것, 해결방법을 찾을 수 없는 것, 원치 않는 것에만 주의를 쏟게 된다. 그런 일이 무의미하게만 보이고, 시간낭

비이자 고통까지 야기한다는 생각에 사로잡히는 탓이다. 그러나 자신이 그저 다수의 타인들과는 다른 욕구를 가졌음을 이해하고 인정한다면 잡담도 긍정적인 경험으로 만들 수 있다.

나는 자유직 관련 네트워크 행사에 자주 참석하는데, 이런 자리에서 잡담은 없어서는 안 될 필수요소다. 이제는 나도 잡담이 익숙하다. 가끔은 말을 아끼고 사람들의 이야기를 듣는 데만 집중한다. 그러다 마지막에 촌평을 덧붙임으로써 주제를 마무리하기도 하고 끝까지 귀만 기울일 때도 있다. 기분이 좋거나 외향적인 성향이 나를 지배하는 날이면 대화에 적극적으로 끼어들어 심도 있고 재기 넘치고 자극적인 이야기를 할 때도 있다. 사람들이 내 말에 어떻게 반응하는지 관찰하는 일은 흥미롭기 그지없다. 당신도 가끔은 군중 속에 녹아든 채 그 안에서 어떤 일이 벌어지는지 지켜보라. 단, 대화 전후는 물론이고 대화가 이어지는 동안에도 틈틈이 생각과 감정을 살피고 잠시 쉬어야 한다는 점만은 명심하라.

다만 폭넓게 생각하는 것일 뿐

민감한 사람이라면 "왜 그렇게 늘 복잡하게 생각하는 거예요?"라는 말을 한번쯤 들어보았을 것이다. 그러나 이런 말에 움츠러들 필요는 없다. 당당하게 가슴을 펴고 웃으며 이렇게 대꾸하라. "칭찬해줘서 고마워요. 바로 그게 제 강점이에요. 그런데 복잡하다는 건

틀린 표현 같군요. 나는 복잡하게 생각하는 게 아니라 전체적인 시야를 잃지 않고 그물망처럼 촘촘하고 폭넓은 사고를 하는 거예요!"

HSP에게는 모든 가능성과 모든 요소를 고려하는 것이 지극히 당연한 일이다. 그러나 대부분의 사람들은 흔히 이를 번거롭고 복잡한 것으로 간주한다.

물론 폭넓은 사고보다 신속성이 요구되는 상황은 있지만, 그렇다고 해서 이런 사고방식을 지나친 소심함으로 치부할 필요는 없다. 사소한 문제가 큰 문제로 확대될 가능성은 언제든지 있기 때문이다.

── 예전에 나는 오랫동안 정보처리 및 프로그래밍 분야에 종사했다. 2000년을 전후해 다른 업종으로 직장을 바꿨지만, 밀레니엄으로 인해 엄청난 기술 장애가 발생할 것이라며 모두가 야단법석을 떠는 광경은 흥미진진하게 지켜보았다. 당시 컴퓨터는 고가의 장비였음에도 사양이 오늘날과는 비교할 수 없을 정도로 뒤떨어져 있었기 때문에 저장 공간을 최대한 절약해야 했다. 그래서 날짜를 입력할 때 연도는 뒤의 두 자리 숫자만 사용했다.
2000년이 얼마 남지 않은 시점에서야 사람들은 대다수의 컴퓨터 시스템에서 1999년이 2000년으로 자동 전환될 수 없음을 깨달았다. 아마도 컴퓨터가 시스템다운을 일으키거나 00을 1900년도로 인식할 터였다. 결과는 예측 불가능했다. 사람들은 은퇴한 프로그래머들까지 총동원해가며 서둘러 대책을 강구했다. 당시 석사학위 논문을 쓰느라 바쁘지 않았다면 나도 적잖은 돈을 벌 수 있었을 것이다.

그런데 어째서 그 전까지 아무도 이 생각을 하지 못했던 걸까? 고도로 민감한 나에게 이는 도무지 있을 수 없는 일이었다. 내가 1980년대에 설계한 프로그램들도 2000년을 인식하는 데 아무런 문제가 없었다. 당시 나는 두 자리 숫자로 연도를 표기해야 하는 프로그래밍 의뢰를 받으면 99년도 이후의 계산결과가 표기될 경우 어떤 일이 벌어질지 가장 먼저 고민했다. 해결방안도 물론 마련해두었다. 동료들에게 이런 이야기를 하지 않은 것도, 당연히 이를 계산에 넣을 것이라고 생각했기 때문인데, 완전한 오판이었다. 거기까지 생각한 사람이 거의 없었던 것이다.

어째서 사람들이 그토록 좁은 시야에서 벗어나지 못하는 것인지는 여전히 내게 수수께끼다. 밀레니엄이 갑자기 닥치는 것도 아닌데 사람들은 2000년이 가까워졌다는 것조차 자각하지 못했다. 폭넓은 사고가 모든 사람에게 당연한 것은 아닌 모양이다. 고도의 민감함이라는 개념을 알게 된 후 나는 이 기질을 소수에게만 주어지는 재능 선물세트로 여기게 되었다. 넓은 시야는 그중에서도 가장 값진 재능에 속한다. 이때부터 경제 분야에서 끊임없이 벌어지는 파산이나 불운, 온갖 장애도 눈여겨보기 시작했다. 경제 분야에서 고도로 민감한 사람에게 더 큰 활약의 여지를 부여

하고 그의 의견을 경청한다면 이처럼 불행한 사건들 중 다수를
예방할 수도 있을 것이다.

— 라이마르 륑엔, 54세

민감한 사람이 자신의 잠재력과 강점에 관해 성찰하고 의식적으로
이를 활용하는 것이 중요한 이유가 잘 드러나 있는 사례다. 그런데
경제 · 사회 분야에서 이 능력을 발휘하려면 타인들과 열린 자세로
소통하는 일도 필수적이다. 내가 당연하게 여기는 일이라고 해서
다른 사람들도 똑같이 생각하고 행동할 것이라고 전제할 수는 없
는 노릇이니 말이다.

• 0 5 •

공감력이 돋보이는
인간관계와 가족

민감한 사람들은 베풂에 있어서는 오히려 대범함을 발휘한다. 한 번 인간관계를 맺고 나면 강철같이 신의를 지키는 것도 이들의 특징이다. 우정, 혼인관계, 심지어 밀회를 나눌 때도 그렇다. 부모나 조부모, 친구들, 지인들, 직장 동료들과의 관계에서는 말할 것도 없다. 인간은 사회적 동물이며 공동체를 필요로 한다. 민감한 사람들은 이때 다음과 같은 특징을 보인다.

민감한 사람들은 보통사람들과는 달리 자신과 유사한 기질을 가진 사람과 어울리는 일이 드물다.

그러나 자기 자신에 대한 이해가 깊어지고 내게 유익한 길, 나를 강하게 만들어주는 길을 찾고 나면 유사한 기질의 사람들과 차츰 더 어울리게 된다. 반대로 다수에 순응하고 자신의 욕구를 돌보지 않으면 자신처럼 민감한 사람들과 교류하는 일이 드물어진다. 민감한 사람은 인간관계를 통해 타인은 물론 자기 자신과도 연결고리를 맺는다. 그리고 관계가 깊어질수록 마음을 열고 상대방을 점점 더 가까이 받아들인다. 그만큼 상처받기 쉬우며, 예리한 감각과 감정이입 능력 탓에 때로는 상대방의 내면까지도 매우 강렬하게 감지한다.

섬세한 감각을 타고난 사람은 사랑하는 사람, 소중히 여기는 사람과의 연결고리를 통해 황홀한 행복을 느낀다. 그러나 감정적 균형을 유지하기 위해서는 '거리를 두는' 시간도 필요하다. 그래야만 자기 자신에게로 되돌아와 상대방과 함께한 일에 대해 성찰할 시간을 갖고 자신의 내면세계를 상대방의 것으로부터 분리시켜 바라볼 수 있다. 이는 저울의 한편에 있는 타인과의 긴밀한 관계와 다른 한편에 있는 자기 생각 및 감정의 인지 사이에 균형을 잡기 위한 것이다.

한편, '정신적 친구'라는 말도 들어보았을 것이다. 과학적으로는 설명되는 않는, 사람과 사람 사이에 강한 정신적 연결고리가 맺어지는 현상을 일컫는 말이다. 이런 일은 심지어 처음 대면하는 순간에도 생겨날 수 있다. 이런 사람들은 처음부터 물 흐르듯 자연스럽게 소통할 수 있으며 함께 있는 것을 매우 편안하게 느낀다. 두 사람은 상징적인 의미에서 같은 언어를 사용할 뿐 아니라 한 사람이 시작한 말을 다른 사람이 끝맺을 때도 있다.

정신적 친구가 아닌 보통사람들과 함께하는 자리에서는 섬세한 인지능력을 발휘해 그들과 적절히 소통해야 한다. 가령 민감한 사람은 타인의 표정만 보고도 그의 내밀한 문제를 간파할 수 있지만 이것을 표현하는 데는 신중할 필요가 있다. 남이 자신의 내면을 들여다보고 여러 사람 앞에서 입 밖에 내는 것을 누구나 달가워하는 것은 아니기 때문이다. 상대방의 불편한 곳을 건드리지 않도록 주의하라! 자신의 특별한 인지능력과 심도 있는 대화습관을 자각하지 못하는 HSP는 의사소통에서 실수를 저지르기 쉽다. 나도 예전에는 사람들이 갑작스럽게 거북한 기색을 보이며 내게서 멀어지곤 하는 이유를 알지 못했다. 깊은 성찰을 거친 뒤에야 내가 의도치 않게 그들에게 너무 가까이 다가갔음을 깨달았다. 깊이 있게 소통하거나 누군가와 빠른 속도로 관계를 맺는 일을 지극히 당연히 여긴 나는 때로 은연중에 상대방의 '아픈' 데를 건드리기도 했다. 내게는 이런 부분도 자연스러운 삶의 일부였기 때문에 그가 이 점을 거북하게 여기리라고는 미처 생각지 못했다.

고도로 민감한 사람은 예민한 안테나를 지닌 덕분에 다수의 보통사람들보다 훨씬 빨리 인간관계를 맺을 수 있다. 반면 대부분의 사람들은 서로를 이해하기 위해 잡담을, 서로의 감정을 파악하기 위해서는 술 한잔을 필요로 한다. 일종의 워밍업인 셈이다. 상대방이 당신과 다르다고 느껴지면 기대치를 낮추어라. 경험에 의하면 아주 민감한 사람들의 경우 보통사람에 비해 상대방에 대한 책임감이 빠른 속도로 형성된다. 그래서 상대에게 실망하는 경우도 많은데, 이런 경험이 잦을수록 타인들과 접촉하는 일에 두려움을 품게 되고 자칫하면 고립에 이르기도 한다.

HSP가 민감한 사람과 평범한 사람 중 어느 쪽과 어울리는 것이 좋은지는 논의할 필요가 없는 문제다. 어느 쪽이든 유익한 점은 있다! 가령 민감한 사람들의 공동체에서는 서로의 생각을 나누고 민감한 기질을 강점으로 만드는 데 필요한 통찰도 얻을 수 있다. 이는 사회에서 나름의 입지를 다지는 데 도움이 된다. 평범한 사람들과의 어울림을 통해서는 세상이 기능하는 방식을 배우게 된다. 이들은 민감한 사람이 자신만의 안락한 영역을 벗어나 세상과 대응할 수 있도록 자극제가 되어주기도 한다. 이렇듯 쌍방은 서로에게 귀한 성장의 동반자 역할을 한다.

발전과 변화, 유연성은 민감한 사람이 타인과 관계를 맺을 때 불가피하게 마주하게 되는 주제들이다. 독립적인 가정을 꾸리는 시기에는 이것이 특히 중요해지다가 자녀가 태어남과 동시에 삶의 핵심으로 자리 잡는다. 가족과의 생활은 타인들과의 공존이라는 단체종목에 앞서는 개인종목에 비유할 수 있다. 우리는 할 수 있다는 커다란 믿음을 품고 훈련에 온 힘을 쏟아 부으며 그에 대비한다. 마지막에 큰 성공을 거두는 이에게는 박수갈채가 쏟아진다. 설령 실패하더라도 우리가 최선을 다했다는 사실에는 변함이 없으며, 이는 계속해서 목표를 향해 나아가야 할 이유이기도 하다.

타인들의 감정

당신은 갑작스러운 감정의 변화가 자신의 현재 상태와 관련 있는지, 아니면 민감한 안테나로 인해 주위 사람의 감정에 전염된 것뿐인지 고민해본 적이 있는가? 감정이입 능력이 뛰어난 사람들은 이런 상황 또는 그때의 느낌을 익히 알고 있을 것이다. 이것이 감정이입 능력 또는 일종의 탁월한 '지각력'에서 비롯된다는 사실을 알지 못하는 사람은 이 귀한 재능을 약점으로 여기고 자기 자신에게 회의를 품는다. 이때 우리는 '방금 전까지만 해도 멀쩡했는데 왜 갑자기 불편한 기분이 드는 것일까?', '내가 사회부적응자이거나 다른 문제가 있는 것은 아닐까?'라고 생각하며 고민에 빠진다. 자신이 고도의 민감성과 뛰어난 직관력을 타고났음을 알게 된다 해도, 이 미묘한 특성을 조절하고 능동적으로 활용하기 위해서는 학습과 훈련의 과정을 거쳐야 한다.

— 상황 1: 갑자기 배가 아프고 식은땀이 나며 손이 차가워진다. 어째서일까? 누가 나를 불친절하거나 적대적으로 대한 것도 아니다. 널찍한 사무실 안에는 친근한 대화만 오가고 있다. 그럼에도 뭔가 불안하다. 나는 여자 동료와 남자 동료 한 명이 어떤 관계를 맺고 있음을 알고 있다. 그런데 두 사람 사이에 팽팽한 긴장감이 흐른다. 이것이 사무실의 조화로운 분위기를 크게 훼손해 속이 거북할 지경이다. 결국 나는 2주일 동안 병가를 내기에 이르렀다.

상황 2: 나는 모처럼 아이와 남편을 두고 외출해 친구를 만나기로 했다. 남편도 동의했다. 그런데 그의 표정과 몸짓은 그게 아니었다. 무척이나 못마땅한 모양이다. 남편의 가식적인 태도가 온몸으로 느껴져 등 근육에 팽팽히 경련이 일었다. 고도로 민감한 사람들만이 아는 이 미묘한 느낌은 말로는 형용하기 어렵다. 상대방이 입 밖에 내지 않은 것, 그럼에도 내가 눈치 챈 무언가에 대해 캐묻기도 뭣하다. 내게는 인간관계에서 가장 어려운 것이 바로 이 점이다. 상대방이 아는 사람이라면 말을 꺼낼 수도 있지만 낯선 사람 앞에서는 아예 입을 다물어버리는 경우가 많다. 상대방이 이해해주지 않을 것임을 경험을 통해 잘 알고 있기 때문이다.

민감한 기질 때문에 이처럼 인간관계에서 어려움을 겪는 경우도 많지만, 이것이 단점이라고만 생각지는 않는다. 가령 친구에게 뭔가 문제가 생겼을 때 나는 이를 즉각 알아챈다. 수화기로 전달되는 첫 마디나 문자메시지, 혹은 표정만으로도 직감할 수 있다. 누구도 내 앞에서 뭔가를 숨길 수 없다. 어차피 다 감지하기 때문이다. 내가 민감한 사람임을 알고부터는 내 느낌이 맞는지 확인하기 위해 직접 묻기도 한다. 어느덧 내 인지능력을 받아들이는 법도 배웠다. 직감이 사실로 드러나는 횟수가 늘어날수록 확신도 강해진다.

내 섬세한 지각력은 내 아이들과 관련된 일에서 특히 진가를 발휘한다. 이제 겨우 유치원에 다니는 아들은 감정을 말로 표현하는 데 아직 서툴다. 그러나 아이에게 뭔가 문제가 생기면 내 몸은 통증을 일으키며 경고신호를 보낸다. 나 역시 어린아이였을 때 사람들에게서 이해받지 못한다는 막막함을 느낀 적이 많다. 내 아들도 나처럼 민감한 기질을 타고난 것은 아닐까? 시간이 말해 줄 것이다. 그러나 내 아이의 곁에는 그 감정을 백퍼센트 이해해 주는 엄마가 있다.

— 율리아(Julia), 31세

당신에게도 이런 경험이 있는가? 그렇다면 감정과 정보의 정글을 뚫고 전진하라고 독려하고 싶다. 어떤 것이 당신의 감정인지, 어떤 감정적 충동 또는 정보가 외부로부터 흘러들어온 것인지 구별하라. 후자는 당신을 거북하게 만들고 신체를 통해 경고신호를 보내기도 한다. 다양한 인지를 구별할 수 있게 된 뒤에는 당면한 상황을 의식적으로 일시 정지시킨 뒤 자신의 신체에 초점을 맞추는 연습을 하라. 당신의 내면과 다시금 접촉하는 것이다. 당신과 사건 사이에 거리를 두어라.

타인들과의 접촉에서 당신이 타고난 재능을 즐기는 법도 배워라. 고도로 민감한 사람에게는 타인의 마음을 사로잡고 (자신의 욕구를 고려하는 동시에) 편안한 분위기를 조성하는 일이 어렵지 않다. 자녀들과의 관계에서, 가족 모임이나 직장, 회의, 심지어 슈퍼마켓 계산대에서도 마찬가지다. 당신의 인지능력에 확신을 가져라.

자신의 소통방식을 점검해보라

민감한 사람은 누군가와 대면하는 동시에 소통을 시작한다. 첫 마디가 입 밖으로 나오기 훨씬 전부터 말이다. 신체 역시 소통의 도구이기 때문이다.

매우 민감한 사람은 남보다 훨씬 더 많은 것을 훨씬 강렬하게 인지한다. 타인들이 보내는 신호도 마찬가지다.

민감한 사람은 타인의 언행에 원래 의도보다 큰 의미를 부여하는 경우가 많다. 스스로가 남다른 감정이입 능력을 가진 탓에 다른 사람들도 당연히 상대방의 입장에서 말하고 행동할 것이라고 믿는 것이다. 그렇다고 그 자신이 어떤 행동이나 말, 반응을 할 때 매번 깊이 생각하는 것도 아니면서, 의사소통에 열중해 수많은 인상을 분석하다 보면 이런 사실을 잊어버리기 일쑤다.

　민감한 사람은 혀끝에 심장이 있다 해도 과언이 아니다. 언어능력이 뛰어나고 박학다식하며 직설적인 측면과 논쟁 기술도 갖추고 있어 가끔은 너무 멀리 나아가는 경우도 있다. 그렇다 보니 때로는 무심코 한 말이 주위 사람들을 혼란에 빠뜨리거나 기분을 상하게 만든다. 상대방이 거부감을 느끼는 것도 당연하다. 가뜩이나 민감한 사람에게 이런 거부감은 큰 상처가 된다. 그러니 성공적인 의사소통을 위해서라도 스스로가 어떻게 말하고 행동하는지 정확히 파악해두는 것이 중요하다.

— 예전에 나는 생각난 말을 곧장 내뱉는 습관이 있었다. 지금은 누가 언어적 공격을 가해오면 세 번 깊이 심호흡을 하고, 대답하기 전에 스스로에게 다섯 가지 질문을 던진다. 내가 하고자 하는 말이 진실인가? 상황을 해결하는 데 도움이 되는가? 영감을 주는 말인가? 반드시 해야 하는 말인가? 상냥하게 표현할 수 있는가? 전에는 누군가 내 심기를 불편하게 하면 즉각 되받아쳐서 상대방에게도 상처를 주었다. 내가 먼저 상대방을 불편하게 한 적도 있다. 가령 상대방이 숨기고 싶어 하는 화제를 꺼내기도 하고, 나쁜 점을 발견하면 지적도 서슴지 않았다. 그러다가 거부당하고 자아 가치감에 상처를 입곤 했다. 내가 왜 그토록 민감하게 반응하는지 스스로도 의문이었다.

타고난 고도의 인지능력과 마셜 로젠버그(Marshall Rosenberg)가 제창한 비폭력 대화법에 관해 알게 된 뒤에야 비로소 나의 문제점을 직시할 능력을 기를 수 있었다. 유익한 의사소통법을 발견한 셈이지만 대화에 있어 직설적이고 솔직한 면은 여전하다. 세상에는 직설화법을 선호하는 사람이 있는가 하면, 도저히 이를 받아들이지 못하는 사람도 있다. 그래서 상대방을 불편하게 만들지 않기 위해 가끔 예의 바른 대답과 솔직한 대답 사이에서 고민하곤 한다.

직설화법을 선호하게 된 이유는 단순하다. 나는 도저히 거짓말을 못하는 성격이라, 혹여 마음과는 다른 말을 하면 누구든 10리 밖에서도 이를 알아차릴 정도다. 민감한 사람이라면 누구나 똑같을 것이다. 거짓은 민감한 사람의 가치관에 맞지 않는다. 다른 사람이 내 앞에서 가식적인 태도를 취할 때도 본능적으로 알아차린다. 말에 현혹되지 않고 분위기와 신체언어에서 진실을 포착하고 대화의 전체 맥락을 파악하는 데 아주 능숙하기 때문이다.

특유의 의사소통 방식과 인지능력은 아동들을 주로 대하는 내 직업에는 아주 유용하다. 아이들은 내 직설적인 대화방식을 매우 좋아한다. 코치 겸 상담가로 일할 때도 마찬가지다. 나는 사람들에게서 "그걸 어떻게 아셨어요?"라는 질문을 자주 받는다.

지난 몇 년간 나는 내적인 태도의 변화를 겪었다. 원래부터 자의식이 강했지만 이제는 온전히 나 자신을 신뢰할 수도 있게 되었다. 의사소통에서 명확성이 얼마나 중요한지는 아무리 강조해도 지나치지 않다. 지금의 나는 상대방의 말에 곧장 대답을 내뱉기보다는 세 번 심호흡을 한 뒤에 입을 연다.

— 비르기트 겝하르트, 48세

내면의 상태는 우리 삶은 물론 의사소통에도 영향을 미친다. 따라서 자신의 의사소통 방식을 꼼꼼히 점검해보는 것이 좋다. 내 강점은 무엇이고 약점은 무엇인가? 고도로 민감한 사람은 대부분 경청하는 일에 능하며, 오랫동안 대화에 귀를 기울이다가 마지막에 이르러 해결책을 도출하는 능력도 갖추고 있다. 사람들은 침묵을 지키던 사람이 뜻밖에 드러내는 존재감에 놀라곤 한다.

한편, 갈등에 약하다는 것이 민감한 사람의 약점이다. 이들은 최대한 갈등을 피하려 들거나, 직접 부딪치는 것이 두려워 아예 편지나 이메일로 의사소통을 대신하기도 한다. 그러나 이는 갈등을 해결하기는커녕 도리어 악화시키는 경우가 많다. 사실관계가 아닌 개인적·감정적 문제에 관한 한, 서면으로 하는 의사소통은 오해의 근원이 될 뿐이다. 특히 양측 모두가 이미 상처를 입은 상황에서는 편지에 쓰인 내용을 수신인이 액면 그대로 받아들이는 게 아니라 자신의 상처와 연관 짓기 마련이다. 글에 화해의 메시지가 담겨 있어도 마찬가지다. 직접 대면은 즉각적인 반응을 양쪽 당사자가 인지할 수 있다는 장점이 있다. 이로써 갈등을 전혀 다른 방향으로 풀어나갈 기회도 생긴다.

의사소통에는 많은 잠재력이 깃들어 있다. 이때 중요한 것은 자신의 욕구는 물론 상대방의 욕구까지 인지하고 적절한 표현방식을 사용하는 일이다. 상대방에게 주의를 기울이고 존중하는 태도를 잃지 않으며 명확한 태도를 견지하는 것도 마찬가지로 중요하다. 당신은 어떻게 의사소통을 하고 있는가?

모두와 친구가 될 필요는 없다

'우정'의 의미는 사람마다 천차만별이다. 누군가는 우정을 느슨하게 받아들이며, 딱히 의무감을 갖거나 복잡하게 생각하지 않고 적당한 거리를 두는 편을 선호한다. 그저 함께 수다를 떨고 파티에 가고 음악을 즐기고, 식사를 하거나 술을 마시거나 영화관에 가는 것이 전부다. 그러나 다른 이들, 특히 섬세한 감수성과 인지능력을 지닌 사람들은 우정에 있어 책임감과 깊이, 감정, 신뢰를 중시한다. 1년에 한두 번 만나더라도 지난번 만남에서 다 못 끝낸 것을 다음번 만남에서 즉각 이어갈 수 있어야 한다. 학창시절에는 가장 친한 친구와 매일 통화를 하는 경우도 있다. 그러나 적어도 성인이 된 후에는 친구와 그처럼 자주 연락을 취하지 않는다. 이야깃거리가 소진될까 걱정하는 것이 아니라 피상적인 사귐이 되지 않도록 대화나 만남의 사이사이에 충분한 여유를 두는 것이다.

—— 내게는 친구가 많았던 적이 없다. 항상 소수의 지인만 가까이 했을 뿐이다. 어째서 내가 대다수의 사람들과는 다른지 고민한 끝에, 나는 그들이 말하는 우정이나 사귐이 내가 생각하는 것과 다르다는 사실을 알게 되었다. 그 전까지만 해도 나는 상대방으로부터 기대한 만큼의 반응이 돌아오지 않아 당황하는 일이 많았다. 상대방의 기대치를 혼자서 어림하고 그 기대에 부응하기 위해 더 많은 노력을 기울여야 한다고 생각한 적도 많았다. 그래서 상대방이 내게 주는 것 이상을 나에게서도 기대하지 않는다는 사실을 알았을 때는 홀가분하기 그지없었다.
이를 제대로 실감한 계기는 딸의 학교에서 영재 인터뷰를 요청받

앉을 때였다. 이 사실이 알려지면서 시기심에 사로잡힌 많은 친구들이 멀어졌다. 그러나 큰 실망감을 겪은 뒤에는 오히려 이것이 좋은 경험이었음을 깨달았다. 변함없이 곁에 남은 친구들이 진심으로 내게 관심을 기울이고 있음을 알게 된 것이다. 지금은 누구를 가까이 하고 누구를 멀리할 것인지를 보다 의식적으로 결정한다. 사람들에 대한 기대치도 낮추고 신중하게 행동하며, 보다 능동적으로 인간관계를 맺을 수도 있게 되었다. 피상적인 관계는 내게 고려 대상조차 못 된다. 내가 생각하는 우정은 그보다 훨씬 깊은 관계여야 한다. 친구와의 관계에서 있는 그대로의 내 모습을 보여주고, 가끔은 실수를 저지르거나 '나쁜' 면을 보이는 것도 허락되어야 한다고 생각한다. 그런 것에 우정이 흔들리지는 않을 것이라는 믿음도 필요하다. 힘든 일이 생겼을 때 그저 서로에게 하소연하고 괴로워하기보다는 조언을 구하고 함께 고민하는 것도 중요하다. 나는 이처럼 더불어 성장할 수 있는 사람과 사귀는 것을 좋아한다. 내가 민감한 기질을 적절히 조절하고 활용할 수 있게 해준 핵심 열쇠는 나의 특성을 파악하고 수용하는 일이었다. 무엇이 내게 유익한지 알려면 먼저 자신에 관해 알아야 한다. 그러고 나면 이에 맞추어 살아가는 것도 그리 어렵지 않다. 선택은 두 가지다. 자신의 본모습을 포기하고 다수에 순응하거나, 소수의 친구만 남더라도 자신만의 길을 가거나. 그러나 그 소수의 친구는 당신이 진정 신뢰할 수 있는 참된 친구들일 것이다.

— **톰케 뮐러**, 40세

참된 우정은 커다란 선물과도 같다. 진정한 친구와는 무한한 신뢰와 속 깊은 대화를 나눌 수 있다. 이런 인간관계는 정신에도 유익한 영향을 미친다. 보통사람들이 말하는 '좋은 친구 관계'를 넘어 자신에게 우정이 어떤 의미인지, 어떤 점이 중요한지 성찰해보라. 자신이 필요로 하는 바와 전혀 맞지 않는 불편한 관계를 유지할 이유가 무엇인가? 섬세한 감수성을 지닌 사람들은 때로 함께 있지 않아도 서로를 느낄 수 있을 만큼 강렬한 우정을 나눈다. 이런 고품격의 우정을 누릴 줄 아는 사람은 아마도 많지 않을 것이다.

혼자만의 시간이 필요하다면

이따금 아늑한 원룸에 혼자 살며 대학교에 다니던 시절을 떠올리면 그만한 호사가 없었다는 생각이 든다. 강의와 아르바이트에 나가는 것 말고는 아무런 책임이나 의무도 없었으니 말이다. 클럽에 가서 신나게 춤을 추기도 하고 연애도 마음껏 즐겼다. 그밖에도 내게는 커다란 자유가 주어져 있었다. 지금에 와서야 나는 그게 얼마나 귀한 것이었는지 새삼 상기한다. 언제 무엇을 할 것인지, 언제 휴식을 취할 것인지 오롯이 혼자 결정할 수 있었으니.

　가족과 자녀와 직업이 내 일상을 지배하면서 자유는 끝이 났다. 혼자만의 시간도 사전에 꼼꼼히 계획하고 가족과 충분히 상의한 뒤에야 가질 수 있게 되었다. 사회적 관습과 기대는 민감한 사람들로 하여금 혼자만의 시간이 자주 필요한 이유를 매번 구구절절 설명하게 만든다. 어째서 그토록 잦은 휴식이 필요한지 친구, 배우자, 가족들도 이해하지 못하는 경우가 많다. 심지어 조용히 혼자 있고 싶다는 말을 비난으로 받아들이기도 한다.

자신이 남달리 민감하다는 사실을 전혀 모르는 HSP는 스스로에 대한 기대치를 지나치게 높이다가 한계에 부딪치는 경우도 많다. 이때 필요한 것이 무엇일까? 두말할 것 없이 더 많은 휴식이다. 자극에 대한 민감성을 제대로 이해하지 못할 경우 우리는 더 많은 휴식의 필요성과 사회적 기대가 야기하는 압박감 사이에서 날마다 갈등을 겪게 된다. 특별한 날에는 다음 사례처럼 특별한 기대치가 이에 더해지기도 한다.

— 나는 조용하고 무난하고 평온한 일상을 무척이나 사랑한다. 문제는 매년 돌아오는 생일이었다. 다양한 음식 알레르기는 물론 향료와 세제 알레르기까지 있는 탓에 나는 모임이나 행사에 참석하는 일이 거의 불가능했다. 내 생일에도 딱히 축하자리를 만들지 않았다. 이런 사실을 알고 있는 가족과 친한 친구들은 이를 어느 정도는 이해해주었다.

내가 고도로 민감하다는 사실을 알고부터는 몇 가지 변화를 시도했다. 무엇보다도 생일을 즐거운 날로 만들고 싶었다. 이전까지 생일은 부담스럽고 스트레스만 유발하는 날이었다. 매년 반복되는 의무적인 통화는 물론이고 혼자만의 시간을 갖지 못하는 것도 스트레스였다. 더 이상은 이렇게 생일을 보내고 싶지 않았다.

사람들은 파티 등을 열어 생일을 크게 축하하지 않더라도 최소한 통화를 나누거나 가족과 친구들 정도는 만나야 한다고 생각한다. 그조차도 하지 않으려면 그 이유를 해명해야 한다. 그러나 나는 내 생일날만큼은 다른 사람들의 입장을 생각하기보다는 나 자신을 돌보며 그저 이기적인 사람이 되기로 결심했다. 내 생일에 전화기를 꺼두고 친구와 호숫가로 나들이를 가겠다고 선포한 것이다. 축하 카드는 환영이지만 전화는 사절이었다. 내 말에 의아한 반응을 보이는 사람도 몇몇 있었지만 대부분은 나를 이해해주었다. 뜻밖의 반응에 나는 조금 더 나 자신과 내 욕구를 돌볼 수 있는 용기를 얻었다. 마침내 원하는 방식대로 생일을 즐길 수 있게 된 것이다!

— 가브리엘레(Gabriele), 48세

이 글에는 특별한 날과 특별한 기대, 특별한 민감성, 특별한 해결책이 모두 담겨 있다! 자신에게 필요한 것을 먼저 보살피는 용기는 이처럼 좋은 결과를 불러온다. 자신의 욕구에 주의를 기울일수록 우리는 명확하고 균형 있는 태도를 취할 수 있게 되며, 주위 사람들도 이를 긍정적으로 받아들인다. 당신도 건전한 이기주의를 한번 실천해보지 않겠는가?

부부관계, 서로가 만족하는 해법 찾기

세상은 이전의 어느 때보다 빨리 돌아가고 있다. 자기 자신은 물론이고 배우자와의 관계를 돌볼 틈이 거의 없는 것이 우리 현실이다. 게다가 현대인에게는 삶을 원하는 모습으로 꾸려나갈 가능성이 무궁무진하게 열려 있다. 생활방식이나 거주지, 직업, 취미, 배우자, 신앙은 물론이고 성별을 바꾸는 일도 가능하다. 새로운 틀이 미처 마련되기도 전에 전통적인 역할의 틀이 깨지고 있는 것이다. 더불어 배우자에 대한 우리의 기대치도 (무의식중에) 높아지고 있다. 불안정해지는 세상을 대신해 안정감을 줄 배우자가 필요해진 것이다.

그러나 민감한 사람은 자기 자신뿐 아니라 주위 사람들의 모든 것까지 끊임없이 감지하는 경우가 많기 때문에, 이들에게는 누군가와 공동의 삶을 꾸려나간다는 것이 특히나 쉽지 않다. 나아가 이들은 보통 주위 사람들에 대해서도 높은 기대치와 고정된 관념을 품고 있다. 고도의 민감성이 주위 환경과 배우자에 대한 기대까지 규정하는 것이다. 이에 자녀와 직업 문제가 더해지면 일상에서 발생하는 수많은 경험, 생각, 감정을 제대로 소화할 시간은 더욱 부족해진다. 이때는 행복한 결혼생활을 영위하던 부부조차도 평범한 방식으로는 해결할 수 없는 어려운 상황을 하나둘 만나게 된다.

─ 나는 인구가 600명 정도밖에 되지 않는 작은 마을에서 태어나고 자랐으며, 전통적인 역할의 틀에서 크게 벗어나지 않은 가족을

보고 자라며 결혼관을 형성했다. 아이였을 때부터 내 머릿속은 주변으로부터 인지한 온갖 인상으로 넘쳐났다. 무엇보다도 인간관계에서 벌어지는 일들을 강하게 인지했다.

몇 번 안 되는 이성 교제 경험을 거친 뒤 20대 중반에 나는 현재의 남편과 결혼했다. 무척 조용하고 감수성이 뛰어나고 차분하며 상대방의 말을 잘 경청하는 사람이었다. 우리는 수많은 관심사와 가치관을 공유했다. 다만 남편은 자연을 사랑하고 혼자만의 시간과 자유를 중요하게 여긴 반면, 나는 어울림을 중시하는 사람이었다. 수많은 공통점에도 불구하고 접촉과 거리 두기를 둘러싼 욕구의 큰 차이는 20년간의 결혼생활에 지대한 영향을 미쳤다. 보다 돈독한 관계를 위해 더 많은 시간을 함께하고 싶어 한 나와는 달리 남편은 자연 속에서 홀로 사색하기를 즐겼다. 물론 기꺼이 나와 대화를 나누거나 뭔가를 함께하기도 했지만 내게는 늘 충분치 못했다. 부부 간의 거리를 조절하는 문제는 세 아이가 태어나면서 뒷전으로 밀려났다. 나는 늘 활발히 직장생활을 하던 터라 외로움이 문제가 된 적은 없었음에도, 남편이 내게 열린 태도를 보이지 않을 때면 마음이 괴로웠다. 적어도 밤에는 한 침대에 누워 서로의 체온을 느끼고 싶었다.

혼자만의 시간을 필요로 하는 남편을 보면 그가 나를 소홀히 한다고 느껴졌다. 기본적으로 무척 독립적인 성격임에도 남편과의 거리감은 매우 견디기 힘든 일이었다. 아이들이 성장하고 서서히 독립하면서 남편과 가까워지고 싶은 욕구는 더 강해졌다. 그러나 남편과 함께 잠자리에 들고 싶은 소망은 번번이 실망과 공허함으로 끝이 났다. 이 상황이 힘들기는 남편에게도 마찬가지였다. 두 사람이 원하는 부부관계의 횟수도 달랐을 뿐 아니라, 남편과 몸을 밀착시킨 채 잠드는 것을 좋아하는 나와는 달리 남편은 그것 자체를 불편해했다.

오랫동안 해결책을 찾지 못하던 나는 마침내 부부 침실을 포기하고 내 방을 따로 마련했다. 이로써 우리는 각자 자신만의 공간을 가질 수 있게 되었다. 처음에는 마음이 편치 않았지만, 5년이 지난 지금은 내 방에서 혼자만의 시간을 갖는 것이 편하게 느껴진다. 이곳에서는 남편을 향해 곤두세우고 있던 안테나를 내리고 나 자신에게 집중할 수 있다. 방을 따로 쓰게 되면서 성적·육체적 친밀도는 오히려 높아졌고, 함께하는 시간도 더욱 소중히 여기게 되었다. 남편은 끊임없이 자신을 의식하던 나와 거리를 둠으로써 불편한 압박감에서 벗어날 수 있었다. 나는 일기쓰기와 독서, 음악 감상, 악기 연주 등 취미생활을 마음껏 즐기며 혼자만의 시간을 누린다. 방을 따로 쓰는 해결책을 강구함으로써 우리는 더 많은 여유를 얻었을 뿐 아니라 파경 위기에 처했던 부부관계도 회복시킬 수 있었다.

— 카린(Karin), 50세

민감한 사람은 배우자를 선택할 때 특정한 삶에 대한 기대를 품고 있다. 배우자와 진실한 사랑을 나누고 행복한 가정을 꾸리는 일 등이 그것이다. 카린은 삶과 혼인관계를 하나의 과정으로 간주하고 언제든 소통할 수 있는 자세를 갖추고 있었으며 양쪽 모두를 고려한 해결책을 찾고자 했다.

물론 처음부터 혼자 사는 편을 택하는 방법도 있다. 그러나 성공적인 부부관계를 형성하는 일 역시 가능하다. 그러기 위해서는 자기 자신을 있는 그대로 보여주고 상대방과의 관계에 노력을 기울일 마음가짐이 되어 있어야 한다. 이런 마음가짐을 갖춘 사람은 내가 상대방을 있는 그대로 받아들이듯 나를 있는 그대로 받아들여주는 동반자를 만나게 될 것이다. 이때 인생의 온갖 굴곡을 함께 헤쳐 나갈 수 있는 한 쌍이 탄생한다.

행복한 가정을 이루기 위한 필수조건

자료를 수집하던 중에 나는 혼자만의 시간이 많이 필요하다는 이유로, 혹은 자신에게 잘 맞는 배우자를 만나지 못해 홀로 사는 민감한 사람들을 다수 알게 되었다. 또 어떤 사람들은 결혼은 하되 자녀는 의식적으로 갖지 않는 쪽을 택했다. 가족계획은 했지만 결국 자녀를 갖는 데 실패한 이들도 있었다.

엄밀히 따지면 이 모든 삶의 형태는 평균적인 민감성을 지닌 사람들에게서도 똑같이 발견된다. 그러나 아주 민감한 사람은 특히 결혼이나 출산 이후 삶의 중대한 시점에서 자기 자신을 재발견하는 경우가 많다. 이런 삶의 단계는 다양한 발전 잠재력을 내포하고 있다. 큰 부담을 주는 상황에서 민감한 사람에게는 두 가지 가능성이 주어진다. 첫째는 악몽과도 같은 현실을 애써 부정하는 것인데, 이 방법을 택할 경우 몇 년 뒤에 그 후유증이 위력적으로 되살아날 수 있다. 두 번째로, 민감한 사람의 정신과 신체가 스트레스에 급속히 반응하면서 불가피하게 상황을 타개할 해결책을 찾아나서는 경우도 있다. 이 길을 가는 사람은 한 단계 발전하고 성장을 이루게 된다. 과장으로 들릴지도 모르지만 이는 우리에게 멋진 메시지를 전달한다. 고도로 민감한 사람에게는 가족을 이루는 일이 커다란 난관인 동시에 어마어마한 행운이기도 하다는 진실이 그것이다.

— 가족을 이룸으로써 오랜 소원을 성취하기 전까지 나는 고도의 민감함이라는 주제를 접해본 적이 없었다. 그러나 내가 남들과 다르다는 느낌은 일찍부터 품고 있었다. 부분적으로는 내가 나고 자란 가정의 특별한 상황과 건강 문제가 그 원인이기도 했다. 나는 나름의 생존전략을 고안했다. 세상에 맞서 고군분투하기보다는 휴식, 혼자만의 시간, 질서, 정의감에 대한 남다른 의식을 충족시킬 방법을 모색했다. 직업과 관련해서는 법학박사 학위를 따고 판사로 재직하면서 이런 욕구를 충족시킬 수 있었다. 직업 특성상 공적인 자리에 자주 모습을 드러내야 했지만 이것은 전혀 문제가 되지 않았다.

자녀가 태어나면서부터 조용히 혼자 시간을 보내는 일도, 주변의 질서를 유지하는 일도 불가능해졌다. 아이들이 아직 어릴 때는 그나마 낮잠 자는 시간을 활용해 휴식을 취할 수 있었다. 다른 부모들이 적극적으로 자신을 위해 이 시간을 활용하는 데 반해 나는 시간이 아깝다고 생각하면서도 아이들과 함께 수면을 취했다. 아이들이 더 이상 낮잠을 자지 않게 된 뒤에도 어렵사리 휴식시간은 마련했다. 내게 휴식은 마음을 가다듬고 여유를 되찾음으로써 성공적인 하루를 보낼 수 있게 해주는 귀한 시간이었다. 아이들에게도 마찬가지다. 소란한 학교에서 벗어나 머리를 식히며 성숙해지는 시간이기 때문이다.

사춘기가 시작되고 아이들에게서도 민감한 기질이 서서히 가시화면서 또 다른 난관이 닥쳤다. 아이들은 부모와의 사이에 선을 긋고 거리를 두며 우리의 한계를 시험하려 들었다. 다른 모든 부모들과 마찬가지로 나 역시 이로 인해 한계에 다다른 적이 한두 번이 아니었다. 수많은 난관이 있었지만 나는 아이들을 존중하며 끊임없이 대화를 나누었고, 아이들의 말에 귀를 기울이며 그들이 보내는 신호를 제대로 해석하려 노력했다. 무조건적인 엄마의 사랑을 아이들이 느낄 수 있게 해주었음은 물론이다.

나는 민감한 사람이 가족들과의 관계에서 겪는 난관을 슬기롭게 헤쳐갈 수 있는 특별한 재능을 타고났다고 생각한다. 단, 여기에는 민감한 부모가 내적 균형을 (재)발견하고 자신의 욕구를 보살피는 여유를 가진다는 점이 전제된다.

— 마그레트(Margret), 46세

자기 자신은 물론이고 타인에게도 온전히 마음을 쏟는 것. 무조건적인 사랑을 주는 것. 자신의 결정을 후회하지 않는 것. 결코 말처럼 쉽지만은 않은 일들이다. 낭만적인 감정에서 비롯된 하나의 결정이 얼마나 큰 파급효과를 미치는지 우리는 혹독한 날들을 거치면서야 깨닫는다. 이때 중요한 것은 부부관계와 직업, 가정, 학교, 가족생활이 야기하는 모든 기대와 의무 사이에서도 자기 자신과 가족들의 다양한 욕구에 항상 세심한 주의를 기울이는 일이다. 자신의 욕구를 돌보지 않는다면 타인을 인지하고 수용할 수 있는 힘을 어디에서 얻는단 말인가?

고도로 민감한 사람이 성공적인 가족생활을 누리는 데는 이처럼 자기 욕구를 존중하는 일이 커다란 비중을 차지한다. 무엇이 당신에게 에너지원이 되는지 자각하라. 아이들이 아직 어리다면 아이의 욕구를 읽어내는 법도 배워야 한다. 아이들이 자란 뒤에는 각자에게 무엇이 유익하고 필요한가에 관해 대화를 나눌 수 있다. 이런저런 학원을 전전하고, 친구들을 자주 초대하고, 주말에는 가족과 시간을 보내야 한다는 강박관념에, 혹은 아이들이 심심해하지 않도록 여기저기 나들이를 다녀야 할까? 놀이공원, 친척 방문, 여행 등이 반드시 필요한가? 우리 주위에 넘쳐나는 광고를 보면 온갖 활동과 일정으로 꽉 찬 가족생활이 필수인 것처럼 느껴지기도 한다. 아이에게 무엇 하나라도 더 해주는 게 당연한 일 아닌가 말이다.

그러나 이렇게 일 년을 보내고 나면 조용한 연말연시는 꿈도 꿀 수 없을 정도로 아이들의 기대치가 높아져 있을지 모른다. 그러다 2월이나 3월쯤 되면 누적된 피로로 면역력이 약화되어 가족 전체가 한바탕 몸살을 치르고 강제 휴식을 취하게 될 수도 있다. 그나마도 스트레스와 병원 방문, 질병으로 인한 불면증 때문에 제대로 쉬기는 어려울 것이다.

그러니 지나친 활동보다는 충분한 휴식을 취하라. 시간을 내어 서로의 이야기를 경청하고 서로에게 주의를 기울이며, 틈틈이 애정 어린 대화를 나누어라. 가족의 입장에서 생각하고 신체적 접촉을 통해 아이들이 포근함을 느끼게 해주어라. 중요한 것은 자녀가 부모를 필요로 할 때 곁에 있어주는 일이다. 하루를 평온하게 마무리하기 위해서는 간혹 서로에게 양해를 구한 뒤 휴식을 취하는 것도 필수적이다.

가족을 이루고자 한다면 희생도 감수해야 한다. 그러나 그 과정에서의 온갖 어려움에도 불구하고 가족은 삶을 풍성하게 만들어주는 커다란 선물이 될 것이다.

예민한 우리 아이 돌보기

고도의 민감성은 유전되는 것으로 알려져 있다. 스스로 아주 민감하다고 생각하는 부모에게서는 민감한 인지능력을 지닌 아이가 태어날 가능성이 크다. 고도로 예민한 아이들은 주변 세상을 비추는 거울이기도 하다. 많은 자극을 받을수록 아이들이 받는 부담도 커진다. 성찰능력이 아직 부족한 아기들은 강한 인지능력으로 인해 녹초가 되기도 쉽다. 자신이 인지하는 것 중 어떤 것이 삶에 큰 영향을 미치는지, 무엇이 에너지를 앗아가고 무엇이 자신을 단련시켜주는지 파악하는 데는 성인들도 오랜 시간이 필요하지 않은가. 자녀를 면밀히 관찰하고, 민감한 기질이 엿보인다면 이를 받아들여라. 그리고 민감한 사람에게 잠재된 강인함을 키워주기 위한 여정에 나서라.

— 아들 에밀(Emil)은 젖먹이 때부터 빛에 극도로 예민하게 반응했다. 얼굴에 햇빛 한 줄기만 비쳐도 자지러지게 울음을 터뜨렸고 깊이 잠들었다가도 구름에 가려졌던 해가 나오면 금세 깨어났다. 에밀이 6개월쯤 되어 생애 첫 번째 여름을 맞았을 때의 일이다. 우리는 어느 결혼식에 초대되었는데, 다른 아기들이 어른들의 품에 번갈아가며 안겨 있거나 평화롭게 잠을 잔 반면 에밀은 극도의 흥분 상태를 보였다. 교대로 아이를 안고 사람들을 피해 이리저리 거니는 동안 나와 남편은 에밀이 많은 자극을 소화할 수 없는 아이임을 분명히 깨달았다.

지금 생각해보면 에밀은 너무 이른 나이에 어린이집에 들어갔다. 우리 아이는 다른 아이들을 무척이나 신기해하며 항상 그 한복판에 섞이려 들었다. 그러나 그곳에서 온종일 벌어지는 일들은 아이에게 어마어마한 부담이었다. 낮잠도 충분히 자고 보육 환경도 나무랄 데 없었지만, 그곳에서 여섯 시간을 보낸 뒤 귀가할 때쯤이면 에밀은 완전히 녹초가 되어 있었다. 20개월쯤에는 과도한 자극을 받으면 눈을 계속 깜빡이는 틱(tic) 증상과 분노발작이 시작되었다. 어린 에밀에게는 이것이 자극의 홍수가 일으키는 스트레스를 해소할 유일한 분출구였던 듯하다. 때로는 분노발작을 일으키다가 지쳐서 행동을 멈추고 하품을 한 뒤 다시금 고함을 지르기 시작했다. 하루에 3~5차례에 걸쳐 일어나던 극심한 분노발작이 2년이나 더 지속될 것이라는 사실을 그때의 우리가 알았을 리 없다. 아이에게는 물론이고 온 가족에게 이는 어마어마한 스트레스였다.

지금은 상황이 훨씬 나아졌다. 만 4세가 된 에밀이 힘겨운 상황에서 벗어나는 법을 스스로 찾아낸 덕분이다. 심지어 성찰한 바를 분명히 표현할 수도 있게 되었다. 가령 어린이집을 좋아하지만 이틀에 한 번은 집에 머물고 싶다는 이야기도 했다. '귀가 울릴 정도로 아이들이 떠든다'는 게 그 이유였다.

우리도 아이가 자극에 최대한 적게 노출되도록 심혈을 기울였다. 에밀은 대개 주 4회, 하루 5~6시간씩 어린이집에 머문다. 어린이집에만 다녀와도 녹초가 되기 때문에 우리는 거의 반 년 동안 단한 번도 아이를 놀이터에 데려가지 않았다. 대신에 가족끼리 머물수 있는 조용한 곳을 찾아갔다. 우리는 아무도 없는 풀밭에서 두더쥐굴을 파헤치거나 숲을 거닐었다. 일주일에 하루나 이틀은 친구를 만났다. 작은 모임을 갖고 사람들과 교류하는 일을 좋아하는 내게는 이것이 무척이나 중요했다. 에밀도 가까운 지인의 아이들과는 잘 어울렸다. 스포츠라든지 흥분을 유발할 수 있는 활동은 일부러 피했다.

부모인 우리에게, 특히 민감한 기질을 가진 내게는 이 모든 것이 배움의 과정인 동시에 주어진 상황을 그대로 받아들이고 이에 대처해나가는 일종의 고행이기도 했다. 그 사이에 태어난 둘째 역시 조용한 환경을 필요로 하는 아이지만, 형제가 함께일 때만은 여느 아이들 못지않게 소란스럽다. 이때는 아이들 각자의 욕구에 균형을 맞추고 어느 한쪽에게도 소홀해지지 않도록 세심히 주의를 기울여야 한다.

지난 몇 년간 일상에 변화를 줌으로써 우리는 에밀의 '또 다른' 면(혹은 '본질')을 돌볼 수 있었다. 주말이면 남편과 내가 번갈아가며 아이와 1대 1로 시간을 보내는데, 이를 통해 아이에게서 부드럽고 유연하고 차분한 면과 풍부한 호기심과 열정, 매력을 발견할 수 있었다. 민감한 기질과 더불어 언어적 재능과 남다른 상상력도 타고났음을 알게 되었다. 우리 모두에게 이는 무척이나 유익하고도 귀한 시간이었다.

— 리자(Lisa), 34세

이 멋진 가족이 기울인 수년간의 노력에는 헌신과 겸허함, 수용하는 자세, 커다란 이해심, 유연한 행동방식과 감수성이 엿보인다. 이 모든 일에는 어마어마한 에너지가 필요하다. 그러나 이는 아이뿐 아니라 가족 모두에게도, 그리고 부부관계에도 유익한 결과를 가져온다. 당신의 자녀가 어느 영역에서 특별히 민감한지 파악하라. 그로부터 아이를 평온하고도 강인하게 만들어줄 만한 아이디어를 도출하라. 아이의 본질을 경험할 수 있는 공간도 마련해두어야 한다. 이곳에서 당신도 재충전을 하고, 자신이 어떤 존재에게 헌신하고 있는지 몸으로 느끼게 될 것이다. 수없이 한계를 체험하게 되는 부모에게도 재충전의 시간이 필요하다는 사실을 명심하라.

전문 상담사, 의사나 심리치료사의 조언이 담긴 참고서적도 (이들이 고도의 민감함에 관해 충분히 이해하고 있다면) 도움이 될 것이다. 다만 자신의 직감에 대한 신뢰만은 잃지 말라. 기꺼이 주위의 도움을 구하되 누군가 당신의 자녀에게 함부로 심리학적·의학적 진단을 내리게 되는 상황은 피하라. 이들은 아이를 '환자'로 낙인찍고 다시 '건강해지도록' 만든다며 화학약품을 주입하려 들 것이다. 상대방이 어떤 사람인가, 그가 어떤 관심사를 대변하고 있는가에도 주의를 기울여라.

자녀가 겪는 문제가 병적이고 파괴적인가, 심리치료나 의학적 도움이 반드시 필요한가, 아니면 아이가 그저 사회의 정형화된 틀에 맞지 않을 뿐인가 고민해본 뒤, 당신의 판단을 믿어라. 어쩌면 다수의 보통사람들과는 다른 길을 걸어야 할지도 모른다. 자신의 아이디어와 신념을 믿고 과감히 이를 실천하라! 자녀는 물론 당신과 가족 모두에게 이는 좋은 결과를 가져다줄 것이다!

민감한 아버지

민감한 남성에게 자녀가 생기면 어떤 일이 벌어질까? 이들은 아버지로서의 역할을 어떻게 수행하며, 그 과정에서 어떤 고충을 겪을까? 민감한 기질 특유의 성찰능력이 가족생활에 어떤 도움이 될까? 어느 민감한 아버지의 이야기를 들어보자.

— 나는 아버지 역할이 어렵게만 느껴진다. 현대의 새로운 역할상은 한층 더 이 세상의 아버지들로 하여금 설 자리를 찾지 못하게 만든다. 민감한 사람에게는 숨 가쁘게 돌아가는 일상을 따라잡고 스스로의 기대를 충족시키며, 자신에게 요구되는 모든 것에 남들과 똑같이 부응하는 일이 곱절로 큰 부담이다. 현대인이 짊어진 사회·경제적 기대치는 점점 높아지고만 있다. 오늘날 남성들은 예전과는 달리 돈을 버는 데서 그치는 게 아니라 육아와 가사에도 적극적으로 참여해야 한다. 예전의 역할구조가 더 나았다는 이야기는 아니지만 적어도 모든 경계가 무너지는 오늘날에 비해 명확하기는 했다.

매우 민감한 기질을 타고난 나는 스스로에게 거는 기대치가 높은 편이며 어떤 역할과 과제를 수행할 때든 완벽주의적인 성향을 보인다. 이에 부응하려면 먼저 수많은 자극과 정보를 적절히 조절할 줄 알아야 한다. 조절에 실패해 나 자신부터가 주변 세계에 제대로 대응하지 못할 때 가장 먼저 영향을 받는 것은 바로 아이들이기 때문이다. 아이들은 부모가 불안정하면 즉각 이를 감지하고 혼란에 빠진다.

아내와 나는 두 위탁아동을 돌보고 있었다. 둘 다 사내아이고 아기였을 때 우리에게 맡겨졌는데, 성향이 서로 전혀 달랐다. 아이를 낳아본 적이 없어서 자식을 키운다는 게 어떤 느낌인지는 모르지만, 우리는 이 아이들에게 친자식과도 같은 애정을 품게 되었다. 어느덧 아이들은 각각 4세와 2세가 되었고 우리는 그중 큰 아이를 입양했다.

아이가 없을 때는 우리 집도 마냥 평화로웠다. 아이들은 말로만 듣던 변화를 불러왔다. 자녀가 있는 가정에 대한 낭만적인 상상도 얼마 안 가 깨져버렸다. 일과 육아를 병행하는 것은 두 배의 부담을 의미했다. 게다가 아이들을 위탁받을 당시에는 내가 남달리 민감하다는 사실도 알지 못했다. 아이들의 활기가 부담스럽게 느껴진 이유도 뒤늦게야 알게 되었다. 나는 신경이 예민해지면 공격적이 되거나 언성을 높이기도 했는데, 아내는 물론이고 나 자신도 무척이나 싫어하는 버릇이었다. 아이들은 식성도 나와 전혀 달랐다. 이처럼 아이들이 생기면서 달라진 모든 것은 물론이고, 좋은 환경을 만들어주어야 한다는 의무감도 내게는 큰 부담이었다. '내가 과연 제대로 하고 있는 것일까?' 라는 의문이 머릿속을 떠나지 않았다.

아이들로 인해 고도의 민감성에 관심을 갖게 된 나는 민감성 테스트를 받고 관련 서적들도 찾아보았다. 결과는 충격적이었다.

전혀 모르는 사람이 쓴 책인데도 마치 내 이야기 같았다. 이후 찾아간 심리치료사 역시 나를 HSP로 분류했다. 지금껏 살아오며 딱히 많은 문제를 겪은 것은 아니었지만, 내가 경험한 몇 가지 문제들은 모두 고도의 민감성과 관련돼 있었다. 어린 시절에는 "사내아이는 울면 못 써!"라는 말을 자주 들었다. 아버지는 내 행동거지를 이해하지 못할 때가 많았다. 나중에는 내가 남들과 다르다는 점을 분명히 느끼면서 회의감이 밀려왔다. 사람들이 거짓말을 하면 몸짓에서 이를 알아차릴 수도 있었는데, 내 직감이 대부분 맞아떨어졌음에도 나는 이를 한 번도 입 밖에 낸 적이 없었다. 남들과의 다름을 인정한 뒤로는 더 이상 일상에서 어려움을 겪지 않게 되었다. 상대방이 나와 똑같이 생각하고 행동할 것이라고 여기는 사람은 번번이 상처받게 되어 있다. 그런 기대감을 버리고 나니 오히려 타인이 보내는 신호를 더 잘 포착할 수 있었고 압박감도 덜해졌다. 이제 의식적으로 나 자신을 돌보게 되었고 긴장을 풀기 위한 몇 가지 방안도 마련해두었다.

나는 화학기업에서 책임자로 일하고 있는데, 근무시간을 유연하게 조절할 수 있다는 점이 내 지위의 커다란 장점이다. 두 달 전부터는 주당 근무시간을 추가로 2.5시간 줄였다. 그러자 수입이 약간 줄어든 대신 삶의 질은 훨씬 높아졌다. 그렇다고 돈이 궁해진 것도 아니다. 최근 몇 달간 우리는 아이와 자주 외출하고 돈이 드는 활동을 많이 하는 것이 모두에게 부담만 줄 뿐임을 깨달았다. 부모는 신경이 예민해지고 아이는 분노발작 증세를 보였으며, 온종일 쌓인 피로가 극에 달해 저녁이면 모든 게 엉망이 되었다. 이런 일이 아이에게 재미있게 느껴질 리 없다. 이제는 뭐든 많이 하면 좋다는 생각을 버리고 지나친 활동을 삼간다. 그런다고 잃는 것은 아무것도 없다. 오히려 가족과 함께하는 삶을 제대로 즐길 수 있게 되었다.

— 그레고어 회첼(Gregor Hützel), 45세

그레고어는 고도의 민감성에 대해 스스로 고찰하는 것을 넘어, 자신처럼 민감한 사람들을 위한 기관을 이끌며 이 주제를 지역사회에 알리는 데도 기여하고 있다. 그의 이야기는 새로운 역할을 수행할 준비가 되어 있는 민감한 아버지들의 입장을 대변한다. 부모가 된다는 것은 특별히 민감하지 않은 사람에게도 어려운 일이다. 다만 부모 중 한 사람이 민감할 경우 아이도 그 유전자를 타고날 가능성이 있다. 앞의 사례는 혈연관계가 없는데도 남달리 민감한 아버지와 아이가 우연히 만나게 된 경우다. 이때 부모는 명확하면서도 여유로운 태도로 아이들을 이끌어주고 조용히 휴식을 취할 시간을 마련해야 하며, 아이의 행동거지나 공동의 여가시간에 대해 지나치게 높은 기준을 세워두어서는 안 된다. 뭐든 많이 하는 게 좋은 것은 아니다. 바쁜 일상 속에서도 균형을 잃지 않고 온 가족이 여유롭고 즐거운 시간을 보낼 수 있는 방법을 찾아라. 그러다 보면 모두가 꿈꾸는 낭만적인 가족생활도 이따금 실현될 것이다.

• 06 •

민감한 사람들의
여가와 소비생활

박람회장, 축제, 대규모 공연장, 스포츠 경기장, 지하철, 버스, 쇼
핑센터, 시위 현장, 아이들이 떠들썩하게 뛰어노는 수영장. 사람들
이 여가시간에 자주 찾는 장소들이다. 그러나 아주 민감한 사람에
게는 이런 장소가 여러 가지 측면에서 부담이 된다. 수많은 자극요
인이 도사리고 있기 때문이다. 그곳을 채운 수많은 사람들의 감정,
소음, 낯선 이들과의 신체접촉, 온갖 체취나 향수 냄새는 물론이고
다양한 시각적 자극까지, 소화해야 할 것이 너무나 많다. 민감한
사람들 중 다수는 복잡한 삶에 적응하기 어려워하는 자신이 사회
부적응자인지도 모른다고 생각하며 불편한 기분에 사로잡힌다.

소란스러운 장소에서는 어떻게 대처해야 할까? 자신의 한계치
를 감지할 수 있는가? 내면의 소리에 귀를 기울여 이 시점을 파악

하라. 상황이 허락한다면 신경과민이 되기 전에 자리를 빠져나오는 것이 좋다. 대규모 행사에서든 일상적인 상황에서든 마찬가지다. 혹은 애초부터 혼잡한 장소에 나가지 말고 조용히 할 수 있는 일을 택하라. 모두가 열광하는 것에 휩쓸리기보다는 자신에게 필요한 것이 무엇인지 신중히 따져보라. 스트레스를 방지하고 건강을 돌보는 최고의 길은 바로 자신의 한계를 받아들이는 것이다.

군중이 모인 행사에 참여하는 일이 불가피하다면 사전에 충분히 휴식을 취하고 행사 후 휴식시간까지 계획에 넣어라. 붐비는 장소에서는 특정한 대화 상대나 다른 무언가에 초점을 맞추는 것도 도움이 된다. 심호흡도 마음을 가라앉힌다.

여가시간과 관련해 민감한 사람에게 부담이 되는 상황과 활동에는 무엇이 있는지 몇 가지 사례를 통해 알아보자.

취향 저격 영화를 찾아라!

유려한 연출과 매혹적인 영화음악을 갖춘 좋은 영화는 우리를 새로운 세계로 이끈다. 많은 사람에게 영화감상은 자신의 현실을 잠시 잊고 가상의 삶 속으로 이끌려 들어갈 좋은 기회다. 민감성의 정도를 막론하고 누구에게나 선호하는 가상의 현실은 있다.

— 나는 인간과 자연, 동물의 세계에 관한 다큐멘터리를 즐겨 본다.

코믹 영화, 사색적인 영화, 낭만적이거나 감성을 자극하는 영화
도 좋아한다. 반드시 해피엔딩이어야 할 필요도 없다. 이런 영화
를 보러 영화관에 들를 때면 항상 휴대용 티슈를 준비한다. 꼭 영
화관에 가야 하는 것은 아니다. 주말 저녁 텔레비전 앞에 앉아 유
치한 드라마를 보는 것도 나쁘지 않다.

내가 가장 안심하고 볼 수 있는 프로그램은 6세 이하 아동을 위한
것이다. 기분이 괜찮을 때는 연령제한이 12세까지인 영화도 괜찮
다. 그러나 워낙 민감한 기질 탓에 이런 영화를 시청하면서도 한
계에 다다를 때가 많다. 16세 또는 18세 이상만 시청 가능한 공포
영화, 범죄 스릴러, 폭력적인 영화나 전쟁영화는 마지막으로 본
게 언제였는지 기억도 나지 않는다. 아주 오래 전 무심코 켠 텔레
비전의 범죄영화에서 본 살인사건 현장의 모습을 나는 지금도 잊
을 수 없다. 누군가는 '그냥' 영화일 뿐이라고 하겠지만, 이 역시
어디선가 실제로 벌어지고 있는 일을 반영한 게 아니겠는가. 당
시 나는 끔찍한 장면에서 받은 충격이 가신 뒤에야 몸을 움직일
수 있었다. 그리고 텔레비전을 끈 뒤 명상음악을 켜고 깊이 심호
흡을 하며 좋은 것을 생각하려 애썼다. 그러자 비로소 마음이 가
라앉았다.

– 카트린 조스트, 36세

고도로 민감한 사람은 예민한 감각에 지나친 자극이 되는 영화를
애초부터 피하는 것이 좋다. 배우자나 친한 친구들이 영화관에 가

자고 제안하면 어떻게 할까? 선택은 각자의 몫이다. 그저 사람들과 어울릴 목적으로 내키지도 않는 영화를 보러 가는 사람도 있을 것이다. 아니면 혼자서 집에 머물며 마음을 가라앉혀주는 영화를 보는 편을 선택할 수도 있다.

고도의 민감함을 전문으로 다루는 상담사 겸 코치 라이마르 륑엔은 이 문제와 관련해 좋은 해결책을 제시한다. 기본적으로 영화가 상영되는 동안 그것이 가상의 이야기임을 끊임없이 의식하는 것이다. 특정한 장면이나 등장인물의 행동이 지나치게 자극적으로 느껴지면 눈을 감고 배경음악에 의존해 극의 흐름을 따라간다. 음악이 조용해졌을 때 눈을 뜨면 자극적인 장면은 끝나 있을 것이다. 영화관의 소음이 너무 부담스럽다면 특수 귀마개를 구입해 청각이 인지하는 음량을 조절하는 방법도 있다.

유행보다는 내 몸에 맞는 옷!

아주 민감한 사람에게는 가볍고 얇은 여름옷감도, 겨울옷에 자주 사용되는 모직물도 피부에 부담을 줄 수 있다. 감각이 예민한 사람에게는 옷을 입었을 때 편안한지 여부가 무척이나 중요하다.

— 나는 옷을 입거나 구입할 때 항상 촉감 때문에 어려움을 겪는다.
가령 온갖 언어로 번역되어 여러 겹씩 붙어 있는 세탁 라벨은 늘

골칫거리다. 억지로 떼어내다가 솔기가 터진 적도 많고, 가위로 잘라내 봤자 문제는 더 심각해진다. 잔여물이 남지 않게 깨끗이 떼어내는 것은 아예 불가능할 때가 더 많다. 그렇다고 라벨을 그대로 두는 것은 생각조차 할 수 없다. 몸을 움직일 때는 물론이고 숨 쉴 때마다 라벨의 거친 가장자리가 피부를 긁어대기 때문이다. 가렵기도 하고 피부에 붉은 흔적도 남는다.

옷의 솔기도 내게는 적잖은 고민거리다. 꽉 끼는 옷이 피부에 남긴 솔기 자국은 몇 시간이 지나도 사라질 줄 모른다. 금속 단추, 특히 바지의 배 부분에 있는 단추도 성가시기는 매한가지고, 어린 시절에는 지퍼에 살짝 긁힌 자리가 며칠 동안 따끔거리기도 했다. 지퍼 대신 고무줄이 있는 바지를 입어도 눌리는 자리가 불편했다. 브래지어의 고리나 와이어 때문에 등이나 갈비뼈 쪽이 아픈 적도 한두 번이 아니었다. 브래지어 위에 꽉 끼는 옷을 입거나 오랫동안 앉아 있으면 심지어 골막염이 생기기도 한다. 그래서 나는 넉넉한 디자인의 옷을 주로 입는다. 친구들이 즐겨 입는 몸매가 강조된 옷은 거의 갖고 있지도 않다.

앞서 열거한 '자잘한' 요소들 외에 특정한 원단도 피해야 한다. 비스코스(viscose)조차도 내게는 충분히 부드럽지 못하다. 쉬폰(chiffon)으로 만든 옷은 입는 즉시 땀이 나서 살갗에 사포가 와 닿는 것처럼 느껴진다. 합성섬유는 말할 것도 없다. 나는 오로지 순면 옷만 입을 수 있다. 옷을 사러 가면 가장 먼저 라벨을 보고 재질부터 확인한다. 아크릴(acryl)이나 폴리아미드(polyamide)는 내 몸이 견뎌내지 못한다. 이제는 옷을 한 번 흘깃 쳐다보는 것만으로도 입을 만한 옷인지 아닌지 판단할 수 있는 경지에 이르렀다. 허리띠, 금속 장식, 이음매, 불필요한 지퍼나 보석 장식이 달린 옷이라면 사절이다.

이렇다 보니 유행에 맞는 멋진 옷차림은 꿈도 꿀 수 없다. 그저 내 주머니 사정과 피부가 감당할 수 있고 내 몸에 스트레스를 유발하지 않는 옷을 찾아 헤맬 뿐이다. 언젠가 고도로 민감한 사람을 위해 편하고도 멋진 옷을 제작하는 현명한 의류 디자이너가 나타나기를 바랄 뿐이다.

— 소피(Sophie), 26세

고도로 민감한 사람들 중 다수가 이와 같은 고충을 호소한다. 이들은 자잘한 요소에서 강한 스트레스를 받는다. 심지어 체모를 제때 밀지 않아 뾰족뾰족 자라난 짧은 털이 옷감을 스치는 것도 견딜 수 없는 자극이다. 다리 전체가 따끔거릴 정도다. 다른 자극으로 주의를 돌릴 수 없는 사람에게는 이것이 어마어마한 고통일 수 있다.

그러면 의복 문제를 해결할 방법은 무엇인가? 나는 그저 각자에게 필요한 조건을 충족시키라고 조언하고 싶다. 최신 유행하는 옷이 당신에겐 불편하다면 굳이 유행을 따를 필요가 없다. 그보다는 즐겨 입는 옷을 잘 관리하고 편안한 옷은 색깔별, 무늬별로 여러 벌을 구입해두는 편이 좋다. 고도로 민감한 사람은 모든 옷을 무난히 소화할 수 없음을 항상 염두에 두어야 한다.

위기 상황에 침착하게 대처하는 능력

일상적인 자극에서 정신적 부담과 스트레스를 받을 정도라면, 위기 상황이 닥쳤을 때 고도로 민감한 사람에게는 어떤 일이 일어날까? 의외로 많은 이들이 예상하는 것과는 정반대다.

민감한 사람은 대부분 위기가 닥치면 늘 그랬다는 듯 침착하게 대응한다.

민감한 사람은 이때 평정을 유지하는 것처럼 보이지만 이들의 섬세한 지각력과 감각과 뇌는 출력을 최대치로 끌어올리는 중이다. 사고가 발생하면 침착하게 응급조치를 하고 주위 사람들에게 구급차를 부르게 한다. 갑작스러운 홍수로 집 안이 물에 차면 번개같이 반응해 가장 먼저 전기를 차단한다. 이처럼 예측하는 행동은 민감한 사람이 타고난 재능이다. 직장에서도 마찬가지다. 위기가 발생했을 때 이들은 상황을 꿰뚫으며 적절한 방법으로 대처해 동료들을 놀라게 한다. 민감한 사람의 섬세한 안테나에는 애초부터 예측하는 기능이 장착되어 있으며, 뇌에서는 중요한 정보들이 자동적으로 결합되어 단시간 내에 일종의 긴급 구호 계획을 만들어낸다. 그 사례로 뜻밖의 폭설로 인해 딸과 함께 베네치아의 공항에 발이 묶였던 한 민감한 여성의 일화를 소개한다.

— 막 18세가 된 딸과 함께 며칠간 멋진 베네치아 여행을 끝내고 귀가하는 길에 나는 뜻밖의 상황을 만났다. 모든 기반시설이 기상 악화로 별안간 작동을 멈춘 것이다. 여행의 느긋한 여운이 깨지고 우리는 위기에 봉착했다. 남편과 아들이 공항으로 마중을 나오기로 한 터라, 마지막 남은 현금도 면세점에서 소소한 선물을 사는 데 모두 써버린 뒤였다. 그치지 않고 내리던 비가 점점 폭설로 변하더니 항공편이 하나둘 연기되기 시작했다. 어느덧 날은 어두워지고 안내방송은 거의 알아들을 수도 없었다.

그때 나와 똑같이 열여덟 살짜리 딸과 여행을 마치고 비행기를 기다리던 한 여성을 만나게 되었다. 오늘 밤 뮌헨에 가기는 틀렸다고 생각한 우리는 머리를 맞대고 방법을 모색하기 시작했다. 이미 수하물을 부치고 출발 터미널에서 대기하는 중에 일어난 일이었다. 별안간 모든 항공편이 취소되었다는 소식과 함께 일대 혼란이 일었을 때, 우리는 이미 계획을 짜고 행동에 나선 뒤였다. 우리는 각각 필요한 정보를 얻을 안내데스크에 줄을 섰고, 딸들은 안내된 장소로 가서 짐을 찾아오게 했다.

나는 스마트폰을 갖고 있지 않았는데, 마침 옆에 함께 줄을 서 있던 우아한 부인이 이탈리아어를 할 줄 모른다며 전화로 호텔을 예약하는 법을 물어왔다. 나는 부인과 함께 공항 근처의 호텔을 알아본 뒤에 전화를 걸어 숙소를 예약했다.

공항뿐 아니라 베네치아 전체가 해수면 상승으로 긴급 상황에 빠져 있었다. 전기가 끊겨 콜택시도 부를 수 없었다. 어느덧 다섯

명으로 늘어난 우리 일행은 한참을 기다린 끝에 택시를 잡아탈 수 있었다. 한적한 시골길을 끝없이 돌아 호텔에 도착했을 때는 세상의 끝에 다다른 기분이었다. 호텔 건물은 칠흑 같은 어둠에 잠겨 있었다. 호텔 주인이 촛불 빛에 의지해 우리를 방으로 안내했다. 온몸이 얼어붙어 있던 딸과 나는 옷을 입은 채 침대에 누워 서로의 체온으로 몸을 녹이고는 몇 시간이나마 눈을 붙였다. 이튿날 아침에 보니 우리가 묵은 곳은 예쁜 시골 호텔이었고 맛있는 아침식사도 준비되어 있었다. 우리는 서둘러 식사를 마친 뒤 택시를 불러 타고 공항으로 되돌아가 일행과 헤어졌다.

또다시 여러 시간을 대기하고 비행기를 갈아탄 끝에 우리는 느지막한 저녁이 되어서야 집에 도착했다. 여행이 내가 상상했던 것과는 전혀 다른 방향으로 흘러갔지만, 뜻밖의 위기 상황에서도 나는 이처럼 수완을 발휘할 수 있었다. 낯선 사람들과 친해지는 능력, 일어날 상황을 정확히 예측하는 능력 덕분이었다. 내 자아의 일부분이 겁에 질려 아우성을 치고 있었던 데 반해, 내면의 목소리는 비행편이 하나둘 연기되기 시작했을 때 이미 주도권을 잡고 위기 대처 본능을 발휘하고 있었다. 그 순간부터 내게는 딸을 보호하는 일이 최우선 과제였다.

미처 찾아오지 못한 수하물은 사흘이 지난 뒤에야 집으로 배달되었다. 뜻밖의 숙박에 사용한 신용카드를 비롯해 필요한 다른 모든 물품은 만약의 경우에 대비해 구입해뒀던 '특수배낭'에 넣어 몸에 지니고 있었다. 뜻밖의 위기 상황에서 이는 요긴한 전략이 되었다.

— 마르티나 로젠베르거(Martina Rosenberger), 52세

긴급 상황에 처했을 때 민감한 사람은 듬직하게 가족을 지키는 보호자가 된다. 그러나 위기에 대처하는 고도의 능력을 갖추었다는 것은 자기 자신에게도 세심한 주의를 기울여야 함을 의미한다. 위기 상황이 지나간 뒤에는 충분한 시간을 두고 그 경험을 소화시켜야 한다.

이와 관련해 나는 어느 코치로부터 흥미로운 이야기를 들었다. 그의 의뢰인 중에는 사업상의 위기를 슬기롭게 극복한 일을 계기로 위기 매니저로 각광받게 된 여성이 있었다. 그런데 지나치게 많은 위기 상황을 다루다 보니 이를 더 이상 소화할 수 없는 지경에 이르러 결국 예전의 직업으로 되돌아갔다고 한다. 민감한 사람이 이처럼 위기를 다루는 직업을 선택할 경우 장기적으로 지나친 정신적 부담에 짓눌릴 위험이 있다. 짬짬이 휴식을 취하고 특히 위기가 지나간 이후에는 반드시 그 경험을 소화할 시간을 가져야 한다.

미디어의 유해성을 가려내는 눈

현대인은 미디어의 홍수 속에서 살아간다. 우리는 날마다 밀려드는 뉴스 중 어떤 게 '진짜'고 어떤 게 '가짜'인지조차 구별할 수 없

게 되었다. 부정적인 내용은 뉴스가 가진 가장 강력한 요소들 중 하나인 것처럼 보인다. 다만 이것이 모든 사람들에게 영향을 미치는 것은 아니다. 가령 HSP는 부정적인 내용과 마주치면 이를 거부하고 스스로를 차단시킨다. 텔레비전을 꺼버리는가 하면, 자신이 현재 접하고 있는 미디어가 어떤 것인지 면밀히 살펴보는 사람도 있다. 민감한 사람은 또한 자신에게 유익하거나 해로운 것을 매우 정확히 가려낸다. 여기에 구체적인 사례를 하나 소개하겠다.

──── 나는 텔레비전 없이 사는 사람은 주변에서 나 혼자뿐이라고 생각했다. 그러나 최근에는 자신이 무엇을 보고 어떤 정보를 얻고자 하는지 의식적으로 선택하는 사람이 늘어나는 추세다. 이를 가능하게 만든 것은 바로 인터넷과 소셜미디어다. 이는 내게도 매우 유익하다. 나는 언제 어떤 정보를 얻을 것인가, 내 삶에 어느 정도까지의 부정성을 허락할 것인가를 스스로 결정한다. 전 배우자와 헤어지면서 그곳에 케이블 텔레비전을 두고 이사 나와 일주일을 텔레비전 없이 지낸 것이 그 계기였다. 어차피 관심도 없었다. 미디어에 의해 사고와 감정을 조종당하고 싶지 않았기 때문이다. 이때부터 실험이 시작되었다. 나는 약 1년 동안 텔레비전 없이 지냈고, 당연히 뉴스도 보지 않았다. 간간이 신문이나 인터넷의 기사를 읽은 것이 전부였다. 나중에는 그마저도 크게 줄었다. 그러자 자유와 함께 변화가 찾아왔다. 시사 상식을 중시하는 집안에서 자란 탓에 예전에는 저녁마다 채널을 이리저리 돌려가며

모든 방송국의 뉴스를 시청했는데, 그러면서 자연히 온갖 부정적인 소식을 듣게 되었다. 이후에는 한동안 저녁 드라마에 심취했다. 나 자신의 문제들을 들여다보거나 느끼는 대신 미디어가 만들어낸 타인의 삶에 집중하며 시간을 보냈던 것이다.

그렇다고 내가 '미디어' 자체를 부정적으로 보는 것은 아니다. 심지어 나는 미디어 및 커뮤니케이션과 관련된 전공으로 학위를 두 개나 받은 사람이다. 미디어를 통해 정치적 · 경제적 기본소양을 다질 수 있었던 것도 감사하게 여긴다. 다만 수많은 사람들이 미디어의 세계가 현실을 그대로 반영한다고 믿는 점에 우려가 들 뿐이다. 미디어를 끊음으로써 나는 나 자신과 내 삶에 집중할 수 있게 되었다. 소화해야 할 자극과 (부정적) 정보의 양이 크게 줄어든 덕분이었다. 대신에 긍정적이고 유익한 사고와 감정에 필요한 에너지를 더 많이 얻게 되었다.

그렇게 1년이 흐른 뒤, '바깥세상'에 어떤 일이 벌어지고 있는지 궁금해진 나는 다시금 틈틈이 뉴스를 보고 기사도 꼼꼼히 읽기 시작했다. 공백기 끝에 첫 뉴스를 시청하던 때의 묘한 기분은 아직도 잊히지 않는다. 마치 다른 세계에 들어앉은 채 과거에 익히 알고 있던 현실을 들여다보는 기분이었다. 그러나 이를 보는 시야는 한층 넓어져 있었다. 더 많은 의문을 품고 비판적인 시각을 취하며 거리를 둘 수도 있었다.

몇 주 뒤에는 내가 주위 사람들과 잡담을 나누는 데 유용한 주제를 본능적으로 선별해낼 수 있게 되었음을 깨달았다. 사회의 일원이 되려면 최소한 사람들과 그에 관해 대화를 나눌 수는 있어야 하지 않겠는가. 그런데 이내 남들이 하는 말에 의문을 품고 캐묻는 사람이 극소수에 불과하다는 사실이 어렴풋이 느껴졌다. 사람은 기본적으로 특정한 관점을 갖고 선택적 인지를 하는 존재다. 그런데 '미디어'는 늘 존재하지도 않는 객관성을 추구한다. 세상은 여전히 누구는 옳고 누구는 그르다는 독단이 지배한다. 이것이 과연 우리 사회를 치유하고 환경을 보존하는 데 적합한 원칙인가?

― 빅토리아(Viktoria), 37세

미디어 사용에 있어 각자에게 맞는 적정선을 찾고자 한다면 먼저 텔레비전과 소셜미디어가 자신의 삶에서 어떤 가치를 갖는지 자각해야 한다. 무엇이 유익하며 무엇이 그렇지 못한가? 미디어 소비를 줄인다는 것은 우리가 사는 세계의 '현실'을 외면한다는 뜻이 아니다. 이는 개인적 결정에 관한 문제다. 당신이 접하는 모든 것이 당신의 감정, 사고, 행동, 나아가 개인적인 현실에까지 영향을 미친다는 사실을 분명히 자각하라. 그리고 어떤 것에 초점을 맞출 것인지 스스로 결정하라.

나에겐 너무나 완벽한 여행

지루한 일상에서 벗어나 여행을 떠나는 일은 많은 이들에게 특별한 경험이다. 휴가지에서 느긋하게 독서를 하거나 산과 바다를 찾아 사랑하는 사람과 시간을 보내는 일을 좋아하지 않는 사람은 아마도 거의 없을 것이다. 돌발 상황 없이 화창한 날씨와 여유로움만 있는 여행이라면 더 바랄 것이 없다. 그러나 세상에 완벽한 게 어디에 있으랴.

민감한 사람들에게는 휴가가 반드시 휴식을 의미하지는 않는다. 휴가를 떠나기 전에도 마찬가지다.

민감한 사람은 일단 휴가를 떠나기로 결심하면 면밀히 계획부터 세운다. 먼저 취향과 위치, 가격 등을 고려해 신중하게 목적지를 물색한다. 한 번 다녀온 장소가 마음에 들 경우 몇 번이고 그곳을 다시 찾는 사람도 있다. 체크리스트를 보물처럼 여기며, 짐을 싸는 일에도 매우 철저하다. 모험심이 발동하면 특이한 장소 또는 새로운 목적지를 찾아내고 한층 더 의욕적으로 심취한다. 매우 민감한 가족이 여행 짐을 싸는 광경이 제삼자의 눈에는 무척이나 우습게 느껴질지도 모른다. 내 가족도 예외는 아니다. 휴가를 떠난다는 사람들이 어째서 느긋하지 못하고 바짝 긴장해 있는 것인지 의아해할 사람도 있을 것이다. 고도로 민감한 사람이 휴가를 즐길 수 있으려면 특정한 전제조건이 필요하다.

—— 6년 전, 고도로 민감한 기질에 관해 알게 되었을 때는 무척이나

홀가분한 기분이었다. 그리고 의식적으로 내 기질에 대처할 수 있게 되었다. 나는 결혼한 뒤 5년 터울로 두 아이를 두었으며, 별로 민감하지 않은 성격의 남편과 함께 금을 세공하는 자영업을 하고 있다. 일 년 내내 가게에서 수많은 사람들을 응대하기 때문에 우리는 여가시간만큼은 가족끼리 조용히 보내는 편을 선호한다. 그래서 수년 동안 숲속 별장을 찾아가 휴가를 보냈다. 이미 잘 알고 있는 지역으로 다녀온 것만도 여러 번이다. 주변의 기반시설이나 상점과 수영장의 위치, 날씨가 나쁜 경우 찾아갈 만한 곳을 훤히 꿰뚫고 있기 때문이다.

내가 아주 민감하다는 사실을 알기 전부터 나는 모든 일에서 질서 있는 체계와 명확한 구조를 중시했다. 휴가를 떠날 때는 적절한 짐의 양과 체크리스트를 정해두고, 여행이 끝나면 경험과 그때그때의 상황에 맞추어 이를 수정했다. 짐 싸는 일은 무척이나 까다롭지만 덕분에 여유로운 휴가를 보내는 데 필요한 물건들도 완벽히 구비되어 있다.

2년 전에는 딸아이의 열여덟 번째 생일을 맞아 베네치아에 다녀왔다. 25년 전에 이미 가본 곳이었지만 카니발 시즌에 맞추어 한 번 더 다녀오고 싶었다. 그래서 호텔과 항공편을 알아보고 지도가 포함된 여행 안내서를 준비한 뒤, 마지막으로 우리가 묵을 호텔을 확정했다. 호텔은 중심가를 피해 지나치게 비싸거나 소음이 심하지 않으면서도 바포레토(Vaporetto) 선착장까지 걸어갈 수 있는 곳으로 정했다.

공항에 가면 늘 가방 때문에 큰 스트레스를 받는 성격이라 여행 전에 내부 수납공간이 충분한 휴대용 배낭을 하나 마련했다. 여행 서류는 물론이고 카메라, 현금, 열쇠, 휴대폰 등을 개별적으로 보관할 수 있는 구조의 배낭이라 허둥지둥 가방을 뒤적이며 물건을 찾지 않고 무엇이든 즉각 꺼낼 수 있었다. 우리는 온라인 탑승수속까지 해놓고도 일찌감치 공항에 도착했다. 중간에 무슨 일이 벌어질지 누가 아는가. 차라리 조금 오래 기다리는 편이 마음 편했다(기다리는 동안 주변 소음을 차단하기 위한 MP3플레이어와 이어폰도 필수다). 나만큼이나 민감한 딸아이는 내 긴장감을 감지하기는 했지만 그만큼 철저한 계획에 마음이 놓인 모양이었다.

베네치아의 호텔 방에 들어선 순간부터 '본격적인' 휴가가 시작되었다. 예약해둔 것을 현지에서 모두 확인한 뒤에야 나는 마음이 놓였다. 시내 지리를 미리 숙지해두고 관광지도도 언제든 꺼내볼 수 있게 준비해둔 덕분에 우리는 어디든 헤매지 않고 갈 수 있었다. 시내 관광을 하는 동안 눈에 띈 레스토랑도 나중을 위해 지도에 표시를 해두었다.

박물관이나 성당, 바포레토 선착장에서는 늘 우리가 도착한 지 5분쯤 지나고 나면 사람들이 갑자기 몰려들었다. 이 역시 혼잡한 틈에 섞이지 않기 위해 시간 계산을 잘 해둔 덕분이었다. 내 예리한 시간감각이 이때 진가를 발휘했다. 저녁에는 호텔에서 지친 다리를 주무르며 미리 주문해둔 피자를 먹고는 오디오북을 틀어놓고 잠자리에 누웠다.

귀가한 뒤에는 여행지에서의 수많은 체험으로 인해 녹초가 되어 있었다. 그러나 철저한 계획은 우리로 하여금 신비한 의상과 가면들로 가득한 도시의 축제를 마음껏 즐기고 좋은 추억을 남길 수 있게 해주었다.

— 마르티나 로젠베르거, 52세

고도의 인지능력을 지닌 사람에게는 여행과 휴가가 특히 강렬한 체험이 된다. 자신이 민감하다는 사실을 알고 나면 즐거운 휴가를 보내는 데 남다른 조건이 필요하다는 사실도 자각할 수 있다. 유난히 꼼꼼하고 철저한 것이 비정상은 아니다. 다른 사람들이 좋다고 생각하는 것을 덩달아 좋다고 생각할 필요도 없다. 똑같은 장소로 여러 번씩 여행을 간다고 당신이 고루한 사람인 것도 아니다. 민감한 가족에게는 오히려 이렇게 하는 편이 훨씬 나을 수도 있다. 나중에 그 장소에 싫증이 나거나 아이들이 크고 나면 새로운 곳을 탐색하고자 하는 욕구는 어차피 저절로 생겨난다. 또한 직감을 타고난 사람은 어떤 이유로든 새로운 휴가지를 물색하는 편이 나을 경우 여행 준비 과정에서 이를 감지하는 경우도 있다. 그때는 이미 결정한 것이라도 과감히 포기하고 직감에 따르는 것이 좋다.

— 신혼여행 계획을 세울 때였다. 나는 베네치아의 '예술적인' 빛을 만끽하며 달콤한 허니문을 즐기고 싶었다. 그런데 하나에서 열까지 계획에 차질이 빚어졌다. 먼저 여행기간 중 하루는 이미 호텔

예약이 꽉 차 있었고 항공권 가격은 알아볼 때마다 달라졌다. 따지고 보면 사소한 문제들이었지만, 나와 남편은 어떻게 하는 편이 현명할지 머리를 맞대고 고민했다. 마침내 그가 제안했다. "이번에는 다른 곳을 여행하고 베네치아는 나중에 가는 게 어때?" 물론 아쉬운 일이었지만 나도 그렇게 하는 게 전적으로 옳다는 직감이 들었다. 그러자 더할 나위 없이 마음이 가벼웠다.

그보다 몇 년 앞서 오크니 제도(Orkney Islands)를 여행하면서 우리는 즉흥적으로 셰틀랜드 제도(Shetland Islands)를 방문한 적이 있다. 결정을 내리자마자 인터넷 검색을 하고 호텔과 렌터카를 알아봤는데, 그때는 모든 게 순조로웠다. 우리의 일정에 맞게 빈방이 하나 남아 있었고, 예약할 때 꼭 필요한 신용카드가 없었음에도 호텔 측에서는 기꺼이 양해해주었다. 렌터카도 이메일로 간단히 예약할 수 있었다. 여행은 너무나 즐거웠고 호텔은 셰틀랜드 제도를 통틀어 가장 멋진 곳이었다. 아침과 저녁에는 호텔 앞의 만에서 한가로이 노니는 물개와 수달들을 보며 식사를 즐길 수도 있었다.

― 텔케, 32세

쇼핑을 싫어하는 여자

슈퍼마켓, 할인점, 의류 상점을 막론하고 모든 상점의 공통점은 자극이 넘쳐난다는 점이다. 사람들이 나누는 대화와 감정에까지 색깔, 형태, 냄새가 뒤섞여 있다. 이에 더해 상점에 흐르는 배경음악과 안내방송, 아이들이 조르는 소리 등 온갖 소음의 칵테일에 주의를 빼앗기다 보면 살 것을 적은 종이쪽지를 잃어버리기도 한다. 작은 종이쪽지 한 장은 때로 무엇과도 비교할 수 없는 가치를 지닌다. 우리의 욕구와 물질적 필요 사이에 균형을 맞추게 해주기 때문이다. 많은 사람들에게 소비는 감정적 대리만족의 수단이다. 어디든 파격할인 소식이 있는 곳에는 즉각 군중이 구름처럼 몰려든다. 마치 이런 소비 행태가 (적어도 단기적으로는) 그들의 행복감을 충족시켜주는 것으로 보인다. 그러나 고도로 민감한 사람은 다르다. 가까운 사람과 그저 '가벼운 마음으로' 쇼핑에 나섰을 때 민감한 이에게 어떤 일이 벌어질 수 있는지 다음 이야기를 통해 확인해보자.

— 쇼핑은 (거의) 모든 여성들이 좋아하는 일일 것이다. 다만 나는 언니나 엄마, 친구들 없이 혼자서 쇼핑하는 것을 선호한다. 넘쳐나는 상품들을 '스캔'하며 마음에 드는 것을 찾고 옷더미를 뒤적이며 맞는 사이즈를 찾는 동시에 누군가와 여유롭게 대화를 나눈다는 게 내게는 불가능하다. 쇼핑할 때 나는 다른 일을 할 때와 마찬가지로 집중력을 발휘해야 한다. 그저 기분전환을 위한 쇼핑이든, 특별히 필요한 물품을 구입할 때든 마찬가지다. 상품을 눈으로 훑는 중에도 다른 사람들의 대화나 신경에 거슬리는 배경음악을 모두 인지할 뿐 아니라, 모든 물건들을 샅샅이 살펴보지 않으

면 뭔가를 놓칠지도 모른다는 강박관념에도 시달린다.

한번은 대형 할인점에서 끔찍한 경험을 했다. 옷과 신발들을 저렴한 가격에 판매하는 창고형 매장은 냉방시설조차 되어 있지 않았음에도 발 디딜 틈 없이 북적였다. 모처럼 아이들 없이 오후시간을 보내게 되어 친구를 따라 쇼핑에 나선 게 큰 실수였다. 우리는 사람들 틈에 섞여 진열대와 옷걸이 사이를 이리저리 밀려다녔다. 오감을 통해 주입되는 온갖 인상을 떨쳐버리려 노력했지만 허사였다. 본능적으로 사람들을 일일이 훑어보는 습관이 있는 데다, 맞는 사이즈를 찾아 제대로 정리되지도 않은 진열대까지 뒤적이느라 신경이 곤두섰다. 처음에는 친구와 잡담을 나눌 수 있었지만 얼마 못 가 그마저도 불가능해졌다. 집에 가고 싶을 뿐이었다. 공기는 텁텁하고 뜨거웠다. 판매원들은 도대체 어떻게 이런 곳에서 온종일 버티는 것인지 의문이었다. 신발과 가죽제품 매장에서는 가죽 냄새가 진동을 했다. 의류매장이 있는 위층으로 올라가자 이번에는 방부제 냄새와 땀내가 코를 찔렀다.

1층 식당가에서 위층까지 풍겨 올라오는 음식 냄새는 그중에서도 최악이었다. 냄새를 맡자 별안간 허기와 갈증이 밀려왔다. 허기를 잘 참지 못하는 터라 평소에 사과나 초콜릿 바를 늘 가지고 다녔는데 하필 이날은 간식도 깜빡했다. 공황 상태에 빠진 나는 탈의실 앞에 줄을 서서 차례를 기다리며 마음을 진정시키려 애썼다. 마침내 내 차례가 왔다. 잠깐 앉아서 쉴 작정이었으나 좁은 탈의실 안에는 간이의자 하나 놓여 있지 않았다. 입어본 옷 중에서는 그나마 몇 벌이 마음에 들었는데, 계산을 하려 하자 계산대 줄이 끝도 없이 늘어서 있었다. 기다리는 사람들은 하나같이 쇼핑이 즐거운 듯 느긋한 표정이었다. 나는 두 번 다시 친구와 쇼핑하러 가지 않기로 마음먹었다. 친구는 즐거웠는지 몰라도 나는 전혀 아니었다.

예전부터 내 시각이 남달리 예민하다고 느끼고 있었다. 사진기억력을 가진 사람들처럼 내게는 모든 시각인상이 빠른 속도로 저장된다. 그러나 북적이는 장소에서는 주위의 모든 것을 강제로 인지하는 것이 고역이라서 시각인상을 걸러주는 필터가 있으면 좋겠다고 늘 생각했다. 계산대 앞에서 거북한 느낌이 드는 게 혹시 공황장애 초기 증상이 아닌지 고민한 적도 있다. 뒤늦게야 우리 가족 모두가 고도로 민감하다는 사실을 알게 되었다. 그러니 우리 집에 쇼핑을 좋아하는 사람이 없는 것도 놀랍지는 않은 일이다.

- 슈테피(Steffi), 36세

값싸고 다양한 상품이 넘쳐나고 허기를 채워줄 식당까지 있는 쇼핑센터는 어떤 사람들에게는 천국과도 같다. 그러나 슈테피에게는 예외였다. 넘치는 인파, 지나치게 많은 상품들, 온갖 냄새, 비좁은 공간, 텁텁한 공기, 자기 자신에게 거는 높은 기대치, 친구를 실망시킬지 모른다는 두려움, (아마도 스트레스로 인해 유발되었을) 갑작스러운 허기, 상황을 긍정적으로 받아들이려는 노력의 실패. 보통사람은 이 모든 것을 이해하기 힘들 것이다. 그러나 고도로 민감한 사람에게는 별로 낯설지 않은 일이다. 쇼핑처럼 꼭 필요한 일을 보다 여유롭게 즐기기 위해서는 자극을 최대한 줄이는 것이 절대적으로 중요하다. 한산한 시간대를 이용해 규모가 작은 상점에서 쇼핑하는 것도 한 방법이다.

• 07 •

남들은 경험하지 못하는
신비한 세계

계몽주의에서 과학의 발달에 이르기까지 지난 300년 역사의 중심
에는 이성이 있었다. 그러나 세상에는 우리가 아직 알지 못하는 것
이 수없이 많다. 인간의 이해력으로는 설명할 수 없는 체험과 현상
들도 이에 포함된다. 우리는 끊임없이 의문을 품는다. 기적은 어떻
게 일어나는가? 우주만물을 지배하는 듯한 힘의 정체는 무엇인
가? 무엇이 삼라만상을 움직이는가? 우주의 섬세한 균형을 만들
어내는 것은 무엇인가? 남녀가 결합될 때는 우리 몸 안의 모든 것
이 기적을 일으킬 수도 있다. 자연치유와 사후체험은 또 어떤가.
심장이 정지했다가 심폐소생술로 살아난 사람들은 신체가 '위기'
를 겪는 동안 의식이 또렷했다고 이야기한다. 최근에는 이 현상에
대한 연구도 활발히 이뤄지고 있다.

오래 전부터 인간은 이성만으로는 파악되지 않으며 오감을 초월하는 현상의 정체를 알아내려 노력해왔다. 그러나 이성이 지배하는 교육은 많은 사람들로 하여금 신비하고 초감각적인 모든 것을 객관화하거나 피하거나 부정하게 만든다. 어쩌다 이런 세계를 접하는 사람은 이성적으로 설명되지 않는 현상에 두려움을 느끼고 이를 그저 무시하거나 우연으로 치부한다. '우연'이라는 단어에는 삶의 소소한 기적들에 깃든 마법의 힘을 앗아가고 일상적인 것에서 에너지를 얻는 능력까지 차단시키는 힘이 있다.

고도의 직관과 특별한 제6감을 타고난 민감한 사람들은 어릴 때부터 어른을 당황시키는 질문을 자주 던진다. 섬세한 지각력의 소유자는 끊임없이 '의미'에 대해 질문을 던지며 신앙을 총체적으로 바라보기 때문이다. 나아가 영적인 체험을 가능한 것으로 여기고 스스로도 이를 경험하며, 누가 유도하지 않아도 자연히 '가치관'이라는 주제에 심취한다. 이는 좋은 현상이다. 영적인 측면을 삶에 통합시키고 지극히 당연한 인간 본성의 한 부분으로 바라보는 것은 우리 자신에게도 유익하다. 결코 민감한 사람에게 선견지명이나 성스러운 무언가가 있다고 주장하려는 것이 아니다. 여기서 중요한 것은 굳은 믿음, 강한 가치관과 굳건한 영성이다.

신앙, 언제든 의지해도 좋은 곳

지구상에는 종교 광신주의와 테러는 물론, 영토, 세계관, 권리, 자원, 질서, 안녕 및 온갖 것을 쟁취하거나 수호하려는 정치적 투쟁이 넘쳐난다. 그럼에도 많은 사람들은 다양한 종교를 평화적으로 유지하며 공존하고 있다.

어떤 종교가 옳은 것인가는 중요하지 않다. 그보다는 모든 종교에 소속된 모든 사람이 평화로운 공존에 대한 책임감을 갖는 것이 중요하다.

신앙의 핵심을 간파한 사람은 종교의 목적이 인간과 다른 모든 피조물에 대한 사랑임을 잘 알고 있다. 오랜 경전의 가르침이 악용되는 사례도 많지만, 모든 종교는 기본적으로 모든 인간이 서로를 귀하게 여기며 공존하는 데 필요한 나름의 가치체계를 갖추고 있다. 종교에서 가장 중요한 요소는 보다 큰 전체에 대한 믿음, 신의 존재에 대한 자각, 기도의 힘이다. 박애와 용서는 말할 것도 없다.

— 나는 7년간의 명예 장로직을 통해 개인적 발전을 이루고 타고난 민감성을 계발할 수 있었다. 신앙을 매우 중시했던 나는 교회 일에 적극적으로 참여하고 성경을 깊이 있게 탐독하며 그 안에서 나 자신의 삶을 재발견했다. 물론 오래 전에 쓰인 경전 속 이야기가

현대의 삶에 언제나 들어맞는 것은 아니지만, 박애와 같은 계율은 내게 불변의 원칙이다. 이 계율로 인해 나는 타인에 대한 존중과 존경심을 항상 중히 여기고 실천할 수 있다.

이 '황금률'에 관한 설교를 듣고 난 뒤로 나는 이것을 의식적으로 내 사고와 행동에 반영시키도록 노력한다. 이 계율은 기독교뿐 아니라 다른 종교 또는 공동체에도 유사한 형태로 존재한다. '내가 원치 않는 일은 다른 이에게도 행하지 말라', 역으로 '내가 대접받고 싶은 대로 상대방을 대하라'라는 말도 있다. 물론 이것을 실천하는 데는 오랜 훈련이 필요하다. 당장 눈에 띄는 성과를 얻기는 어렵겠지만 꾸준히 실천하다 보면 내면에 점점 평화가 깃드는 것을 느낄 수 있다. 나아가 주위에도 긍정적인 영향력이 미치게 된다.

내게 신앙과 교회는 특히 위기를 겪는 시기에 의지할 곳과 희망을 준다. 이제 장로직을 맡고 있지 않지만 나는 여전히 예배에 참석하며, 고민이 있을 때는 교회 특유의 분위기 속에서 조용히 생각에 잠기기도 한다. 이렇게 신을 영접한 뒤에는 한결 홀가분한 마음으로 일상에서 겪는 어려움에 대처할 수 있게 된다. 당면한 문제가 자연스레 해결되는 경우도 드물지 않다. 그러나 이런 단계에 이르기까지는 적지 않은 인내심을 발휘해야 했다.

— 크리스티아네 로비츠(Christiane Lobitz), 57세

고도로 민감한 사람에게는 사랑, 존중, 조화로운 공존, 용서 등이

매우 중요한 존재론적 화두다. 신앙이 이들에게 의지할 곳이 되어주고 삶의 의문에 대한 해답을 주며, 동반자 역할을 하고 성취감을 심어주는 것도 놀랍지 않다. 다만 그러기 위해서는 학교나 사회, 과학의 영향으로 각인된 이성적 관념에도 불구하고 신앙을 받아들일 수 있어야 한다는 점이 전제된다. 만들어진 지 오래된 경전과 종교기관의 기본 구상안 등 많은 부분은 오늘날 구시대적으로 느껴지기도 한다. 또한 다양한 종교 간의 불화 및 차이를 목도하다 보면 인간이 얼마나 서로 다를 수 있는지 절감하게 된다. 그러나 종교를 보다 깊이 고찰하다 보면, 수많은 모순과 반목에도 불구하고 평화로운 공존을 되찾기 위한 해결책이 존재한다는 믿음과 희망을 인간이 태곳적부터 품어왔음을 알 수 있다. 신앙생활에서 무엇보다 중요한 것은 우리가 혹독한 현실에 처했을 때 커다란 의미가 되어주는 섬세하고도 강인한 가치관이다.

신의 이름을 빌리지 않은 영성

우리 사회에서 '신앙'과 '영성'이라는 개념의 수용에는 여전히 커다란 간극이 존재한다. 가령 서구인들 중 다수는 아직도 기독교 전통에서 비롯된 신앙만을 '정상적인' 것으로 간주한다. 대개는 이것이 양육 과정의 한 구성요소였던 까닭에서다. 기도를 올리고 신의 존재를 느끼며 예수 그리스도와 대화를 나눈다고 하면 사람들은 이를 긍정적으로 보고 기꺼이 인정해준다. 신은 기독교의 가치관 및 그것을 실천하는 삶과 동일시되었다. 물리적으로 신의 존재를 확인할 수 없음에도 전 세계 수억 명의 사람들은 그의 존재에 의문을 품지 않는다.

그러면 개개인이 자연적으로 타고난 영성은 우리 사회에서 어떻게 받아들여질까? 자연과의 원초적 연결고리를 잃지 않고 고도의 민감성과 지각력에서 비롯된 '정신적 통찰력'까지 갖춘 사람을 마주하면 사람들은 어떤 반응을 보이는가? 영적인 사람은 '에너지와 존재'를 타인들에 비해 명료하게 감지하며 자신의 인지능력을 신뢰한다. 그런데 이런 능력을 가진 사람은 흔히 편견 어린 시선을 받기 마련이다. 유년기에는 "네가 착각하는 거야" 혹은 "별 해괴한 소릴 다 듣네" 같은 말을 듣기 일쑤고, 성인이 된 후에는 '괴짜'라든지 '사이비'라는 비웃음을 받는다.

그러나 신앙을 통해 인지하는 것과 타고난 지각력을 통해 인지하는 것 사이에 무슨 차이가 있단 말인가? 어째서 전자가 하는 말은 신에 대한 외경심으로 받아들여지고 후자의 말은 대수롭지 않게 치부되거나 비웃음을 사는가? '신적인' 세계를 굳이 종교의 이름으로 정의하지 않는 이들을 차별하는 것이 부당하지 않은가? 이들은 관습적인 종교에는 따르지 않을지언정 영적인 세계를 보다 총체적으로 체험하며 스스로 높은 가치관을 형성하고 그에 따라 도덕적인 삶을 살아간다.

━━ 학창시절 나는 따돌림을 받는 외톨이였으며 이로 인해 늘 위축되어 있었다. 누구도 나를 이해해주지 않는다고 느꼈다. 동급생들은 내가 잘난 체한다고 여기고 나를 싫어했다. 대부분의 학과목에도 적응할 수 없었다. 정말 중요한 것은 빼둔 채 수박 겉핥기식으로 수업이 이루어진다는 느낌 때문이었다.

나는 타인들이 속으로 느끼기는 하되 입 밖에 내지 않은 것을 인지할 수 있었다. 어째서 그런 것이 포착되는지는 스스로도 의문이었다. 그저 내가 남들과 다르다는 생각에 일단 다수에게 맞추기 위해 안간힘을 썼다. 내가 인지하는 것은 어릴 때부터 늘 들어온 말대로 착각이거나 상상력의 산물일 뿐이라고 끊임없이 주문을 외웠다. 이처럼 스스로를 부정한 결과 학교생활과 사생활 모두에서 문제가 생겼다. 적어도 고학년이 되어 희랍어와 철학, 고고학 수업을 듣기 전까지는 그랬다. 이 세 과목에서 나는 뛰어난 성적으로 교사들을 놀라게 했다(이전까지는 모두들 내가 인문계 고등학교를 졸업할 수 없을 거라고 여겼다). 그동안 내가 부족하다고 느낀 것, 다시 말해 피부로 느껴지는 심오함을 이 세 과목에서 발견한 덕분이었다.

만 14세 무렵에는 '마법'의 세계에 첫 발을 들여놓고 그와 관련된 모든 것을 접하게 되었다. 마술과 카드점, 다우징(dowsing, 진자를 이용해 수맥 등을 찾아내는 기술−역주), 기(氣)를 다루는 법, 최면술 등도 배웠다. 본능적으로 원리를 알고 있는 경우도 많았다. 한번은 지인에게 재미로 카드점을 쳐주었는데 결과가 놀라우리만큼 정확했다. 내가 얼마나 특별한 인지능력을 지녔는지 깨닫고 불현듯 두려움에 사로잡힌 나는 즉시 카드점을 그만두었다.

이후 한동안 영적인 세계를 멀리했지만, 다른 한편으로 여전히 보편적인 진리를 찾아 헤맸다. 그것이 아주 가까운 곳에 존재한다는 사실을 온몸으로 느꼈기 때문이다. 그 해답은 20대 후반이 되어 어떤 개인적 사건을 겪고는 이제부터 '진짜 내 삶'을 살아가기로 결심한 뒤에야 찾을 수 있었다. 나는 새로이 방향을 잡고 영적인 분야의 학문적 지식을 탐구하기 시작했다. 세계 각지의 스승을 찾아 가르침을 받기도 했다. 그리고 뉴질랜드 원주민인 마오리(Maori) 족에게서 드디어 내 영적인 뿌리를 찾을 수 있었다. 어린 시절부터 품어온 수많은 꿈과 의문에 대한 결정적인 해답을 서른네 살이 돼서야 찾은 것이다.

지금은 내가 지극히 정상적인 인간임을 자각하며 내가 찾은 진리를 실천하고, 보편적으로 영성이라 불리는 것을 보다 견고히 삶에 통합시키려 노력한다. 그 효과는 매번 나를 놀라게 만든다. 지금은 이런 능력을 활용해 타인들도 돕고 있다. 내게 제6감은 지극히 자연스러운 존재다. 나와 같은 사람들에게는 두 가지 선택지가 주어지는데, 하나는 영적인 인지능력을 받아들이고 이를 조절하는 법을 배우는 것, 다른 하나는 그로 인해 고뇌하며 외톨이로 삶을 보내는 것이다. 물론 우리 문화에서 앞으로 이 문제가 어떻게 받아들여질 것인가도 문제다. 다행히 지금은 서구에서도 인식의 변화가 일어나는 중이다.

어떤 사람이 20년에 걸쳐 얻는 지혜를 또 다른 누군가는 불과 며칠 만에 얻을 수도 있다. 중요한 것은 시간이 아니라 자신의 내면으로 가는 길을 찾고 자기 존재의 고유함을 느낄 수 있는가이다. 영성은 학습을 통해서가 아니라 자연과의 연결고리와 근원적인 믿음을 되찾음으로써 얻어진다. 이 과정에 종교적인 무언가가 필요한 것도 아니다. 그저 자신의 내면을 느끼면 된다. 오늘날 나는 나 자신과 깊은 연결고리를 맺고 있으며, 남다른 인지능력도 이제 내게는 특별할 것 없는 삶의 일부분일 뿐이다.

― 울프(Ulf), 36세

'영성은 내면에서 샘솟는 진리다.' 만하임(Mannheim)의 생물의학 기술연구소 소장이자 생물리학자, 레이저 의학 · 환자 모니터링 · 사후체험 전문가이기도 한 마콜프 H. 님츠(Markolf H. Niemz) 교수는 이 한 마디로 핵심을 짚어냈다. 그는 다양한 저서에서 물리학과 종교, 영성 사이의 연결점을 모색한다. 그가 전제하는 바에 따르면 인간의 육체에는 영혼이 깃들어 있으며, 죽음 뒤에 이것은 그 사람이 품고 있던 사랑과 앎 전체와 더불어 빛의 속도로 저승으로 이끌려간다. 이를 헛소리로 치부하는 사람들도 물론 많을 것이다. 그만큼 이 이론은 많은 사람들에게 영성이 얼마나 이해하기 힘든 개념인지 보여주는 좋은 사례다.

그러나 정신적 질병의 발생률이 차츰 증가하는 오늘날 영적인 능력의 진가는 한층 더 빛을 발할지도 모른다. 이 능력은 인간이

다시금 자신의 감정 및 내면의 진리와 접촉할 수 있도록 도와준다. 나아가 새로운 치유의 길과 전체성을 찾는 데도 실마리가 될 수 있다. 사람들이 '보다 큰 전체'와의 자연스러운 연결고리를 다시금 믿게 된다면 말이다. 영성은 바로 이 지점에서 시작되는 것인지도 모른다.

나의 가치관과 사회적 가치관이 상충할 때

능력 위주의 평가, 지구력, 경제적 성공과 끈기. 날마다 한 걸음씩 성장을 위해 투쟁해야 하는 세계에서는 이처럼 냉혹한 가치가 중시된다. 그러나 장기적인 관점의 가치 평가에서는 섬세하고 민감한 사람들의 진가가 서서히 부상하고 있다. 냉철한 이들이 어느덧 한계를 보이고 있는 탓이다. 고산에서도 높이 오르는 데만 치중하다 보면 언젠가는 숨 쉴 공기가 희박해지는 법이다. 살아가는 데 필수적인 정의, 배려, 박애, 지속가능성, 휴식, 자성, 의무감, 가치의 존중, 책임감, 연민, 그 밖의 섬세한 가치관을 지닌 사람들과 동반하지 않을 경우 성장은 멈추어버린다. 여기서 중요한 것은 가치 공동체 내의 적절한 균형이다. 이는 우리 삶의 기반이 되어 우리가 자각하든 않든 평생 우리를 따라다닌다. 우리는 이 가치들과 함께 변화하고 그에 의해 영향을 받으며, 때로는 우리의 가치체계를 재고하고 한층 발전시켜야 할 때도 있다.

— 학창시절부터 나는 늘 정의감에 사로잡혀 있었다. 이것이 어디에서 비롯된 것인지는 나도 모른다. 조화와 정의를 추구하는 성향은 HSP의 전형적인 특성답게 평생 나를 따라다녔다. 최근 몇 년 사이에야 나는 (온갖 난관에도 불구하고) 이것이 특별한 강점을 안겨준다는 사실을 깨달았다. 평생 마음에 새기고 실천해온 가치관에 바탕을 둔 명확한 내적 태도가 바로 그것이다. 내가 걸어온 길은 하나의 과정이었고, 이 과정에서 나는 내적·외적 인지능력 전체를 신체적으로도 감지하고 이를 받아들이는 법을 배웠다. 이 길은 내게 기본적인 가치관을 신뢰하며 항상 스스로를 돌아보고 꾸준히 성장할 수 있는 에너지와 강인함을 부여해주었다. 그로써 나는 오늘날의 내가 될 수 있었다.

기질이 워낙 민감하다 보니 상충되는 가치들 사이에서 고뇌하게 될 때도 많다. 예를 들어 타인들과의 접촉을 향한 갈망과 거리를 두고 홀로 있고 싶은 욕구 사이에서 갈등을 겪기 일쑤였다. 외향적인 성격을 타고난 덕분에 사람들과 어울리기를 좋아하지만, 무리에 섞여 있노라면 고도의 민감성으로 인해 쉽게 지치기 때문이다. 두 가지 가치는 평생 내 기본 욕구의 일부를 구성하며 내 안에서 번번이 충돌을 일으켰다. 저주와도 같은 이 갈등을 축복으로 전환시키기까지는 각고의 훈련과 자아성찰이 필요했다. 집중적인 무용·신체활동·포커싱을 통해서야 비로소 나의 내면을 섬세하게 느끼고, 내면 가장 깊숙한 곳에 있는 욕구와 가치관도 있는 그대로 의식하고 존중할 수 있게 되었다. 더불어 고도로 민감한 사람들을 괴롭히는 모순적인 요소들이 서로 상충되는 것이 아니라 서로를 보충해주는 것임을 깨달았다.

이처럼 집중적인 훈련을 통해 나는 상반된 가치들을 보다 깊이 성찰하게 되었으며, 오늘날 내 의뢰인들을 돕는 데도 이를 유익하게 활용한다. 나 자신과 주위 사람들, 당면한 삶의 상황들을 다양한 관점에서 바라보고 느끼는 법을 배운 덕분이다. 세미나에서는 그에 상응하는 훈련법도 가르친다. 마셜 로젠버그의 비폭력 대화에 기초한 이 능동적인 신체 조절법은 타인들과 가치관이 충돌하는 상황에서도 상대방에 대한 너그러움과 관심, 호기심을 잃지 않고 관계를 유지하는 데 도움이 된다. 비폭력 대화법의 네 가지 기본 원칙은 다음과 같다.

1. 상황을 관찰할 것
2. 자신의 내면에 촉발되는 감정을 인지할 것
3. 그 뒤에 숨은 욕구와의 연결고리를 찾을 것
4. 상대방의 입장을 고려하며 원하는 바를 부드럽게 청할 것

이 원칙이 강한 인지능력과 결합되면 자아성찰의 밑바탕 및 가치의 세계로 이르는 통로 역할을 할 것이다. 이런 마음가짐은 내 삶을 보다 풍성하고 다채롭게 만들 뿐 아니라 여유로운 인간관계 또한 가능하게 해준다. 이제는 상충되는 두 가지 가치 중 하나만 택하기보다 두 가지 모두를 포용하는 일이 훨씬 많아졌다. 동양

에서 말하는 음양의 조화를 생각하면 이해하기 쉬울 것이다. 이렇게 나는 상반된 요소를 강점으로 활용하는 법, 이를 고귀한 하나의 전체이자 동전의 양면으로 받아들이는 법을 배웠다.

— 비르기트 겝하르트, 48세

고도의 민감함은 엄격한 윤리관, 사회적 이해심, 강한 정의감 및 감정이입 능력과 맞물린다. 강한 인지능력이 야기하는 난관은 이와 상반되는 한 축을 이룬다. 인지와 가치관의 혼돈 속에서 길을 잃지 않으려면 자신의 가치관을 면밀히 탐구하는 일이 필수적이다. 내게 중요한 것은 무엇인가? 내가 소속된 사회를 특징짓는 가치에는 어떤 것이 있는가? 이 가치들이 어느 정도 실천되는가? 이것이 나와 긴장 관계를 형성하지는 않는가? 그렇다면 나는 이에 어떻게 대처할 것인가? 내 가치관을 탐구하고 그 초석을 닦는 일이 타인들의 가치관을 폄훼하는 것을 의미하지는 않는다. 중요한 것은 자아성찰을 하고 자신의 가치관에 맞추어 스스로를 점검하며, 타인의 가치관을 검토하고, 스스로 편안하게 느껴지는 나름의 입지를 찾는 일이다. 우리가 변화시킬 수 있는 건 타인이 아니라 자기 자신뿐이다. 각자의 가치관과 특성에 굳건히 발을 딛고 있는 한 우리는 나름의 입지를 확보하고 자신의 가치관을 피력하며 그 영향력 또한 노릴 수 있다. 그 영향력의 결과는 바로 고귀하고 가치 있는 미래다.

HIGH SENSITIVITY

온전히
나답게 살기 위한
실전 전략

3장

마음가짐만으로는 부족하다

민감한 사람들이 들려주는 체험과 일화는 그러한 기질이 실제로 존재한다는 사실을 입증한다. 이들은 고도의 민감성이 야기하는 자극의 홍수와 그에 따른 고충은 물론, HSP만의 탁월한 인지능력이 안겨주는 깊은 성취감에 관해서도 이야기한다. 나아가 자신의 남다름에 별안간 명확한 개념이 부여되었을 때 경험한 안도감과 놀라움에 관해서도 이야기한다. 그로써 이들은 자신만의 강점과 장애물을 파악하고 그에 이름을 붙일 수 있는 절호의 기회를 얻는다. 이는 더 이상 수동적으로 행동하지 않고 어떤 상황 앞에 망연자실해하거나 자기 회의에 빠지지 않기 위한 전제조건이다. 그러면 능동적으로 인생을 개척하며 자신감과 확신을 품고 자신만의 길을 걸을 수 있게 된다.

자신이 남달리 민감하다는 것을 아는 사람은 인생을 새로이 고찰하고 그간의 체험을 보다 긍정적으로 소화할 수 있다. 이 과정에서 간혹 매우 고통스러운 감정이 샘솟기도 하지만, 그럼에도 이 길을 걸을 가치는 있다. 고도로 민감한 사람을 결집시켜주는 무언가가 이 길에 있기 때문이다. 내면의 커다란 에너지와 부단한 발전에 대한 강철 같은 의지, 민감하고도 강인한 삶을 이끌어가고자 하는 깊은 소망이 그것이다. 이 길을 택한 사람은 우리 사회의 주류가 추구하는 양적인 우월함과 능력 위주의 평가가 자신과는 맞지 않음을 감지하게 된다. 민감한 사람은 양보다 질을 추구하며, 중요하고도 색다른 아이디어를 창출하는 능력, 세계를 하나의 전체로 보는 능력을 중시한다. 우리는 공동체에 소속된 모든 구성원의 지력과 재능을 최대한으로 활용하기 위해 모든 인간이 연대해야 하는 시대를 살고 있다.

남들과 똑같은 길을 좇는 HSP는 대개 좌절감을 맛보기 마련이다. 그에 따른 정신적·신체적 증상도 나타날 것이다. 그러니 애초부터 자신에게 필요한 것이 무엇인지 자각하고 올바른 길을 택하라. 처음에는 이 길이 멀고 험난해 보일지 모르나, 한 걸음씩 걷다 보면 삶의 온갖 아름다운 면면을 즐길 수 있는 멋진 길임을 깨닫게 될 것이다. 가슴 깊이 숨겨진 열망을 좇아라. 고도의 인지능력이라는 선물과도 같은 재능을 받아들이고 그간의 좌절감을 삶에 대한 의욕으로 변화시킨 뒤, 용기를 품고 첫 걸음을 내딛어라. 여행길에 오르는 데 필요한 것은 몇 가지 전략과 동인, 그리고 우리를 강하게 만들어주는 몇 가지 비법뿐이다. 이것이 여행길에 방전된 에너지를 재충전하고 자신만의 경쟁력을 이끌어내는 데 도움이 될 것이다.

그러면 강인함의 문제는 어떠한가? 강인한 마음가짐과 '올바른' 자기 신뢰를 고취한 뒤 추가로 동기부여 워크숍에 참가하기만 하면 건전한 강인함을 발휘하기에 충분할까? 고도로 민감한 사람, 번번이 한계에 부딪혀본 사람이라면 이 문제가 그리 간단하게 해결되는 것이 아님을 알고 있을 것이다. 물론 마음가짐이 결정적으로 작용하기는 한다. 자기 신뢰 역시 중요하다. 그러나 사람들은 흔히 이를 과대평가하는 경향이 있다. 내 경험에 의하면 진부한 다짐과 계획은 일시적인 동기부여에는 유용할지 모르나 심오하고 전체적인 사고를 하는 사람들에게는 지속적인 효과를 가져다주지 못한다. 섬세한 강인함을 고취하려면 무엇보다도 삶에 영속적인 변화를 일으킬 만한 단호한 결정의 순간이 있어야 한다.

이 결정이란 다름 아닌, 고도로 민감한 사람이 흔히 겪는 난관보다는 자기만의 강점과 자신을 강하게 만들어주는 모든 것에 초점을 맞추고자 하는 다짐이다.

이는 지속력 있는 강인한 마음가짐과 활력을 얻는 데 가장 중요한 첫걸음이다. 하루아침에 마음가짐을 바꾸고 시멘트처럼 단단한 자기 신뢰를 고취할 수 있는 사람이 어디 있겠는가? 강인해지기 위한 여정을 하나의 과정으로 간주할 때, 우리는 이에 다음과 같은 공식을 적용시킬 수 있다.

인지 → 신뢰 → 수용 → 허용 → 소화 → 용서 → 성장 → 초점 맞추기 → 즐기기

한 단계를 마치고 또 다른 단계로 넘어갈 때마다 이 과정을 반복하라. 이때 핵심은 마음가짐 자체가 아니라 자기 자신과 세계를 보는 시각을 순차적으로 변화시키는 일이다. 책임감 있는 자세로 주도권을 쥐고, 스스로를 나약하게 만드는 모든 것을 삶에서 몰아내라. 그리고 우리를 강하게 만드는 것으로 그 자리를 채워라. 이때 내적으로는 변화의 과정이, 외적으로는 이전과 다른 태도가 요구된다. 수동적인 반응 대신 주체적인 대응을 하는 것이 우리의 목표다. 수많은 자극을 받는 민감한 사람에게는 이것이 강인함과 건강함을 찾는 열쇠가 된다. 내과 의사이자 심리치료사, 정신과 의사이기도 한 요아힘 바우어(Joachim Bauer) 교수는 주류에 순응하고 외부 동인에 굴복하는 사람에게 자아 상실의 위험이 있다고 지적한다. 이는 치명적인 결과를 초래한다. 평생 일시적인 기분이나 외부 동인에 좌지우지되어온 사람의 신체 내에서 질병을 유발하는 화학작용이 일어난다는 사실은 연구를 통해서도 이미 증명되었다.

지금부터라도 당신만의 길을 걸어라. 고도의 민감함을 괴로운 '자극 알레르기'로 간주할 것인지, 아니면 당신 인생에 강인함과 풍성함을 부여할 값진 선물로 받아들일지는 당신이 선택할 몫이다.

• 02 •

당신의 훌륭한 직관을 믿어라

현대인의 세계관에서 이성과 객관성은 매우 높은 위치를 차지한다. 교육, 학문, 경제 분야에서 이는 빼놓을 수 없는 요소들이다. 그러나 이에 못지않게 중요한 또 하나의 요소가 있으니, 바로 직관이다. 민감함의 정도를 막론하고 모든 사람들에게 직관은 삶의 일부다. 이성적이고 객관적인 지식의 정글과 정보의 홍수 속에서 우리에게 이정표가 되어주는 것도 직관이다.

객관성이란 무엇인가? 감정과 선입견과 가정에 좌우되지 않는 것을 의미하는가? 그러나 학문에서든 인간관계에서든 특정한 대상에 대해 철저히 '객관적인' 시각을 견지할 수 있는 사람이 몇이나 될까? 감정과 선입견과 가정으로부터 완벽히 자유로운 시각이란 과연 무엇일까? 무엇이 객관적 진리이며 그것이 어디에서 시작되고 어디에서 끝나는지 전 인류가 납득할 만한 정의를 내릴 사람이 누구란 말인가? 무엇이 진리이고, 무엇이 옳은 것인가?

이런 질문에 대한 답을 찾도록 도와주는 것이 바로 직관이다. 직관에 귀를 기울이는 사람은 주기적으로 자신의 내면에서 동인을 얻을 수 있다. 이런 동인은 당사자가 의식적으로 소환할 수도 있고 뜻밖의 순간에 갑작스럽게 찾아오기도 한다. 이렇게 얻는 착상과 더불어, 직감 역시 긴 고찰이나 객관적인 분석 없이도 상황과 맥락을 파악할 수 있게 도와준다. 탄탄한 기반을 갖춘 전문가의 지식보다 평범한 사람의 직관이 문제 해결에 도움이 되는 경우도 적지 않다. 위대한 학자들 중에도 직관에 크게 의존하는 이들이 많다. 먼저 어떤 착상이 떠오르면 이를 학문적으로 연구하고 증명하는 것이다.

그러나 살다 보면 고도로 민감한 사람의 아이디어나 문제 해결 방법에 의심을 품는 사람들과 수없이 마주치게 된다. 이성적·논리적으로 도출된 해결책이 아니라 직관적으로 떠올린 것이므로 그에 관해 명확히 설명할 길이 없기 때문이다. 물론 직관이 오류를 범할 때도 있다. 그러나 고도로 민감한 사람이라면 직관 때문에 실수를 범하는 일보다는 직관적으로 올바른 추측을 하고 좋은 해결책을 찾는 일이 훨씬 더 많다. 그러니 회의감은 버려라. 바야흐로 직관의 시대가 열리고 있다. 당신의 직관을 신뢰해야 할 이유는 충분히 많다. 당신의 안녕을 위해, 그리고 우리 시대의 복잡한 난제들을 극복하기 위해서라도 이는 반드시 필요한 일이다.

밀려드는 생각과 감정을 받아들이고 다시 놓아 보내라

"선을 긋는 일이 너무 어려워요."

선 긋기는 고도로 민감한 사람들 중 다수가 가장 어려워하는 일이다. 경험하는 일들로부터 수많은 인상을 받고 타인의 감정과 말의 뉘앙스까지 일일이 인지하다 보면 자극이 홍수처럼 밀려드는 탓이다. 이따금 자신이 얼마나 다양한 현실의 더미에 파묻혀 사는지 상기하며 놀라기도 한다. 이 사실을 받아들이고 온갖 생각과 감정에 얽매이기를 중단할 때, 다시 말해 밀려들어온 사고와 감정을 다시 놓아버리는 법을 배울 때 선을 그을 필요성도 사라진다. 인지하고 놓아 보내기를 반복하라. 고도로 민감한 사람들 중에는 이를 걸러 내기라 부르는 이도 있다.

'옳고 그름의 이면에는 하나의 장소가 존재한다.
이곳에서 우리 자신과 만날 수 있다.'

루미(Rumi)

여기서 루미가 말하는 장소는 바로 의식이 아닐까 싶다. 이곳에서 우리는 어떤 평가도 없이 모든 것을 현재 상태 그대로 수용할 수 있으며, 동시에 자신의 욕구를 자각하고 스스로를 돌보게 된다. 여유롭게 타인들 및 세계와 대면할 여지도 이로부터 탄생한다.

그러면 감정을 조절하는 문제는 어떻게 할 것인가? 누구나 알다시피 인간은 좋은 감정은 물론 거북한 감정도 느낀다. 예컨대 느닷없이 슬픈 감정이 밀려든다고 생각해보자. 이것이 반드시 중대한 의미를 갖는 것은 아니다. 그냥 자연히 들었다가 다시 사라지는 수많은 감정들 중 하나일 뿐이다. 그럼에도 이에 관해 고민하기 시작하는 순간 상황은 복잡해진다. 우리는 이 감정을 붙들고 이런저런 물음을 던지거나 그에 저항한다. 내게 뭔가 문제가 생긴 것일까? 도대체 왜 이러는 것일까? 이로써 우리는 이 감정에 필요 이상으로 많은 공간을 허용하고 만다.

우리에게 중요한 감정, 우리 자신에 관해 뭔가 알려주는 감정이 이따금 찾아와 문을 두드릴 때가 있다. 그 감정을 잠시 들여놓을 것인지 말 것인지 결정하는 사람은 우리 자신이다. 중요한 것은 반복적으로 찾아오는 감정에 공간을 허용하되 내면에서 이를 걸러내는 일이다. 고통스러운 감정일지라도 그렇게 해야 한다. 거부하고

문을 닫아거는 일이 잦아질수록 그 감정에는 점점 힘이 실린다. 그리고 언젠가는 통제할 수 없는 위력을 발휘하며 문을 부수고 들어와 모든 것을 황폐화시킬 것이다. 혹은 건강을 서서히 갉아먹을 수도 있다.

민감한 인지능력을 선물처럼 받아들이고 삶의 기쁨을 잃지 않으며 건강을 유지하는 데 다음과 같은 관념이 귀한 도움을 줄 것이다.

자신의 감정은 물론 타인의 감정도 두려워할 필요가 없다. 모든 감정을 이해하고 해석해야 할 의무는 누구에게도 없기 때문이다.

다채롭고 다양한 면면을 지닌 삶을 있는 그대로 받아들여라. 어떤 것도 평가하려 들지 말고 주의 깊게 인지하라. 그리고 그저 삶을 향해 미소를 보내라.

• 0 4 •

용서를 통해 새롭게 시작할 자유를 얻어라

'나약한 자는 무엇도 용서하지 못한다. 용서는 강한 자의 전유물이다.'

마하트마 간디(Mahatma Gandhi)

직장 동료와 상사, 성가신 이웃, 전 배우자, 정치, 공공기관, 아니 바깥세상 전체가 그토록 조야하고 거칠고 냉혹하지만 않다면 인생이 얼마나 화목하고 아름답고 평온할까? 민감한 사람들 중에는 스스로 수많은 타인들과 거친 '바깥세상'에 대응할 능력이 없다고 느끼는 사람이 많다. 그러나 세상은 '저 바깥 어딘가'에 있는 게 아님을 명심하라! 당신은 바로 그 세상 안에 살고 있으며 그 일부를 구성하고 있다. 마음 약한 사람은 희생양이 될 수밖에 없다. 이런 사람은 어디를 가도 상처를 받고, 자의식이 점차 위축되며, 민감하더라도 강인하게 살아갈 수 있다는 믿음이 나날이 쇠퇴한다. 그러다 보면 점점 더 사소한 일에도 상처를 받는다. 악순환이 시작되는 것이다.

악순환의 늪에서 벗어나 치유와 전체성을 확보하는 유일한 방법은 바로 용서다. 인간, 그리고 세상 전체와 화해하는 것이다. 용서하는 사람은 자신의 에너지를 올바른 방향으로 유도할 수 있다. 상처가 아닌 다른 것에 에너지를 쏟아 부을 여유가 생기기 때문이다. 용서는 새로운 시작을 의미한다.

사소한 상처일수록 용서하는 과정도 쉽다. 상처 주는 말, 모욕, 다툼은 학대나 폭력보다 쉽고 빠르게 극복할 수 있다. 그러나 좌절과 고통으로 점철된 깊은 상처를 받은 경우에도 행복으로 가는 문을 열어줄 열쇠는 단 하나, 용서하고자 하는 용기와 확신뿐이다. 자기 자신과 화해하고 있는 그대로의 자신을 받아들이는 것도 그 과정의 일부다. 일어난 일을 없던 것으로 만들 수는 없지 않은가. 과거는 영원히 내 인생의 일부로 남을 것이다.

자기 자신을 받아들이지 못하는 한 우리는 타인과도 타협할 수 없다. 자기 자신이나 타인에 대해 평가를 내리는 일도 무의미하다. 완벽주의는 버려라! 실수를 저지른 사람이 나 자신이든 타인이든, 중요한 것은 자기 자신에게 책임을 지는 일이다. 스스로를 받아들이고, 서로의 다름을 존중하며 인생의 다양한 면면을 소중히 여겨라. 고도로 민감한 사람들이 나머지 80 내지 85퍼센트의 사람들보다 더 가치 있거나 더 나은 인간이라는 말은 아니다. 살다 보면 누구나 피해자가 되기도 하고 가해자가 되기도 한다. 우리는 타인에게 상처를 주고 타인으로부터 상처를 받는다. 자기 자신에 대해서는 생각하지 못하고 함부로 타인을 평가하기도 한다.

> '비판하지 말라. 그리하면 너희가 비판을 받지 않을 것이다. 정죄하지 말라. 그리하면 너희가 정죄를 받지 않을 것이다. 용서하라. 그리하면 너희가 용서를 받을 것이다.'
>
> 누가복음 6장 37절

나는 누가복음에서 인용한 이 구절에 만물일체사상이 반영되어 있다고 본다. 세상의 모든 것은 서로 연결되어 있으며 모든 인간도 서로 맺어져 있다. 이로부터 다음 두 가지 관념을 도출할 수 있다.

- 내가 타인에 대해 내리는 평가가 나 자신과 관련이 있지는 않은지 보다 면밀히 살펴보아야 할 것이다. 사람은 흔히 자기 자신에게서 가장 싫어하는 행동거지를 타인에게서 목격할 때 가장 크게 동요하기 때문이다.
- 상처를 놓지 못하는 사람은 그것에 얽매이게 된다. 생각과 감정도 번번이 그때의 경험으로 되돌아간다. 우리는 이에 초점을 맞추며 상처에 에너지를 쏟아 붓고 가해자와의 연결고리를 한층 강화시킨다. 그러나 상처를 놓아 보내면 자유를 얻을 수 있다.

용서하지 못할 경우 어떻게 될까? 삶의 에너지가 사라지고 침울한 기분이 끊임없이 이어진다. 이런 기분이 상처에 고착되면 머지않아 우울증을 얻게 된다. 고도로 민감한 사람은 그렇다고 복수를 꿈꾸지도 않는다(물론 이는 좋은 일이다). 만에 하나 복수심이 고개를 들 경우 엄격한 가치체계로 인해 이것이 죄책감을 유발하여 또 다른 고통만 안게 된다. 자신이 할 수 있는 게 없다는 무력감은 삶의 기쁨을 앗아간다. 그러나 어차피 당신이 직접 복수할 필요는 없다. 뿌린 대로 거둔다는 말을 상기하라. 나쁜 행동은 언젠가 그것을 행한 사람에게 되돌아가게 되어 있다. '가해자'가 의도적으로 악행을 저질렀을 경우 아무리 떨쳐버리려 해도 양심의 가책이 이를 단죄할 것이다. 잠재의식은 마음대로 통제할 수 없기 때문이다.

사실 상처와 모욕을 주는 언행의 대부분은 의도된 것이 아니며, 이것이 악의에서 비롯되는 경우는 더더욱 드물다. 일례로 부모와 자녀처럼 아주 가까운 사이에는 서로 상처를 주고받는 일이 빈번한데, 부모의 상처 주는 언행은 대개 아이에게 해를 입힐 의도가 아니라 아이에 대한 사랑에서 비롯된다. 대부분의 부모는 그저 주어진 상황에서 최선을 다할 뿐이다.

용서는 하나의 절차다. 순수한 정신적 행위도, 순수한 이성적 결정도 아니다. 진정으로 용서하기 위해서는 먼저 경험을 감정적으로 소화해야 한다. 용서란 타인들의 실수를 눈감아주기보다는 직시하는 것, '가해자'에게 내 삶을 망쳐버릴 권한을 부여하지 않고 나 자신을 먼저 돌보는 것을 의미한다.

용서를 위한 훈련

1. 시간과 공간

용서하는 절차를 언제 시작할지 결정하라. 이를 홀로 실행할 것인지, 가까운 사람과 함께할 것인지, 심리치료사나 코치 등에게 상담을 의뢰할 것인지도 검토하라. 그리고 편안하고 안전하다고 느껴지는 장소를 선택하라.

2. 직시, 상처의 정의, 감정의 수용

다음 물음에 대한 답을 적어보라. 무엇이 당신에게 상처를 주었는가? 당신이 용서할 수 있는 것과 용서할 수 없는 것은 무엇인가? 마음이 움직이는 대로 진솔하게 써 내려가라. 용서할 수 있는 것은 빨리 잊어라. 용서할 수 있다고 단언하기 어려운 문제가 있다면 그것이 야기하는 감정을 수용하고 아픈 부분을 직시할 용기가 필요하다.

3. 감정 체험과 거리 두기

고도로 민감한 사람에게는 감정이 인생을 좌지우지할 정도로 위력을 발휘한다. 그러나 들었다가도 사라지는 것이 감정이다. 부정적인 감정에도 정화의 기능이 있다. 마음껏 눈물을 흘리고 큰 소리로 울어라. 숲속에 들어가 분노에 찬 고함을 지르고 베개를 향해 주먹질을 하라. 허용되는 감정만이 되사라질 수 있다. 이는 당신이 당면한 상황이나 사람과 내적인 거리를 두기 위한 전제조건이다.

4. 보이는 것의 이면에 주목하기

자기 자신을 주의 깊게 살펴보라. 상처의 이면에 무엇이 숨어 있는지 파악되는가? 어떤 평가나 믿음이 발견되는가? 묵은 상처가 영향을 미치고 있지는 않은가? 당면한 상황으로부터 어떤 교훈을 얻을 수 있는가?

5. 상황에 대한 미련 버리기

이제 상처를 놓아 보내라. 희생양 역할에서 벗어나 두 번 다시 누군가의 표적이 되지 않기로 다짐해야 하는 장본인은 다른 누구도 아닌 당신이다. 자기 자신에 관해 잘 알수록 어려운 상황에 대처하기도 쉬워진다.

6. 거리 두기

정신이 고통스러운 경험을 고스란히 감당하지 않도록 육체와 영혼에 여유를 부여하라. 이 과정이 감정에도 적용되도록 주의를 기울이고 당신에게 상처를 준 사람으로부터 얼마간 거리를 두어라.

7. 기대감을 내려놓은 열린 자세

어떤 사람과의 관계가 매우 긴밀했거나 여전히 긴밀한 상태라면 그와 완전히 연을 끊는 것은 의미가 없다. 중요한 것은 거리 두기다. 두 사람 사이의 연결고리는 그대로 남겨두되, 상대방에 대한 기대감을 버리고 열린 태도와 긍정적인 사고방식을 취하라. 생각이 우리의 현실을 만들어낸다.

용서는 정화의 힘을 발휘한다. 용서로 인해 우리는 힘들었던 경험도 삶의 일부분으로 받아들이고 그것과 더불어 살아갈 수 있게 된다. 용서란 이미 벌어진 일을 있는 그대로 받아들이는 것이다. 뭔가를 머릿속에서 몰아낸다고 해서 그것이 마음과 감정에서도 사라지는 것은 아니다. 코치 겸 명상·기공 지도사, HSP 상담가이기도 한 재닌 봉크(Janine Bonk)는 의뢰인들에게 종종 다음과 같은 조언을 해준다.

──── 이미 용서한 일이 또다시 발생했다고(이는 흔히 있는 일이다) 회의에 빠지지 말고 그 상황을 자세히 살펴보라. 어떤 변화가 있었는가? 같은 과정을 처음부터 다시 시작할 필요는 없다. 당신은 이미 한 단계 발전한 상태이기 때문이다. 발전은 나선형으로 이루어진다. 많은 이들이 발전을 직선적인 것으로 간주하며 한 번 매듭지은 일은 그걸로 끝난 것이라고 여긴다. 그러나 이런 관념을 갖고 있다 보면 이후 똑같은 일이 재발했을 때 큰 스트레스를 받는다. 발전 과정을 나선형 모양으로 상상해보면 유사 지점을 여러 번 지나칠 수 있다는 사실도 깨닫게 된다. 다만 그 지점은 매번 한 단계씩 높아져 있다. 이를 이해한 사람에게는 그 과정이 한결 수월하게 느껴진다.

이미 한 번 겪어본 일은 재발하더라도 한결 대응하기가 쉽다. 경험이 쌓일수록 삶을 대하는 여유도 커지며 근거 없는 기대감으로부터 자유로워질 수 있다. 이와 관련해 내가 의뢰인들에게 자주 들려주는 이야기를 소개한다. 이는 삶과 죽음에 관한 어느 티베트의 책에서 인용한 것이다.

길을 따라 걷는다. 길 한가운데 깊은 구덩이가 나 있다.
나는 구덩이에 빠진다. 혼란스럽고 좌절감이 든다.
내 잘못이 아니다.
구덩이로부터 빠져나오기까지는 한참이 걸린다.

똑같은 길을 걷는다. 길 한가운데 깊은 구덩이가 나 있다.
나는 아무것도 보지 못한 것처럼 또다시 구덩이에 빠져버린다.
내가 똑같은 장소에 다시 와 있다는 사실을 믿을 수 없다.
그러나 내 잘못은 아니다. 이번에도 빠져나오는 데 한참이 걸린다.

똑같은 길을 따라 걷는다. 길 한가운데 깊은 구덩이가 나 있다.
이번에는 구덩이를 보았다. 그러나 습관적으로 또다시 빠져버린다.
나는 눈을 똑바로 뜨고 있다. 이제 내가 어디에 있는 것인지 안다.
이번에는 내 잘못이다. 나는 즉각 빠져나온다.

똑같은 길을 따라 걷는다.
길 한가운데 깊은 구덩이가 나 있다.
나는 구덩이를 피해 간다.
그리고 이제 다른 길을 따라 걷는다.

1%의 디테일을 완성하는
센서티브의 힘

• 05 •

안전지대를 벗어나
성장의 길로 나아가라

'당신은 해낼 수 없다고 믿는 바로 그 일을 해야 한다.'

엘리너 루즈벨트

인생에 찬란한 햇살이 내리쬐고 그늘 한 조각 드리워져 있지 않을 때 우리는 안전하다고 착각한다. 민감한 사람들 중 일부는 갈등과 비판 없는 인생이 마냥 멋질 것이라는 상상을 품고 편안한 영역에만 안주하며 익숙해진 인생길을 걷고 싶어 한다. 내 문제에 대한 책임은 남에게 전가하려 든다. 남들이 '매번' 갈등을 일으키고 내 민감한 가치관에 의문을 품는 탓에 문제가 생긴다고 여기는 것이다.

그런데 불현듯 위기가 닥쳐와 안락함의 성벽에 금이 가고 나만의 세계가 흔들릴 때는 어떻게 대처할 것인가? 이 세상에 너무나 다양한 인간관계와 삶의 모습이 존재하는 탓에, 그들 사이에 존재하는 기압 차가 태풍을 일으키고 폭우가 쏟아져 평화의 토대를 휩쓸어버린다면 어떻게 할 것인가? 많은 사람들이 이때 이불을 뒤집어쓴 채 태풍과 뇌우와 폭우가 지나가기만을 기다린다. 못 본 척하면 그만, 아무것도 안 느끼면 그만이다.

그러나 폭풍우가 지나가고 다시금 태양이 내리쬐면 어떨 것 같은가? 그들이 스스로를 유기하고 책임을 외면했다는 사실이 만천하에 드러날 것이다. 외부의 힘에 의해 새로 형성된 질서는 더 이상 그들의 것이 아니다. 안전지대의 여기저기에는 구멍이 뚫리고 그들은 커다란 피해를 입은 채 망연자실해한다.

이런 민감한 사람들은 누군가와 갈등을 겪을 때도 자기 자신보다 상대방을 더 챙긴다. 최대한 빨리 균형을 되찾기 위해서다. 혹은 당면한 상황에서의 자기 입지를 정확히 인지하는 훈련이 되어 있지 않은 탓이다. 갈등을 무작정 피하는 사람은 스스로를 단련시킬 수 없다. 그로써 상황은 점점 더 그에게 불편하게 돌아가며 외적인 갈등은 내적인 갈등으로까지 번진다. 친구, 가족, 배우자와의 갈등이든, 자기 자신 또는 '삶'과의 갈등이든, 갈등 자체를 나쁜 것으로 인식하는 사람은 일단 피하려 들 수밖에 없다. 내면 깊숙한 곳에서 크게 울리는 소리에도 귀를 기울이지 않으며 지금껏 해왔던 대로 행동할 뿐이다. 직관이 적신호를 보내며 경고해도, 이미 돌이킬 수 없게 된 것을 붙들고 놓지 않는다. 이렇게 자기 자신을 부정하다가는 언젠가 막다른 상황에 처하고 만다. 갈등을 피한다는 것은 그것에 힘을 실어준다는 것을 의미하고, 그러다 보면 갈등은 눈덩이처럼 불어나며 우리를 짓누를 것이다. 이때 우리는 자기 자신에 대한 믿음은 물론 타인에 대한 신뢰도 잃고 만다.

관점을 달리해보자. 상황은 끊임없이 변화하며 사람들은 저마다 다르다. 갈등 없는 삶은 오로지 사회적 교류와 인간의 정신이 거대한 빙하에 갇혀 있는 상태에서만 가능하다. 태양과 비, 빛과 그림자, 태풍과 천둥번개에 노출되는 것도 마다하지 않을 때 우리 삶은 비로소 박진감 넘치는 하나의 과정이 되어 끊임없이 움직인다. 상황과 인간관계는 늘 변한다. 그래서 좋다. 세상에 다양한 욕구와 관심사, 아이디어를 지닌 각양각색의 인간이 존재한다는 것 역시 좋은 일이다. 이번에도 재닌 봉크의 조언을 인용하겠다.

— 갈등 대처 능력에는 다양성을 수용할 수 있어야 한다는 점이 전제된다. 각각의 인간은 하나의 우주와도 같으며 이들의 세계는 서로 충돌할 수 있다. 다양한 인지능력은 두 세계의 만남에서 커다란 역할을 한다.

갈등과 비판에 대처하는 능력은 자기 자신을 있는 그대로 받아들일 수 있을 때 길러진다. 고도로 민감한 사람들은 타인과 자신의 견해 사이에 제대로 선을 긋지 못하는 경향이 있다. 사춘기는 선 긋기를 학습하는 데 중요한 시기다. 고도로 민감한 이들 중에는 부모에게 상처를 줄까 염려되어 부모와 자신 사이에 전혀 선을 긋지 못하거나 극히 희미한 선만 그으며 이 시기를 보내는 사람이 많다. 그러나 이 시기에는 내 감정이 상대방의 기분이나 욕구에 부합하지 않는다 할지라도 그것을 인지하고 수용하는 법을 반드시 배워야 한다. 그러지 못하면 그 부작용은 뒤늦게 드러나기 마련이다. 타인들의 기대와 평가를 무조건 받아들였다가는 자아 및 세계와 끊임없이 갈등을 겪게 된다. 자기 자신을 제대로 이해해야만 타인이 인지하는 것을 인정하기도 보다 쉬워진다. 자신을 제대로 느끼거나 소중히 여기지 않으면 누군가 와서 부딪치기 마련이다.

원숭이 훈련에 관해 들어본 적 있는가? 매일 저녁 잠자리에 들기 전, 오늘은 어떤 원숭이가 내게 매달려 있는지 살펴보라. 여기서 원숭이란 나에 대한 타인의 기대와 평가를 상징한다. 어떤 원숭이가 타인의 것인가? 상상 속에서 당신의 것이 아닌 원숭이들을 가려낸 뒤 주인에게 돌려주어라.

갈등과 위기는 불편할 수 있으며 우리에게서 확신을 앗아가거나 상처를 주기도 한다. 많은 것을 인지하는 사람, 자신이 상대방에게 주는 만큼의 존중과 애정, 열린 마음, 책임감을 돌려받지 못하는 일이 잦은 사람에게는 이것이 더욱 커다란 장애물이다. 그러나 이 장애물을 자각하는 것만으로도 갈등 대처 능력을 기르는 데 도움이 된다. 갈등을 정면 돌파하고 그 과정에서 자신의 욕구에 각별히 주의를 기울여라. 힘을 끌어 모을 시간이 필요하거나 해결방안이 보이지 않아 불가피하게 갈등을 잠시 미루어두어야 하는 경우도 생긴다. 당신이 뛰어난 갈등 대처 능력을 갖추었다고 해서 다른 이들도 모두 그런 것은 아니다. 중요한 것은 나태한 타협을 하지 않고 자신의 입지를 확고히 지키는 일이다.

스스로 변화하고자 하는 마음가짐, 발전에 대한 긍정적인 믿음, 해결책을 찾을 수 있다는 신념은 갈등에 열린 자세로 대처하기 위한 전제조건이다. 갈등은 삶을 풍부하게 만들어준다. 우리에게 새로운 관점을 부여하고 한 걸음 전진하도록 해주기도 한다. 이따금 불쑥 찾아와 문을 두드리며 우리로 하여금 안락한 영역을 벗어나 경계선을 넓히도록 독려하는 역할도 한다. 갈등과 비판은 삶의 일부이다. 그러니 눈앞을 가로막는 험난한 가시밭길과 구름의 그늘진 면만 바라보고 있기보다는 자신이 처한 상황을 한 차원 높은 곳에서 관망해보라. 어떤 위기에 처하더라도 상황과 인간관계를 새로이 조명할 기회는 있다. 폭풍우가 지나간 뒤에 초록은 한층 풍성해지는 법이다. 이때는 새로운 무언가가 자라나고 번영한다. 새로운 한 주기가 시작되는 것이다.

중요한 것에 초점을 맞추어라

당신은 조금씩 올바른 마음가짐을 형성하는 중이다. 자신의 능력에 대한 믿음, 섣부른 평가 없이 수용하는 자세, 묵은 상처를 치유하고 용서하며 갈등을 새로운 기회로 바라보는 태도도 숙지했다. 당신이 편안하다고 느끼는 영역은 보다 확장되었고 한층 명확하게 초점을 맞출 수도 있게 되었다. 이제 건강, 인간관계, 일, 여가 등 모든 영역에서 양은 의미를 잃고 질이 중요해지며 완벽주의를 추구하던 성향을 버리고 참된 삶을 택하게 될 것이다. 어차피 모든 것을 항상 잘 해낼 필요도 없다. 이제 당신은 '아니오'라고 말하는 법을 배우고 멀티태스킹(Multitasking)의 덫에서 탈출해, 타인들의 손에 조종당하며 쫓기듯 살아간다는 느낌으로부터 벗어날 수 있다.

이렇게 여유를 되찾고 나면 현재에 충실하고 당장 중요한 것에 초점을 맞추는 일에도 한결 능숙해진다. 과민해지거나 스트레스를 받거나 자기 회의와 상처, 두려움, 불필요한 죄책감에 휩싸이는 일은 줄어드는 대신, 에너지가 샘솟고 자신만의 강점을 발휘할 수 있게 된다. 당신의 인생은 서서히 전환점을 맞고 있다. 용기를 가지고 한 걸음씩 전진하라. 작은 변화들이 모여 커다란 변화를 만든다. 주류의 인생에 휩쓸리기보다는 자신이 삶으로부터 무엇을 기대하는지 자각하고, 수동적으로 견뎌나가기보다는 능동적으로 삶을 이끌어라.

이제는 '더 낫게, 더 빨리, 더 미친 듯이' 내닫기를 그만두고 한 걸음 한 걸음에만 마음을 쏟아야 한다. 이때 자신이 삶으로부터 기대하는 것이 무엇인지, 나에게 어떤 가치들이 중요한지 잊지 말라.

중요한 것은 기대를 충족시키는 것이 아니라 성취감을 느끼는 것이다.

지금 당장 중요한 일에 집중하라. '성공'에 대한 나름의 정의를 내리고 자신만의 목표와 의미를 찾아라. 타고난 사명이라고 느껴지는 일에서 능력과 생산성을 발휘하라.

인생이란 완벽하지 않기 때문에 이 모든 일이 늘 순조롭지만은 않을 수도 있다. 그래도 상관없다. 중요한 것은 다짐이요, 마음가짐의 변화다. 삶과 자기 자신에 대한 신뢰를 잃지 않으면 된다. 뜻밖의 일이 벌어져 처음부터 새로 시작해야 하는 상황이 닥쳐도 마찬가지다.

인지 → 신뢰 → 수용 → 허용 → 소화 → 용서 → 성장 → 초점 맞추기 → 즐기기.
인지 → 신뢰……

중요한 것에 초점을 맞추고 인생의 주기에 적응한 뒤 이를 즐기는 데 필요한 힘을 얻으려면 일종의 강장제가 필요하다. 강장제는 우리를 강하게 만들어 삶을 온전히 누릴 수 있도록 도와줄 것이다.

• 07 •

삶의 강장제를 찾아라

강인함을 유지하며 내면의 발전을 원활히 이루기 위해서는 삶의 강장제가 필요하다. 내적인 에너지원과의 연결고리가 끊이지 않게 하려면 주기적으로 스트레스를 해소할 전략도 갖추고 있어야 한다. 그러니 이 에너지원을 위해 고정된 자리를 마련해두어라. 누적된 자극을 틈틈이 비울 수 있도록 휴식도 취해야 한다. 그중에서도 가장 중요한 요소를 꼽자면 다음과 같다.

- 휴식＋수면: 자극 차단, 꿈꾸기, 재충전
- 음악＋노래: 선율 느끼기, 감정 가꾸기, 아름다움 누리기
- 활동＋운동: 스트레스 해소, 활력 유지, 자연 체험

이 세 가지 중에서도 활동은 특히 중요하다. 스트레스 해소에 도움이 되기 때문이다. 녹초가 되었을 때는 30분 동안 소파에 누워 있는 것보다 자연 속에서 가볍게 산책하는 편이 훨씬 도움이 된다. 활동은 일상에서 억눌려 있던 것을 해소하여 누적되어 있던 부담을 덜어주는 효과를 낸다. 바디워크(Bodywork) 요법을 중점적으로 다루는 인생 상담가 비르기트 겝하르트는 고도로 민감한 사람에게 무용과 의식적인 바디워크 요법을 권장한다.

— HSP는 감정 때문에 정신적 부담을 겪는 일이 많아 내적으로 감정을 아예 차단하거나 무시하려 드는 경향이 있다. 무용, 바디워크 요법, 활동은 이때 인지감각을 자연스럽게 다시 열어주는 역할을 한다. 운동기관을 활성화하고 감각의식을 강화하는 부수효과도 있다. 이는 개개인의 신체적·정신적 한계를 적절히 유지하는 데 중요하게 작용한다. 바디워크 요법에는 다수의 주의력 훈련이 포함되므로 이를 통해 긴장 완화 효과를 볼 수도 있다. 특별히 열린 마음을 가진 사람이 이 요법을 사용하면 같은 사고방식을 지닌 이들과의 조화로운 만남도 가능해진다. 바디워크 요법과 무용은 모든 HSP에게 추천할 만한 활동이다. 내게는 이 두 가지가 이미 삶의 일부로 굳어졌고 만족스러운 삶을 이끌어나가는 데 유익한 동력을 준다.

요가도 무용만큼이나 훌륭한 활동이다. 요가에 관해서는 뒤에서 따로 지면을 할애해 구체적으로 다룰 것이다. 긴장 완화를 위해 어떤 활동을 할 때 절대적으로 중요한 점은 그것이 새로운 스트레스를 유발시켜서는 안 된다는 것이다. 그러니 무엇을, 언제, 얼마나 자주 행하는 것이 당신에게 유익한지 시간을 두고 살펴보라. 지금부터 소개할 몇 가지 항목을 참고하고 꼼꼼히 점검한 뒤 그중 두어 가지를 시험해보라. 그리고 세 가지 필수요소인 수면, 음악, 활동 외에 당신에게 삶의 강장제가 되어줄 만한 것을 선택하라. 그 과정이 당신에게 큰 즐거움이기를 바란다!

알아차림

> '파도를 멈출 수는 없어도 파도 타는 법을 배울 수는 있다.'
> 존 카밧진(Jon Kabat-Zinn)

우리는 날마다 밀려드는 자극의 홍수를 감당할 수 없어 때로 혼란에 빠진다. 어떤 자극이 내 것인가? 어떤 게 타인의 것인가? 지금 내가 하는 행동이 마음속에서 우러난 것인가? 실상은 전혀 다른 것을 원하고 있지는 않은가? 이것은 내 감정인가, 아니면 다른 사람의 감정인가?

민감한 사람이라면 누구나 스트레스를 유발하는 크고 작은 일상적 상황에 보다 여유롭게 대처하며 평온한 삶을 누리기를 소망한 적이 있을 것이다. 존 카밧진 교수는 이와 관련해 알아차림 (awareness) 수행을 탄생시킨 장본인이다. 그가 1970년대 우스터 (Worcester) 대학병원에서 스트레스 해소 프로그램의 일환으로 고안한 '마음챙김(Mindfulness)에 기반을 둔 스트레스 해소법'은 수많은 병원과 건강센터, 복지기관 및 교육기관에서 시행되었고, 두 달 동안 이 방법을 적용한 결과 다음과 같은 효과가 나타났다.

- 신체적 · 정신적 증상 완화
- 스트레스 상황에 대처하는 능력 강화
- 긴장 완화 능력 향상
- 자기 신뢰감 향상
- 자기 수용 효과
- 에너지와 삶의 기쁨 증대

'알아차림'이란 쉽게 말해 현재에 주의를 기울이는 것이다. '과거에 머물지 말고 미래를 꿈꾸지 말며 현재에만 집중하라'는 석가모니의 말을 생각하면 이해가 쉬울 것이다. 알아차림 수행에 활용되는 명상과 신체 단련은 호흡과 신체감각, 사고와 감정을 인지하는 능력을 강화시켜준다. 자기 내면에서 일어나는 현상을 탐구하는 동시에 외부에서 일어나는 일들에 대해 어떤 평가도 내리지 않고 그대로 내버려두는 습관도 길러진다. '평가하지 않기'는 훈련의 초반에 넘어야 할 가장 큰 산이다. 이때 핵심은 열린 마음가짐으로 어떤 일이든 일어나는 대로 두는 자세다.

알아차림 수행을 통해 우리는 평온함과 균형이 유지되도록 정신을 단련시킬 수 있다. 동시에 어떤 감정이 나 자신으로부터 나온 것인지, 외부의 영향에 의해 인지한 것은 무엇인지도 구별하게 된다. 알아차림은 또한 스트레스, 정신적·육체적 고통, 의사소통의 어려움 등을 겪을 때 우리가 어떤 행동양식에 고착되어 있는지 파악할 수 있게 해준다. 동시에 우리는 보다 차분하고 여유롭게 이 모든 상황에 대처하는 법을 배우게 된다. 연구를 통해 증명된 바에 의하면 알아차림은 자율신경계에 가해지는 자극을 낮추고 신체와 정신의 흔들림을 진정시킨다.

알아차림 수행에서 중요한 것은 자기 자신을 보다 잘 이해하고 만물을 있는 그대로 받아들이는 일, 삶에서 마주치는 난관에 차분하면서도 명확한 태도로 대응하는 일이다.

'삶의 기술이란 아무런 근심 없이 표류하는 일도, 소심하게 과거에 매달리는 일도 아니다. (중략) 매 순간에 세심히 주의를 기울이며 그 것을 전혀 새롭고 독특한 것으로 바라보는 것, 의식을 활짝 열어젖힌 채 온전한 포용력을 발휘하는 것이 이 기술의 핵심이다.'
앨런 와츠(Alan Watts)

의미 있는 일과 소명

대부분의 HSP들은 삶의 어느 단계에 이르면 의미 있는 일에 대한 갈망, 잠재력을 발휘하고 소명을 찾고자 하는 갈망과 마주하게 된다. 자기 직업과 내면의 갈망이 서로 들어맞지 않는다고 느끼는 경우도 자주 있다. 그러나 이성은 이런 회의감을 일축시킨다. '안정성'을 버리고 우리에게 지워진 모든 의무를 외면한 채 처음부터 다시 시작하는 것은 어리석은 행동이라고 우리를 설득하는 것이다.

내면의 목소리를 억압할수록 우리는 구태의연한 일상으로부터 헤어나올 수 없게 된다. 그러나 마음을 열고 조금씩 열망을 받아들이는 일은 언제든지 가능하다. 외면하는 기간이 길어질수록 열망은 커져갈 뿐이다. 외면당한 열망은 우리 내면의 동력을 앗아간다. 처음부터 자신의 소명을 분명히 알고 있는 사람은 극소수에 불과하다. 대부분은 먼 길을 한 걸음씩 걸으며 이를 찾는다. 모든 용기를 끌어 모으고 열린 마음으로 작은 신호들을 인지한 뒤 그 의미를 파악하는 일이 중요한 이유도 여기에 있다. 다음 한 걸음을 어디로 내디뎌야 할지 알려주는 것이 바로 이런 신호이기 때문이다.

HSP에게는 의미 있는 일과 소명이라는 주제가 특히 중요하다. 이와 관련해 나는 고도로 민감한 사람들을 위한 전문 코치로 일하는 라이마르 륑엔과 다음과 같은 대화를 나누었다.

── 라이마르 씨, 민감한 사람에게 의미 있는 일과 소명이 그토록 중

요한 이유는 무엇입니까?

먼저 저를 찾아오는 모든 사람들이 타고난 소질을 발휘하고자 하는 강한 열망을 품고 있음을 언급해야 할 것 같습니다. 고도로 민감한 사람들의 욕구를 매슬로우(Maslow)의 욕구 피라미드에 의거해 분석해보면 이들이 '극히 높은' 단계의 욕구에 중점을 두고 있다는 사실을 알 수 있습니다. 이 피라미드는 인간이 다양한 욕구를 어떤 순서로 의식하는지 잘 보여주는데, 피라미드의 아래쪽부터 신체적·물질적 욕구, 안전에 대한 욕구, 소속의 욕구, 인정받고자 하는 욕구 순이며, 가장 상위에 위치한 것은 자아실현의 욕구입니다.

사람은 보통 직업으로부터 하위 네 가지 욕구의 충족을 기대합니다. 수입, 안정성, 소속, 인정받기에 대한 욕구가 그것이지요. 그런데 고도로 민감한 사람은 자아실현의 욕구도 보통사람들에 비해 중요하게 여깁니다. 심지어 수입보다 자아실현을 중시하는 경우도 많지요. 자아실현이 모든 욕구 중에서도 이들에게 특별한 역할을 한다는 의미입니다. 자신에게 무언가가 부족하기는커녕 베풀 것만 있다는 관념도 강합니다. 다시 말해 이기심과는 거리가 먼 '자아의 영향력 발휘'에 중점을 두고 자신에게 충만한 것을 나누려 하는 것입니다. 이 역시 하나의 욕구이며, 이것이 곧 소명을 의미하지는 않지만 이 둘 사이에는 깊은 연관이 있습니다.

소명을 찾고자 한다면 피라미드의 가장 하위 영역들을 잠깐 '소홀히' 하는 것도 도움이 됩니다. 포기하는 훈련을 하고 결핍과 위험을 감수하는 것이지요. 2천 년 전에는 심지어 이 피라미드를 완전히 뒤집은 형태의 욕구체계를 지닌 사람도 있었습니다. 예수 그리스도가 그 장본인입니다. 그는 기본 욕구에 맞춰져 있던 초점을 상위의 가치로 옮기고, 자신의 욕구로부터 눈을 돌려 타인들의 욕구를 보살피며 자기 안에 흘러넘치는 것을 타인들에게 베푸는 데 썼습니다. 이것이 바로 소명의 핵심입니다.

많은 사람들이 충족되지 못한 욕구 때문에 고통스러워합니다. 피라미드의 하위 영역에서 벗어나지 못하는 겁니다. 매슬로우의 관찰에 의하면 내적 충만함을 느끼는 피라미드의 '최상위' 영역까지 도달하는 사람은 전체 인구의 2퍼센트밖에 되지 않습니다. 비극적인 일이지요. 매슬로우는 이 2퍼센트의 사람들을 '자아실현자'라 명명하고 수많은 사례를 관찰, 연구했습니다. 그리고 이들에게서 긍정적인 특성과 가치를 여럿 발견했지요. '완전한 인간성'이라고 표현하기에 부족함이 없다고 할 정도였습니다. 과감히 소명을 찾아나서는 데 이것이 동기가 되지 않을까요?

민감한 사람들이 기존의 체계로부터 탈피하려면 무엇이 필요할까요? 라이마르 씨의 경험을 말씀해주시겠습니까?

존중, 용기, 인내, 그리고 가끔은 밀고 나아가는 자세도 필요합니다. 저를 찾아오는 수많은 의뢰인들은 자신이 처한 상황에서 벗어날 수 없으며 현재 하고 있는 일 외에는 아무것도 할 수 없다고 생각합니다. 그조차도 제대로 못하고 있다고 여기지요. 민감한 사람은 자신의 욕구를 잘 파악하지 못하거나 욕구를 이기심과 동일시합니다. 그러나 자기 욕구를 허용하지 않을 경우 신경과민이 되고 기력이 소진될 수 있습니다. 이런 사람에게는 에너지, 의미 찾기, 그리고 통찰력의 결핍 증상이 나타납니다. 타고난 소질은 사장되어버리지요.

이들이 가장 먼저 해야 할 일은 고도의 민감성 및 그와 맞물린 욕구를 이해하는 것입니다. 나는 흔히 심신이 지친 채 찾아오는 과민한 사람들에게 휴식을 취하라고 권합니다. 미처 소화되지 못한 채 누적된 자극과 체험을 조금씩 비우기 위해서입니다. 이런 휴식은 이기심과는 거리가 멉니다. 오히려 타인을 위해 자신이 하고 싶은 일을 할 수 있도록 해주는 디딤돌이지요.

새로운 관점을 얻는 데는 자신이 지닌 모든 것을 총체적으로 발견하는 일이 도움이 됩니다. 코칭을 할 때 나는 의뢰인의 강점과 소질을 발견하는 일뿐 아니라 그가 이미 성취한 것을 의식하도록 만드는 데도 많은 시간을 할애합니다. 이렇게 자신의 잠재력을 파악하면 자신감이 자라날 뿐 아니라 새로운 관점을 얻는 데 반드시 필요한 창의력도 기를 수 있습니다. 여기서 중요한 것은 (필요에 따라 급진적이기도 한) 사고의 전환과 질문 던지기입니다. 때로는 이를 통해 뜻밖의 탈출구가 열리기도 합니다.

묵은 것을 버리고 새로운 길을 개척하려는 사람에게는 조언과 독려도 필요합니다. 낯선 세계에 들어서서 지금껏 해본 적 없는 일들을 시도하며 이런저런 위험도 감수해야 하니까요. 아무 진전이 없다고 느껴지는 순간도 있고, 도리어 한 걸음 퇴보할 때도 있습니다. 코치는 조언과 독려를 해줄 수는 있지만 제한된 기간 동안만 동반자 역할을 할 뿐이므로 코치가 유일한 조력자여서는 안 됩니다. '케미', 즉 화학반응이 잘 맞는 사람, 사고방식이나 행동방식이 대담하고 긍정적인 사람이 동반자로서 제격입니다. 처음에는 주위에서 이런 사람들을 찾아 관계를 쌓아가는 일이 민감한 사람에게 무척 어렵게 느껴지겠지만, 이런 인간관계는 새로운 길을 가는 데 귀한 자산이 되어줄 것입니다.

물론 모든 사람이 즉각 새로운 무언가를 찾아나서야 하는 것은 아닙니다. 마음가짐을 바꾸어 주어진 상황을 사랑할 수 있게 된다면 이미 큰 소득을 얻은 것이지요. 그렇게 할 수 없다면 상황을 바꾸기 위해 노력해야 합니다. 근무시간을 변경하면 어떨까? 조금 더 조용한 업무공간이 없을까? 특정한 과제는 포기하고 다른 과제를 맡는 편이 낫지 않을까? 이처럼 사소한 변화만 주어도 일하기가 훨씬 수월해지는 경우가 많습니다. 그러나 상사가 이를 불허하거나 기타 이유로 상황 변화가 불가능할 경우 그 상황에서 완전히 벗어나 새로운 길을 찾는 것도 고려해봐야 합니다.

민감한 사람에게 자유직이 해결책이 될까요?

자유직을 택하는 것도 하나의 방법일 수는 있지만 대부분의 경우 빠른 해결책은 아닙니다. 자유직의 장점은 근무 장소와 속도를 스스로 정할 수 있다는 점인데, 그에 따르는 불안정한 수입을 누구나 감당할 수 있는 것은 아닙니다. 제 고객들 중에는 고정된 '생계직'과 '자아실현직'으로서의 자유직을 적절히 결합시켜보라는 저의 제안에 솔깃해하는 분들이 많습니다. 전자에서 돈을, 후자에서 성취감을 얻는 것이지요. 혹은 봉사활동이나 취미생활을 통해 직장에서 얻기 힘든 성취감을 채우면 이것이 발휘하는 긍정적인 효과로 인해 직업생활도 한결 수월하게 해나갈 수 있습니다.

코칭과 치유 요법

또 하나의 중요한 강장제는 어려운 상황에 처했을 때 코치나 조언자의 도움을 받는 것도 나쁘지 않다는 깨달음이다. 정신적인 고통이나 심리적 불안이 일상생활에 지장을 초래할 때, 그로 인해 신체 질환까지 유발될 때는 심리치료를 받는 것이 중요하다. 과민한 사람들은 주기적으로 혹은 끊임없이 과도한 에너지를 소모하기 때문에 스트레스 지수가 어마어마하게 높고 정신적 질환을 겪기도 쉽다.

세상에 완벽한 사람이란 없다. 평생 자신이 남들과 다르다고 느끼며 살아온 과민한 사람은 무엇이든 혼자서 해내거나 '다른 모든 사람들'처럼 강단 있게 행동함으로써 강인함을 증명하려 들지만, 이 역시 불필요하다. 내 개인적 경험에 의하면 외부의 도움은 큰 치유 효과를 발휘한다. 나 역시 처음 도움을 구하기까지는 오랜 시간이 걸렸지만 이후에는 큰 전환점을 맞이할 때마다 코칭을 받기 시작했다. 이는 '고도의 민감성'이라는 개념을 아직 모르던 시절의 일인데, 다행히도 그때그때 내게 적절한 조언과 동기부여를 해주기에 적합한 사람이 항상 주위에 있었다.

고도의 민감성을 자각했다면 이에 관해 잘 알고 있는 전문가의 조언을 구하는 것이 좋다. 고도의 민감함이라는 주제를 집중적으로 다루는 소수의 심리치료사들 중 한 명인 그레고어 슈페히트(Gregor Specht)의 말을 들어보자.

── 내가 심리학을 공부하던 당시 고도의 민감성은 비주류에 속했고, 나는 인지심리학 분야에서 이를 접하게 되었다. 그때 우리는 표피를 통한 온기 체감 실험을 한 적이 있다. 통계적으로 볼 때 한 집단 내에서 남들보다 빨리 온기에 반응하는 사람의 비율은 15 내지 20퍼센트 정도다. 학업 외에도 나는 책을 통해 관련 지식을 쌓았다.

실전 경험에 비추어볼 때 심리치료를 요하는 민감한 사람들은 고도의 민감성이라는 주제를 잘 알고 있는 치료사를 찾는 것이 좋다. 이에 관해 전혀 모르는 치료사는 공황장애, 우울증, 중독, 강박증 등의 가시적인 증상만을 다룰 뿐 그 뒤에 숨은 배경과 가능한 원인, 당사자의 삶과의 관련성을 이해하려는 시도는 하지 않기 때문이다. 단순한 정신 장애나 질병의 진단은 환자에게 불필요한 오명만 덧씌울 수 있다. 이때 민감한 환자는 자신이 우울증이나 기타 정신적 질병에 시달리고 있음을 자각하되 자신이 어째서 세상이 기대하는 바와는 다른가에 대한 답은 구하지 못한다.

반면에 환자가 자신의 민감한 기질에 관해 알게 될 경우 긍정적인 효과를 볼 수 있다. '나는 이상한 것이 아니라 그저 남보다 민감할 뿐'이라는 깨달음은 그의 관점을 통째로 뒤바꿀 수 있다. 환자는 희망과 동시에 치료를 받을 동기도 얻게 된다. 이것이 치료에 유익하게 작용함은 물론이다. 다만 고도의 민감성은 질병이 아니므로 이 성향 자체를 치료하는 것은 불가능하다. 치료에서는 이 성향과 맞물려 유발될 수 있는 질병을 다룰 뿐이다.

누군가 나를 찾아와 자신이 민감한 기질을 타고난 것으로 짐작되나 당장 심각한 문제는 없다고 말하면 나는 기본적으로 그 스스로 이 문제의 전문가가 되라고 조언한다. 여기서 중요한 것은 정신통합 및 의식구조와 신뢰관의 변화다. 심리학에서는 이를 스키마(Schema, 개개인이 지닌 지식과 인지의 틀—역주)라 부른다. '나는 비정상이다'라는 고정관념은 우리에게 매우 부정적인 영향을 미칠 수 있기 때문에 코칭에서는 이러한 관념을 긍정적인 새 관념으로 대체시키는 일이 중요하다. 이때 핵심은 수용하는 자세를 배우고 강점과 약점을 파악하는 일이다.

민감한 사람들은 기본적으로 무언가를 변화시키기에 좋은 조건을 갖추고 있다. 사고의 영역은 물론이고 감정적·사회적 영역에서도 인지능력과 주의력, 감각이 상당히 활성화되어 있다는 점이 그렇다. 이는 고충을 야기하는 원인이기도 하지만, 변화 과정에 중요하게 작용하는 고도의 성찰능력 역시 여기에 잠재되어 있다. 음악적 재능이나 운동재능을 타고나는 것과 마찬가지로 높은 민감성도 그저 타고나는 것이다. 어떤 평가를 내리지도, 거부하지도 말고 이를 직시하라. 스스로를 잘 알고 자신의 가능성을 발휘할 줄 아는 사람은 고도의 민감성을 즐기며 지극히 행복한 삶을 살아갈 수 있다.

자료 검색 도중에 나는 이에 해당되는 한 사례를 발견했다. 그 일화는 무척이나 내 심금을 울렸다.

── 처음 심리치료사를 찾아갔을 때 그는 내게 '공황장애' 라는 진단을 내렸다. 내가 특별한 인지방식을 가진 것뿐이라는 점을 당시에 이미 알고 있었더라면 그런 진단에 크게 마음을 쓰지 않았을 것이다. 그러나 가뜩이나 남들과 다르다고 느끼며 평생을 살아온 내게 환자라는 낙인까지 찍히고 나자 간신히 붙들고 있던 한 조각의 자신감마저 온데간데없이 사라져버렸다.

ㅡ 코니(Conny), 41세

이 얼마나 안타까운 일인가! 이는 심리학계와 의학계가 민감성 문제를 보다 심도 있게 다루어야 한다는 메시지를 던진다. 그로써 이 주제가 대학 및 관련 직업교육기관의 커리큘럼에 포함되고, 심리적 문제를 겪는 민감한 사람들은 자신의 남다름과 고도의 민감성이 유발할 수 있는 질환에 대해 보다 건전한 접근법을 찾을 수도 있을 것이다. 이처럼 우리가 풀어나가야 할 과제는 도처에 산적해 있다.

영양섭취

식문화, 미식가, 맛집, TV 요리 프로그램, 인터넷 요리 사이트, 날마다 새로 등장하는 다이어트 방법. 이런 것만 봐도 우리 인간에게 음식이 얼마나 특별한 의미를 갖는지 알 수 있다. 우리는 음식으로 허기를 달래고 신체라는 하나의 체계에 영양을 공급한다. HSP에게는 음식의 질이 어떠한가, 그것이 자신을 편안하게 하는가 아니면 부담을 주는가가 매우 중요한 문제다. 허기가 느껴지면 이들은 보통사람들에 비해 집중력과 능률이 큰 폭으로 저하될 수 있다. 신체 내적인 자극에 매우 민감해서 허기가 강하게 부각되는 탓이다. 그러나 우리 사회에서 실제로 기아를 겪는 사람은 극소수에 불과하다. 그러니 자신이 느끼는 허기의 본질을 파헤치려 들지 말고 여유롭게 한 발 물러서서 배고픈 느낌을 관망하라. 그러면 한층 느긋하게 이에 대처할 수 있을 것이다.

허기에 취약한 점 외에 민감한 사람이 식생활과 관련해 겪는 문제는 또 있다. 카페인, 알코올, 니코틴, 마약, 히스타민이 함유된

식재료 등 특정 물질에 민감하게 반응한다는 점이다. 자극을 더욱 강렬하게 인지하게 되며 스트레스 지수가 급등할 수 있으므로 이런 물질을 이용할 때는 특히 주의해야 한다. 그러나 나 역시 중독이라 할 수 있을 정도로 초콜릿을 좋아하기 때문에 식습관을 바꾸는 일이 얼마나 어려운지 잘 알고 있다.

특정한 물질과 식재료의 섭취를 얼마간 최소한으로 줄이거나 완전히 끊어보고 어떤 변화가 있는지 살펴보라. 신체 상태는 물론 능률과 스트레스 지수도 면밀히 관찰해보라. 아침에는 컨디션이 어떤가? 자고 난 뒤의 느낌이 한결 개운한가? 피부 상태가 좋아졌는가? 전보다 에너지가 넘치는가? 기분은 어떤가? 특정한 식재료를 잘 소화할 수 없다는 느낌이 든다면 섭취를 최대한 피하라. 많은 HSP에게는 특정 물질의 소화 장애가 몸에 큰 영향을 미친다. 몸이 어떤 물질에 반응하는지 정확히 알 수 없다면 의사나 영양 전문가의 도움을 구하는 것이 좋다. 이때 자신이 주의해야 할 식재료에 포함된 '유익한' 성분을 다른 것으로 대체함으로써 영양 불균형을 방지하는 일도 중요하다.

음식 자체뿐 아니라 영양섭취와 관련된 신념도 우리 몸의 민감한 체계를 한층 더 민감하게 만드는 데 일조한다. 인간의 영양섭취를 위해 동물이 희생당하는 것을 거북하게 느낀 나머지 채식을 하거나 비건(Vegan)의 대열에 합류하는 경우도 종종 있다. 그러나 엄밀히 따지면 이런 신념을 앞세우는 사람은 곡물과 채소도 섭취해서는 안 된다. 첫째, 농부들은 기본적으로 경작을 위해 해충을 박멸하기 때문이다. 둘째, 최신 연구에 의하면 식물 역시 지능을 가진 생명체로서 나름의 방식으로 서로 소통한다. 또한 콩에 관한 정보를 조금만 찾아보면 대두 경작이 열대우림 파괴의 주범으로 대두되고 있음을 알 수 있다. 채식주의자들이 그토록 선호하는 콩으로 만든 식품들도 고도의 가공 과정을 거치며 자원낭비를 초래한다. 이렇듯 영양섭취에 관해 문제 제기를 하자면 끝이 없다.

따라서 그보다는 적절한 섭취량과 우리에게 꼭 필요한 영양분에 관해 숙고하는 편이 나을 것이다. 가령 육류 섭취를 줄이는 것은 동물과 자원을 모두 보호한다는 차원에서 기본적으로 좋은 일이다. 단, 육류와 생선을 전혀 먹지 않는 사람은 비타민B12가 결핍될 수 있는데, 장기적인 비타민B12 결핍은 심각한 신경 손상을 초래하므로 대체식품으로 이 영양소를 보충해야 한다. 철분 섭취에도 신경 써야 하고, 육류와 생선에서 얻을 수 있는 단백질도 다른 것으로 대체해야 한다. 그러나 유제품, 대두, 견과류, 곡물 등은 많은 사람에게서 소화 장애나 알레르기를 일으킨다. 이 정도만 봐도 영양섭취가 얼마나 복잡한 문제인지 알 수 있다.

그러면 건강하고 균형 있는 식생활의 열쇠는 어디에 있을까? 영양 문제에서 가장 중요한 것은 무엇일까? 바로 내면의 목소리에 신중하게 귀를 기울이는 일이다. 광고의 유혹, 과도한 조미료를 사용하는 음식점의 메뉴, 갑작스러운 허기 등에 항복하거나 감정적으로 대리만족을 찾는 일은 없어야 한다. 좌절감을 알코올에 의존해 해결하려 들거나 커피나 홍차로 피로감을 달래려는 시도가 그

예다. 당장 배가 고프지 않아도 음식을 먹거나 (스스로 잘 알면서도) 건강에 해로운 음식을 먹고 마시는 사람도 있다. 그래도 해소되지 않은 감정적 또는 신체적 욕구는 여전히 내면에서 아우성치며 당신이 귀 기울여주기만을 기다리고 있다. 그러나 이를 느끼고 받아들이는 대신 몸이 감당할 수 없을 정도로 폭식을 한다. 이 방법은 스트레스 해소에 빠르고 효과적으로 작용하는 것 같아 보이지만 실상은 좋은 해결책이 못 된다. 이런 일이 지속되다 보면 비만이 초래될 뿐 아니라 신체와 정신의 건강도 해치게 된다.

영양섭취도 충분히 시간을 두고 숙고해야 한다. 나는 정말 배가 고픈가? 배도 고프지 않은데 먹고 있는 것은 아닌가? 지금 내게 필요한 것은 무엇인가? 내게 무엇이 유익할까? 뭔가가 부족하지는 않은가? 나는 무엇을 먹고 싶은가? 어떤 음식이 떠오르는가?

인간의 직관과 직감은 매우 신뢰할 만한 도구다. 일상에서 스트레스를 받을 때는 내면의 소리에 귀를 기울여라. 다이어트 열풍, 최신 유행하는 식생활, 비싸기만 하고 요요현상은 예정된 것이나 다름없는 체중감량 프로그램, 친구의 애정 어린 조언. 이 중에 과연 내게 적합한 방법이 있는가? 이것저것 시도해본 끝에 내가 내린 결론은, 스스로 나 자신과 내 몸에 대해 책임을 지고 어떤 음식이 내게 유익하며 어떤 것이 그렇지 못한지 판단해야 한다는 것이다. 영양섭취가 자신의 가치관과 조화를 이루면 모든 것이 순조로워진다. 예를 들어 채식을 하고는 싶은데 동물성 단백질 결핍이 걱정된다면 친환경적인 조건에서 사육된 소량의 육류만 섭취하는 것도 한 방법이다. 음식을 먹기 전에 감사하는 의식을 치르는 것도 좋다. 그리고 우리가 누리는 풍요로움을 의식하라!

자신의 영양섭취 및 신체적 욕구에 대해 스스로 책임을 지려면 다음과 같은 기준을 지켜야 한다.

- 날마다 2~3리터의 수분을 섭취하라. 물과 허브 차가 가장 좋다.
- 비타민과 미네랄 및 미량 영양소의 섭취를 위해 채소류를 많이 먹되 과일은 덜 먹는 것이 좋다('과당'을 검색해볼 것).
- 균형 잡힌 영양섭취를 위해서는 총 영양소의 50~60퍼센트를 탄수화물로, 15~20퍼센트는 단백질로, 나머지 25~30퍼센트는 지방으로 섭취해야 한다. 활동량이 적은 사람은 탄수화물 섭취량을 줄일 것을 권한다. 이처럼 권장 섭취량이 다르게 적용되는 경우에도 원활한 신진대사를 위해 세 가지 영양소를 골고루 섭취하는 것은 기본이다.
- 비타민 흡수를 돕는 데는 양질의 지방 섭취가 중요하다. 가령 우리 몸에 유익한 오메가3 지방산은 호두, 올리브유, 아마씨유, 연어 등에 풍부하게 들어 있다.
- 비건과 채식주의자는 대체식품을 통해 비타민B12를 보충하고 철분이 결핍되지 않도록 주의해야 한다.
- 가능하면 식품의 원산지를 확인하는 것이 좋다.

- 수면시간 동안 신체 부담을 덜고 재생을 돕기 위해 저녁은 가볍게 먹는 것이 좋다.
- HSP에게는 생채소보다 익힌 채소류가 소화가 잘 되는 경우가 많다.
- 정제된 설탕과 밀가루는 최소한으로 줄여라. 두 가지가 결합되면 더욱 해롭다. 트랜스지방(감자튀김, 감자칩, 모든 종류의 튀긴 음식에 함유)도 마찬가지다.
- 정성들여 음식을 준비하고 식사에도 20분 이상을 할애하라. 식사 중에 인터넷 서핑, 독서, 텔레비전 시청 등을 하지 말고 음식에 집중하라.
- 가능한 자주 신선한 공기를 마시고 비타민D 생성을 돕는 자연광을 쬐어라. 이 역시 건강한 영양섭취의 일부다.

우리는 자기 자신과 생활공간에 스스로 책임을 져야 한다. 당신에게 어떤 식생활이 유익한지 의식하라. 음식은 인간의 신체적 · 정신적 · 영적 에너지의 생산에 커다란 영향을 미친다.

'당신이 먹는 음식이 바로 당신이다.'
루트비히 포이어바흐(Ludwig Feuerbach)

비폭력 대화법

'인간은 의사소통을 하지 않는다는 것이 불가능하다.'

파울 바츨라빅(Paul Watzlawick)

삶 전체는 의사소통으로 이루어져 있다. 심지어 아무 말 하지 않는 순간에도 우리는 의사소통을 한다. 고도로 민감한 사람들은 특히 타인들의 표정과 몸짓에서 비롯된 아주 미묘한 뉘앙스까지도 알아챈다. 상대방조차 스스로 의식하지 못하는 것을 포착하는 것이다. 그런데 신호를 잘못 해석하고 상대방에게 그에 대해 비난까지 한다면 의사소통은 즉각 막히고 만다. 갈등이 벌어지고 상처받는 사람도 생긴다. 감정이입 대화법이라고도 불리는 비폭력 대화법은 원활한 의사소통은 물론 상호 존중하는 태도를 가능하게 해준다. 이를 창안한 미국인 마셜 B. 로젠버그는 갈등 중재 전문가이자 국제 비폭력 대화 센터(International Center for Nonviolent Communication)의 설립자이기도 하다. 비폭력 대화법이 정확히 무엇인지 알아보기 위해 이 대화법을 전문적으로 다루는 코치 겸 훈련가 마르쿠스 아사노(Markus Asano)와 대화를 나누었다.

— 비폭력 대화법은 하나의 태도입니다. 이는 나 자신과 대면하는 법, 타인들과 대면하는 법에 관한 문제입니다. 비폭력 대화법의 바탕은 애정 어린 태도로 자기 자신과 대면하고, 자신의 내면을

들여다보며 그곳에서 생동하는 것이 무엇인지, 내가 어떤 감정과 욕구를 품고 있는지 파악하는 것입니다. 이는 자기 자신에 관해 알고 자신의 욕구를 파악하고 정의할 수 있는 좋은 방법입니다. 이로써 자신이 특정한 욕구를 가졌음을 인정하고 이를 있는 그대로 받아들이게 됩니다.

우리 사회에서는 긴장 완화와 휴식 등 중요한 욕구가 지나치게 경시됩니다. 그러나 삶의 균형을 유지하고 욕구가 충족된 삶을 살도록 노력하는 일은 누구에게나 중요합니다. 많은 사람들은 자신의 욕구를 제대로 파악하지 못하고 외부의 기대를 기준으로 삼는 경향이 있는데, 그러다 보면 도리어 타인들과의 관계에서 어려운 상황을 점점 더 자주 겪고 결국은 자신의 욕구를 충족시키지 못하는 결과가 야기됩니다.

비폭력 대화법은 다음 네 단계에 기반을 두고 있습니다.

관찰―감정―욕구―부탁

관찰한 바를 전달하기: 관찰의 목적은 어떤 사람의 행동 또는 말을 부정적으로 평가하거나 비판하지 않고 객관적으로 서술하는 것입니다. "어째서 늘 집에 오면 주방에 냄비란 냄비는 죄다 나와서 굴러다니는 거예요!"라고 말하기보다는 "퇴근해서 보니 주방에 냄비 세 개가 나와 있더군요"라고 말하는 거지요. 사람은 비난받는 즉시 상대방과 대화하고 싶은 마음이 사라집니다. 그러면 관계도 틀어질 수밖에 없고요. 비폭력 대화법은 인간관계가 안정적으로 유지되도록 해줍니다.

감정 정의하기: 비폭력 대화법에서는 상대방 또는 상황으로 인해 내게 어떤 감정이 촉발되는지 자각하고 이를 표현합니다. 대화하다 보면 진짜 감정이 아닌 꾸며진 감정 표현이 결정적인 작용을 할 때도 많아요. "내가 이용당한 느낌이에요" 또는 "나를 진지하게 여기지 않는군요"가 아닌 "두려워요" "슬프군요" "외로워요"가 진짜 감정을 정의하는 표현입니다. 비폭력 대화법에서는 감정을 욕구의 징후로 간주합니다. 이런 의미에서 긍정적이거나 부정적인 감정은 없고 불편한 감정 또는 편안한 감정이 있을 뿐입니다. 감정에 귀를 기울이는 법을 배우면 커다란 에너지를 얻게 됩니다. 내게 부족한 것을 알아야 나 자신을 보다 잘 돌보는 일도 가능해지기 때문이지요.

욕구 파악하기: 중요한 것은 욕구가 무엇인지 분명히 이해하는 일입니다. 가령 커피를 마시거나 산책을 하는 것은 욕구가 아닌 행위입니다. 그 행위를 하고자 하는 갈망이 어떤 동기에서 나왔는가, 내가 지금 선택한 행동이 과연 욕구를 충족시키기에 적절한 것인가를 파악해야 합니다. 예를 들어 당신은 정말 배가 고플 때만 음식을 먹나요? 배고프지 않은데도 먹고 싶다면 그 식욕 뒤에 감춰진 무언가를 찾아야 합니다. 당신이 진짜 원하는 것은 무엇인가요? 비폭력 대화법의 창시자인 마셜 로젠버그는 이렇게 말

했습니다.

'모든 인간은 삶의 매 순간 자기 인생을 위해 할 수 있는 최선의 행동을 한다.'

어떤 욕구가 생겼을 때 우리에게는 이를 충족시킬 수 있는 다양한 가능성이 주어집니다. 다만 우리가 그중 소수만을 아는 경우가 대부분이지요. 내게는 행동에 있어 선택의 폭을 넓히는 데 비폭력 대화법이 도움이 되었습니다. 대개 우리는 욕구가 아닌 행동으로 인해 다툼을 벌이게 됩니다. 남편은 산책을 하고 싶어 하고, 아내는 영화관에 가고 싶어 한다고 가정해봅시다. 이때 두 사람의 욕구가 무엇이냐고 질문하면 아마도 함께 시간을 보내고 싶은 것이라는 대답이 나올 겁니다. 이렇게 욕구를 파악하고 나면 별안간 커다란 선택의 폭이 열립니다! 비폭력 대화법은 양자 모두에게 유익한 해결책을 모색합니다. 욕구를 파악하고 나면 놀라울 정도로 빨리 해결책을 찾을 수 있습니다. 사람들은 상대방이 자신의 욕구를 채워주기를 바라기 때문에 서로에게 의존하게 되는데, 내가 건강한 성인인 이상 누구도 내 욕구를 채워주어야 할 의무는 없습니다. 나에 대한 책임은 나 스스로 짊어져야 합니다. 물론 누군가를 기쁘게 해주기 위해 자발적으로 뭔가를 할 수 있다면 그 역시 멋진 일이지요.

부탁하기: 부탁이란 내가 상대방에게서 원하는 바를 표현하는 것입니다. 예를 들어 배우자가 컴퓨터 앞에만 앉아 있는 것이 거

슬린다고 가정해봅시다. 당신은 적적한 마음에 배우자와 무언가를 함께하고 싶어 합니다. 이때는 배우자에게 적절한 표현을 써서 부탁하는 것이 중요합니다. 부탁은 말 그대로 부탁이므로 상대방이 거절하더라도 받아들일 수 있어야 합니다. 그렇지 않으면 그건 부탁이 아닌 요구거든요. 내가 거절도 기꺼이 수용할 자세가 되어 있을 때 사람들은 오히려 내 부탁을 더 잘 들어줍니다. 그러나 요구는 거부감을 일으킵니다. 자기 결정권과 자유에 대한 욕구를 침해하기 때문이지요. 이때 상대방에게는 저항 아니면 복종이라는 단 두 가지 선택권만 주어지거든요. 이는 상호 존중하는 평등한 인간관계를 맺는 데 좋은 조건이 못 됩니다. 의외로 복종을 택하는 사람도 많은데, 이는 책임을 회피하기 위해서입니다.

비폭력 대화법에서는 부탁할 때의 적절한 표현법으로 다음 세 가지가 권장됩니다.

- 부탁하는 바를 긍정적으로 표현하라. 이때 핵심은 당신이 원치 않는 바가 아니라 원하는 바를 표현하는 것이다.
- 구체적인 행동을 제시하라. 상대방이 어때야 한다는 데 초점을 맞추지 말고 그가 할 수 있는 것을 표현하라. "꽃다발을 사다 주겠어요?"라는 표현이 "좀 다정하게 대해주면 안 돼요?"보다 효과적이다.
- 지금 당장 실행될 수 있는 것을 부탁하라. "언제 한번 볼래?"라

고 하지 말고 지금 당장 함께 커피를 한 잔 마시거나 구체적인
약속을 잡아라.

결론적으로 비폭력 대화법을 통해 우리는 자기 자신을 이해하는
법을 배움으로써 상대방의 입장에서 생각하는 법도 배우게 됩니
다. 그러면 타인을 평가하거나 선입견을 갖는 일도 없어지며, 나
와 마찬가지로 다른 모든 사람들도 자신의 욕구를 충족하려 노력
한다는 사실을 깨닫게 됩니다. 이때 중요한 것은 자신의 욕구와
타인들의 욕구 간에 조화를 이루는 일입니다. 자기 자신과 타인
에게 감정을 이입하는 데 있어 건강한 균형을 맞추어야 한다는
뜻이지요. '이것 아니면 저것'이 아니라 '이것과 저것 모두'를 수
용하는 태도가 필요합니다.

민감한 사람에게는 비폭력 대화법이 새로운 관점을 열어준다. 타
인들과의 관계에서 느끼던 좌절감으로부터 벗어나 어울림에 대한
의욕을 고취시키는 것이다. 고도의 민감성과 비폭력 대화법이라는
주제를 심도 있게 다룬 비르기트 겝하르트는 다음과 같이 이야기
한다.

— 비폭력 대화법은 지난 수년 동안 내 민감성에 대처하는 데 훌륭
한 도구가 되어주었다. 비폭력 대화법(또는 '감정이입 대화법')을
배운 뒤로 나는 '내 기분이 나쁜 것은 저 사람 탓이야'라고 단정

짓는 대신 '저 사람과의 관계에서 내 어떤 욕구가 채워지지 않은 것일까?'라고 스스로에게 묻게 되었다. 그리고 상대방과의 대화에서 이 물음에 대한 답을 구함으로써 마음의 여유를 되찾을 수 있었다. 나 자신은 물론이고 내가 중요하게 여기는 것과도 대면하게 되기 때문이다. 나아가 대화의 분위기도 좋아진다. 평가가 아닌 관찰한 바를 표현하고 상대방이 아닌 나 자신에게 초점을 맞추어 이야기하면 상대방도 훨씬 가볍고 긍정적인 태도로 나를 대할 수 있다. 비폭력 대화법은 서로 다른 욕구와 가치관을 지닌 두 사람이 서로에게 한층 가까이 다가갈 수 있게 만들어준다.

자기 자신과 상대방이 필요로 하는 것을 직관적으로 감지하는 민감한 사람들에게는 비폭력 대화법이 참된 힘의 원천이 될 수도 있다. 다만 이때 스스로에게 부담이 되지 않도록 자신의 한계를 자각하는 것이 매우 중요하다. 대화를 할 때 '내게 지금 필요한 것은 무엇인가?' 또는 '상대방에게는 지금 무엇이 필요한가?'라는 질문을 던지면 상황을 명확히 이해하게 됨은 물론 자신의 한계를 넘어서지 않는 데도 도움이 된다. 양자 모두 이해와 존중을 받고 있다고 느낄 때 긍정적인 반향이 일어나고, 이는 다시금 단단한 연결고리와 신뢰에 바탕을 둔 인간관계를 만들어낸다. 이는 많은 사람들이 갈망하는 인간관계의 모습이기도 하다. 감정이입에 기반을 둔 대화는 나를 자유롭고도 강하게 만들어준다.

— 비르기트 겝하르트, 48세

신앙과 영성

이성이 얼마나 중요한가의 문제와는 별개로, 고도로 민감한 사람은 특히 영적인 체험을 많이 하며 각자에게 현재의 위치를 부여한 신적인 힘을 느끼기도 한다. 세상을 관망하며 우리는 삶의 의미를 찾아가는 여정이 끊임없이 계속됨을 깨닫는다.

세상에는 온갖 종교, 신앙, 철학이론, 법도가 존재한다. 이들은 대부분 자기 자신 및 타인들과 평화롭게 공존하는 일, 창조주가 우리에게 내린 모든 것에 감사의 마음을 품는 일, 그리고 현존하는 것에 모든 인간이 겸허한 마음으로 책임감을 갖는 일을 목표로 삼는다. 물론 이것을 다르게 해석하고 그에 따라 행동하는 사람은 늘 있다. 그러나 내게 있어 신앙의 핵심은 단 한 가지, 바로 사랑이다!

신앙을 에너지원으로 삼고 영성을 보다 큰 전체에 대한 연결고리로 삼기 위해서는 신앙을 향한 자신만의 통로를 찾는 일이 중요하다. 그물망 사고를 하는 HSP에게는 믿음의 길을 스스로 개척하는 일이 특히 중대한 의미를 갖는다. 신앙과 영성에 관해 이야기할 때 이들이 떠올리는 것은 경직된 규율이나 규정, 죄와 벌이 아니라 사랑과 책임, 가치, 공동체 내에서의 평화와 공존, 그리고 자유이기 때문이다. 명상·기공 훈련가이자 HSP 상담가이기도 한 재닌 봉크는 명상을 주제로 나와 나눈 인터뷰에서 자신의 영적인 믿음의 길에 관해 다음과 같이 이야기했다.

— 나는 기독교, 무신론, 불교, 도교, 인지학, 과학, 삶의 기술(ars vivendi)에 이르기까지 다양한 세계관과 종교가 공존하는 집안에서 성장했는데, 이는 내게 커다란 행운이었습니다. 그처럼 다양한 동력원 덕분에 마침내 나만의 길을 찾을 수도 있었거든요. 이에 깊이 심취할수록 어떤 길에든 깃들어 있는 진수, 다시 말해 내적인 광휘를 꿰뚫어볼 수 있습니다. 비유하자면 다양한 등산로를 숨기고 있는 산과도 같지요. 우리가 할 일은 그저 산을 향해 첫 걸음을 내딛는 것뿐입니다. 이때 우리 내면은 자유, 어떤 존재와의 연결고리, 에너지와 광활함으로 충만해집니다. 열린 마음으로 바라보는 일상은 뜻밖의 기적으로 가득합니다. 이때는 아주 사소한 일들도 우리의 내면을 풍요롭고 강하게 만들어줍니다.

신앙과 영성에 관해 이야기한다는 것이 과학과 학문, 이성을 멀리한다는 의미는 아니다. 그보다는 두 가지를 결합시키는 것이 핵심이다. 이성과 감정을 조화시키고 두 가지의 공존으로부터 창출되는 에너지를 유익하게 활용하는 것도 중요하다. 굳건한 영성은 우리에게 힘을 주고 마음을 열게 해주며, 굳건한 신앙은 우리의 가치관을 형성하고 굳은 믿음으로 삶을 헤쳐 나가도록 돕는다.

민감한 사람에게는 신앙과 영성이 어려운 순간을 극복하게 해주는 닻이 될 수 있다. 굳은 신앙이 건강에 도움이 된다는 사실도 이미 증명되었으며, 신실한 사람은 자신이 가진 것에 초점을 맞추며 감사하는 마음을 품을 줄 안다. 신앙에서 비롯된 용기는 모든 일에 굳건히 대처하고 자기 자신을 있는 그대로 받아들이며 어려운 순간을 견뎌내고 즐거운 순간을 감사히 받아들일 수 있게 해준다. 그야말로 하늘이 내린 선물인 것이다!

신앙생활을 하는 방식은 사람마다 천차만별이다. 어떤 이는 요란하게, 어떤 이는 조용히 기도를 올린다. 성당이나 기타 종교단체에 나가는 사람, 신이라 불리는 초월적인 존재와의 결속을 느끼는 사람, 명상이나 무용, 자연을 통해 신앙생활을 하는 사람도 있다. 재닌이 말한 에너지와 광활함을 느끼는 방식은 수없이 많다. 빛으로 이를 인지하는 경우도 있고, 눈물이 쏟아지고 온몸과 마음이 떨리며 어마어마한 에너지가 분출되기도 한다. 간절히 염원하고 기도하던 일이 눈 깜짝할 사이에 이루어지고, 압도적인 느낌에 사로잡혀 겸허한 마음을 품게 되는 사람도 있다. 이런 경험을 한번쯤 해본 사람이라면 이것이 다른 무엇과도 비교할 수 없는 체험임을 깨닫고 무한한 감사의 마음을 품게 될 것이다.

가장 좋아하는 장소와 주거환경

어디에서 어떻게 사는가, 어떤 장소에서 편안함을 느끼는가는 우리 모두에게 무척이나 중요한 일이다. 누구나 아늑함과 안전함을 느낄 수 있는 보금자리를 갖고자 한다. 이곳에서 우리는 스트레스를 풀고 휴식을 취하며 에너지를 재충전한다. 주거심리학자 겸 작가인 바바라 페르팔(Barbara Perfahl) 박사는 이런 장소를 영혼의 안식처라고 표현했다. 대부분의 사람들은 한 명 이상의 타인들과 한 집에 거주하는데, 페르팔 박사는 이 때문에라도 스스로 꾸밀 수 있는 자신만의 공간이 필요하다고 강조한다.

— 한 집 안에서 구성원 각자가 자신만의 공간을 갖기란 매우 어렵다. '여기는 오로지 나만이 꾸밀 수 있는 내 공간이야'라고 확신할 수 있는 장소가 있는가? 이때 중요한 것은 하나의 공간을 자신이 상상한 대로 창조하고 통제하는 경험 자체다. 이 장소는 온전히 나에게만 속하며, 다른 모든 사람들은 이를 존중하고 경계선을 침범하지 않는다.

세상에는 아주 작은 구석자리조차 갖지 못한 사람도 많다. 자신만의 공간을 마련한다는 게 그리 쉽지만은 않은 것도 사실이다. 그럼에도 나는 이 일이 모든 이에게 중요하다고 생각한다. 그 이유는 이곳에서 있는 그대로의 나 자신이 될 수 있기 때문이다. 나를 방해하는 것도 없으며, 오로지 내가 좋아하는 것, 내게 유익한 것에 둘러싸여 있을 수 있다. 사적인 공간이자 은신처이기도 하다. '은신'한다는 것은 모든 역할과 가면을 벗어던지고 자신이 만들어낸 틀 안에서 움직일 수 있다는 의미다. 자신의 욕구와 조화를 이루는 이곳에서 사람은 안전감을 느끼며 '순수한' 자기 자신으로 돌아간다. 이런 장소는 힘과 긍정적인 감정을 촉발시킨다. 공간은 감정으로 채워져야 한다. 자신만의 은신처라면 더욱 그렇다.

각자가 편안하게 느끼는 은신처를 갖는 일은 가족생활에서 특히 유익하다. 명상이나 기도, 요가를 할 수 있는 공간, 조용히 글을 쓰거나 독서를 할 수 있는 공간, 무언가를 만들거나 악기를 연주할 수 있는 공간도 좋다. 정원 역시 특별한 방식으로 자기 자신과 접할 수 있는 훌륭한 공간이 될 수 있다. 이곳에서 우리는 다양한 식물들의 다채로운 아름다움을 감상하거나 직접 씨를 뿌리고 작물을 가꾸는 기쁨을 누린다.

거주에 중요한 요소는 그 외에도 여러 가지가 있다. 오스트리아 출신의 인생 상담가이자 민감한 성격의 소유자 비르기트 겝하르트는 일을 통해 다른 여러 민감한 사람들과 접하는 과정에서 얻은 경험을 내게 들려주었다.

건축 자재+분위기

다양한 분위기를 민감하게 감지하는 사람은 주변의 자연환경에 주의를 기울이고 울타리가 둘러쳐진 집이나 목조주택에 사는 것이 좋다. 다시 말해 생동감 있는 재료로 만들어져 자연적인 분위기를 발산하는 주택이 적합하다. 콘크리트나 값싼 자재를 사용한 주택은 감각이 예민한 사람에게 부정적인 영향을 끼칠 수 있다. 또한 자재 가공 과정에서 사용된 재료를 잘 확인해 가능한 한 유해물질이 덜 사용된 주택을 선택하라.

건축 방식+인테리어

통풍이 잘 되는 패시브하우스(passive house)는 소음과 외풍이 심할 수 있어 민감한 사람에게 이상적이지 못하다. 주방시설이나 욕실 설비처럼 고정된 요소는 최대한 무난하게 꾸미는 것이 좋다. 영구적인 것보다는 탈·부착식 장식물을 활용하라. 내부 인테리어가 부담스럽게 느껴질 때 쉽게 바꾸지 못하는 위험을 피하기 위해서다.

소리와 음향

방음에도 주의하라. HSP에게는 조용한 환경이 필요하므로 방음이 부실한 주택은 부적합하다. 다가구가 거주하는 건물에서 살게 될 경우 상위 층을 선택하라. 위층에서 울리는 소음이 아래층에서 올라오는 소음보다 시끄럽다. 집을 보러 갈 때 시간을 두고 머물면서 주위의 소리에 귀를 기울여보라. 어디선가 소음이 들리거나 근처에 교통량이 많은 도로가 있는가? 그렇다면 조용히 살기에 적합한 주거환경은 아니다.

마음을 안정시키는 요소

창문이 많고 창밖으로 멋진 풍경이 펼쳐져 있는가도 고려해야 한다. 녹지가 보인다면 이상적이다. 채광이 좋고 자연과 인접한 주거지는 마음을 편하게 할 뿐 아니라 건강에도 유익하다. 거북한 냄새가 난다면 아로마 오일 등을 써서 중화시키는 것도 한 방법이다.

환경적 영향

HSP 중 일부는 곰팡이, 수맥, 고압전선, 휴대전화 송신탑 등에 두드러지게 반응한다. 거주지의 수돗물이 몸에 맞지 않는 경우도 있는데, 이때는 적절한 정수기를 마련하는 게 좋다.

위생

신체 위생 관리에서와 마찬가지로 청소할 때도 천연재료로 만들어진 순한 세제를 사용하라.

당신이 이미 원하던 환경에서 살고 있다면 축하할 일이다. 그렇지 않다면 무엇을 변화시킬 수 있을지 곰곰이 생각해보라. 당장 이사를 하고 싶은가? 혹은 반드시 이사해야 한다는 생각이 드는가? 집의 단점에 초점을 맞추는 일이 과연 의미 있을까? 완벽하지 않은 집이라도 익숙해질 방법이 있지 않을까?

현재 사는 집을 좋아하는 장소로 만들기 위해 무엇이 필요한지 시간과 여유를 두고 파악하라. 구조를 바꾸거나 대청소를 해보는 것은 어떨까? 집 안에 당신만의 공간이 있는가? 편안함을 느끼기 위해 필요한 물건이 있는가? 환기를 충분히 시키는가? 난방비가 들고 에너지 소비율이 높아지는 것을 감수하고라도 난방을 조금 더 하는 편이 도움이 되지 않겠는가? 보수가 필요한가? 집 주인과 상의해야 할 문제가 있는가?

이 모든 숙고에도 불구하고 해결책이 보이지 않는다면 이사하는 수밖에 없다. 이때 어떤 요소가 고려되어야 하는지 다시 한 번 고민한 뒤 새 집 찾기에 착수하라! 구하라, 그러면 얻을 것이다.

명상

명상은 종교를 초월한다. 불교나 일본의 선불교 전통은 물론이고 중국의 도교(기공), 서구의 기독교(묵상), 인도의 전통에서도 명상의 형태는 발견된다. 명상의 길은 어떤 종교적 신앙을 지닌 사람에게도 활짝 열려 있다.

명상은 마음을 안정시킨다. 뇌 연구가들은 명상이 뇌신경에 유익하게 작용하고 스트레스를 해소하며, 집중력을 높이고 긴장을 완화시키는 것은 물론 통증까지 줄여준다는 사실을 밝혀냈다. 의사와 심리학자들도 명상이 건강을 유지시키고 정신적·신체적 질병 모두에서 치료 효과를 높여준다고 여긴다.

그러면 명상은 정확히 어떤 점에서 유익한가? 재닌 봉크는 명상이 자기 자신에게로 되돌아가는 지극히 자연스러운 방법이라고 말하며 다음과 같이 독려한다.

— 많은 사람들은 명상을 어떤 법도나 강제성과 결부시킨다. 그러나 이는 틀린 생각이다. 명상에서는 오히려 즐거움이 매우 중요한

요소다. 이 순간만큼은 무언가를 달성하거나 만들어낼 필요도, 의식적으로 놓아 보낼 필요도 없다. 명상에서 요구되는 것은 오직 하나, 그저 지금 이 순간 우리 내면과 외부에 존재하는 모든 것이 있는 그대로 존재하도록 허용하는 일뿐이다. 일상에서 우리는 기대와 과제를 수행하며 쉼 없이 기능하는 데 익숙해져 있다. 이런 상황에서는 매 순간에 주의를 기울이고 인지하는 단순한 행위조차도 극도로 어려울 수 있다. 자신의 내면과 외부를 향해 한 번쯤 미소를 보낼 여유가 있다면 얼마나 좋을까!

재닌 봉크는 그저 자리를 잡고 앉아 명상을 시작해보라고 권한다. 명상은 '존재'와 본질, 그리고 자기 자신에게로 이르는 길이다. 명상의 깊이는 특히 민감한 사람의 내적인 태도와 에너지를 강화시키는 데 커다란 도움이 된다. 자기 자신에 대한 명확성과 관대함을 얻는다는 점에서도 가치가 있다. 명상은 다른 누구도 아닌 자기 자신을 위한 행위다. 스스로에게 이런 순간을 선물하라. 평상시의 자신과는 다른 방식으로 존재하며 아무것도 하지 않는 상태가 바로 명상이다.

'아무것도 하지 않는 상태', 맑게 깨어 있는 상태에 이르는 길에는 여러 가지가 있다. 호흡을 세거나 관찰하는 것도 그중 하나다. 촛불을 바라보며 관조적인 상태에 도달하거나 자연 속을 거닐며 걸음걸음에 집중하는 것도 좋다. 기독교의 묵상에서는 생각을 집중시키기 위해 글이나 문구에 깊이 심취한다. 이 모든 명상법의 목표는 단 하나, 생각과 행동의 틀을 깨는 것이다. 생각을 완전히 비우는 것이 명상이라는 생각은 산스크리트어의 번역 오류에서 비롯된 착각이다. 아무것도 생각하지 않는 것은 명상의 핵심이 아니다. 사고는 우리 영혼의 본성이기 때문이다.

명상의 핵심은 자신의 생각을 고요히 관조하는 것이다.

생각은 끊임없이 떠오른다. 이를 인지하되 그저 떠올랐던 생각이 다시 사라지도록 내버려두면 된다. 생각은 파도처럼 솟구쳤다가 다시 잠잠해지기를 반복한다. 명상은 우리로 하여금 자동화된 상태, 다시 말해 통제되지 않은 사고로부터 벗어나게 해준다. 나아가 자유와 내적인 유동성을 부여하고 마침내 깊은 고요와 평정의 상태로 빠져들게 만든다.

명상하는 동안에는 감정도 솟구친다. 그러나 생각과 마찬가지로 이 역시 그저 관조해야 한다. 조용히 앉아 생각과 감정을 그저 일어나도록 내버려두고 현재에 머물고 있노라면 명상은 저절로 된다. 어떤 생각에 주의를 빼앗길 때마다 이를 자각하고 다시금 현재를 관조하는 데 집중하는 것이 중요하다. 자동으로 떠오르는 생각을 끊는 지점도 바로 이곳이다.

명상은 자주 할수록 깊이가 더해지고 긍정적인 효과가 강화된다. 규칙적으로 명상을 하는 것도 중요하다. 처음에는 일주일에 두어 번 정도로 가볍게 시작하는 것이 좋다. 여기에서 성과를 거둔다면 이미 절반은 성공한 것이나 다름없다. 처음부터 너무 힘을 들이면 성취욕으로 인해 스트레스만 받을 수 있다. 명상 초보자는 집단 명상에 참가하는 것도 도움이 된다.

명상은 원칙적으로 어디에서나 할 수 있다. 낮 동안 휴식을 취하며 잠깐 명상을 하는 것도 가능하다. 그저 현재 머물고 있는 장소에서 잠깐 행동을 멈추고 호흡에 의식을 집중시켜보라. 조금 더 시간을 할애하고 싶다면 자리를 찾아 앉아서 자신의 내면을 느껴보라. 나는 어디에 있는가? 어떻게 앉아 있는가? 신체의 느낌은 어떤가? 어떤 감정이 드는가? 몸이 경직되지 않고 호흡이 자유롭도록 척추를 곧게 펴고 앉아 있는가? 시선은 정면을 향하고 있는가? 눈은 뜨고 있는 편이 좋은가, 감고 있는 편이 좋은가?

명상은 성스러운 휴식이다. 심지어 출근길에도 이런 휴식을 취할 수 있다. 업무를 시작하기도 전에 일에 관한 생각에 골몰할 필요는 없지 않은가. 그보다는 잠깐의 자유를 누리며 현 순간에 머무르는 편이 훨씬 유익하다.

현재를 있는 그대로 받아들이고 자기 자신과 상황에 기꺼이 '예'라고 대답하는 일. 이것이 바로 명상의 정수다.

자연과 지속가능성

오래 전부터 인간은 자연 속에서 휴식을 취해왔다. 자연이 우리에게 힘을 준다는 사실을 본능적으로 감지한 것이다. 위대한 문학가들은 자연 속을 걸으며 아름다운 풍경을 감상하는 동안 역사에 길이 남을 시를 탄생시켰다. 아이들은 실내보다 야외의 자연 속에서 뛰어놀 때 훨씬 더 정서가 안정된다. 숲 교육학자 카트린 올덴부르크(Katrin Oldenburg)는 예전에 독일의 에르츠(Erz) 산맥 지역에서 어느 요양시설의 경영진을 상대로 교육 세미나를 진행한 적이 있는

데, 이때 그곳의 맑은 공기가 세미나의 효과를 높여준다는 사실을 간파했다. 참가자들은 맑은 정신으로 신속하게 팀을 구성하고 원활한 의사소통을 할 수 있었다.

"지나치게 깔끔한 호텔 세미나의 벽 속에 갇혀 있을 때보다 우거진 녹지 한가운데서 자연광을 받으며 강연할 때 사람들은 훨씬 더 큰 영감을 받으며, 서로를 받아들이는 일도 훨씬 쉬워집니다."

그의 세미나는 대성공을 거두고 열광적인 피드백을 받았다. 참가자들은 근무지로 돌아가 강연에서 배운 내용을 실천했다. 카트린 올덴부르크는 이런 경험을 한 뒤 숲 교육학자로 거듭나 고도로 민감한 기질과 맞물린 재능을 마음껏 펼칠 수 있었다. 현재 그는 신비로운 하르츠(Harz) 산지에서 '분더발트(WunderWald, '기적의 숲'이라는 뜻–역주)'라는 이름의 상담소를 운영하고 있다. 이곳은 자연의 힘을 느끼기에 더할 나위 없이 적합한 지역이다.

자연은 사람들로 하여금 마음을 열고 서로와 대면하게 해주며, 삶에 의미를 부여하고 공동체에 대한 소속감을 강화시킨다. 미국에서 시행된 어느 연구에 의하면 창의력 테스트에 참가한 피실험자들은 산책 전보다 산책을 하는 동안 평균적으로 훨씬 더 높은 점수를 얻었다. 또 영국의 연구가들은 피실험자들이 녹지로 나간 지 5분 만에 자아가치감이 상승하는 것을 목격했다. 이런 효과는 특히 젊은층과 정신적 부담을 안고 있던 사람들에게서 두드러졌다.

카트린 올덴부르크의 설명을 들어보자.

— 그리스 철학자 헤라클레이토스는 '모든 것이 흐른다'라는 말로 만물이 하나임을 설파했다. 모든 것이 이처럼 서로 연결되어 있음에도 인간은 마치 자신이 자연섭리의 '바깥'에 존재하는 것처럼 행동한다. 수많은 도시인들은 자연에서 멀리 떨어진 채 일상을 보내느라 인간을 풍요롭게 하는 근원과의 연결고리를 상실한다. 이들의 주위에는 너른 초원도, 곡물이 자라는 황금빛 들판도, 고요한 호수도 없다. 자연은 인간에게 주어진 참된 축복이다. 숲과 들을 거니는 동안 우리는 긴장을 풀고 깊은 숨을 쉬게 되며, 자연의 초록빛은 신경계를 안정시켜 머리를 맑게 해준다. 자연광은 우리의 영혼을 어루만지고 햇빛은 우리 몸에 절대적으로 중요한 비타민D를 생성시킨다.

자연 속에서는 만물의 흐름을 명료히 의식하게 된다. 봄, 여름, 가을, 겨울은 탄생, 성장, 만개, 쇠락이라는 인생의 주기를 보여준다. 모든 것은 서로 연결되어 있으며 우리는 자연의 주기에 따라 살아간다. 하나가 다른 하나를 낳는다. 한 시기가 지나면 새로운 시기가 시작된다. 자연은 지혜로운 스승이다. 영원한 젊음을 향한 기대와 갈망은 삶의 자연스러운 흐름과는 들어맞지 않는다. 인간이 지구상의 다른 모든 생명체와 똑같음을 일깨우는 일은 치유와 정화 효과를 불러온다.

그러니 밖으로 나가 자연을 접하라! 자연은 진정한 힘의 근원이다. 고도로 민감한 사람은 남다른 인지능력으로 인해 자연을 한층 강렬하게 체험할 수 있으며, 긍정적인 치유 효과 역시 남보다

현저히 누릴 수 있다.

나를 강하게 만들어주는 인간관계

현대 사회에서는 가족의 규모가 점점 작아지고 있다. 사람들은 원치 않게 또는 의도적으로 배우자 및 자녀가 없는 삶을 택한다. 근무지를 옮기거나 새 직장을 구할 경우 기존에 구축되어 있던 인맥이 하루아침에 무너지거나 멀어질 가능성도 있다. 가족이나 친척들도 멀리 떨어져 사는 경우가 많아 세대 간 상호 지원도 어렵다. 유연성을 유지하면서도 고립되지 않고 어려울 때 주변의 도움을 받기 위해서는 인맥이 필요하다. 예전에는 이웃들과 가까이 지내거나 각종 협회에 가입하거나 자원봉사를 통해 사람들과 관계를 맺는 일이 흔했다. 그러나 오늘날 특히 도시에서는 진정한 어울림이 점점 더 보기 드문 일이 되어버렸다. 기꺼이 도움을 주고받을 수 있는 개인적 인맥을 구축하는 일은 삶에 큰 도움이 될 것이다.

서로를 강화하는 좋은 인간관계를 형성하는 데는 자기 자신을 의식하는 일이 전제된다. 자신을 명확히 파악할수록 나의 강점과 흠결, 행동방식을 있는 그대로 좋아해주는 사람들을 만날 가능성도 높기 때문이다. 스스로에게 솔직한 사람만이 자신과 어울리는 사람을 사귈 수 있으며, 내게 해가 되고 내 에너지를 소모시키며 나 자신에 대한 긍정적인 이미지마저 앗아갈 수 있는 사람을 가려낼 수도 있다. 사람에게는 자신을 강하게 만들어주고 각자의 욕구를 인지하게 해주는 사회적 관계가 필요하다. 있는 그대로의 내 모습을 받아들여주는 사람들도 필요하다. 배우자나 친구와의 관계에서 상대방이 내 눈물이나 깊은 감정에 거부감을 느낀다면 좌절감만 야기할 뿐이다. 내 곁을 지켜주는 사람으로부터 끊임없이 이해받지 못한다고 느낄 때, 그의 앞에서 내 욕구를 표현하는 것이 허락되지 않을 때 그와의 관계는 스트레스의 원인이 된다.

사람은 누구나 자신을 강인하게 만들어주는 관계를 필요로 한다. 남편이나 아내, 연인, 친구, 사회 모임을 통해 맺은 인연, 사업 파트너는 물론, 의사나 심리치료사, 코치 등과 같이 특정한 도움을 주는 사람이 그 주인공일 수도 있다. 지금 대화하고 있는 사람이 당신을 인정하고 존중하는지, 아니면 자신이 처한 현실에 짓눌려 당신을 어떤 틀에 끼워 맞추려 하고 있는지 면밀히 관찰해보라.

인간관계에서는 스스로 책임지는 일이 중요하다. 현재 내 상태의 좋고 나쁨을 타인의 책임으로 돌려서는 안 된다.

누군가와 관계를 맺을 것인가 말 것인가를 선택하는 사람은 결국 우리 자신이다!

역으로 한번 생각해보자. 민감한 사람들은 많은 것을 베풀 수 있다. 타인의 말을 경청하고 그의 상태를 감지하는 능력도 타고났다. 타인의 욕구도 쉽사리 포착한다. 이는 매우 귀한 재산이다. 그러나 주의할 점이 있다. 상대방이 끊임없이 당신의 에너지를 소모시키거나 책임감 없는 사람이라면 그와의 관계는 당신을 강하게 만들기는커녕 약화시킬 뿐이다. 당신을 존중하지 않고 당신의 감정을 짓밟는 사람, 당신의 공감능력을 교묘히 이용하는 사람은 멀리하는 것이 상책이다. 유익한 인간관계란 주고받는 사이, 어떤 평가도 없이 서로를 수용하는 사이, 있는 그대로 내버려두는 사이를 말한다. 이런 바탕 위에 형성된 인간관계는 양쪽 모두를 성장시킨다.

연인관계나 부부관계는 가장 멋진 동시에 가장 어려운 관계이기도 하다. 이때 한 사람 혹은 두 사람 모두가 민감한 성향을 지녔다면 관계를 유지하는 데 무엇이 필요하며, 어떤 점에 특별히 주의해야 할까?

- 모든 인간관계의 처음과 끝은 소통이다. 모든 상황에서 그렇지만 어려운 상황에서라면 소통이 더욱 중요하다. 민감한 사람들은 갈등을 피하려 드는 경향이 있다. 자기 자신은 물론 자신의 욕구까지 인정하는 법을 배우고, 상대방의 감정에 전전긍긍하지 마라. 가까운 관계일수록 쉽게 상처받는 것은 지극히 정상이다.
- 누군가와 동반자가 되기로 결심했다면 인생의 온갖 굴곡을 함께 헤쳐 나가며 개인으로서 그리고 부부로서 함께 발전하고자 하는 마음가짐을 갖추어야 한다. 인생에는 좋은 순간과 나쁜 순간이 공존한다.

- 개개인의 욕구는 천차만별이라는 사실을 명심하라. 욕구에 관한 한 정해진 법칙은 없다. 민감한 사람과의 관계나 보통사람과의 관계에는 모두 좋은 점과 나쁜 점이 있기 마련이다. 중요한 것은 어떤 상황에서도 당신의 편이 되어줄 사람, 당신에게 관대하고 책임감 있고 긍정적이며 힘이 되어줄 사람을 찾는 일이다.

- 민감한 사람은 파격적으로 간주되는 해결방안도 열린 태도로 받아들이는 경우가 많다. 예컨대 필요하다고 생각되면 부부가 침실을 따로 쓰거나 아예 따로 살기도 하고, 자녀를 갖지 않기로 결정하거나 연상 또는 연하의 배우자를 선택하기도 한다. 당신에게 중요한 것이 무엇이며 당신이 어떤 애정관계를 유지할 수 있는지 숙고해보고 유연성 있게 대처하라.

- 직감을 신뢰하고 상대방의 욕구에 주의를 기울이되 자기 자신도 잘 보살펴라. 민감한 사람은 자신의 욕구를 충족시키는 데 소홀한 경향이 있다. 그러나 이런 일이 장기화되면 스트레스는 보증된 것이나 다름없으며, 배우자가 있음에도 외롭다고 느끼게 된다.

- 좋은 부부관계에서는 에너지가 양방향으로 흐른다. 주는 것과 받는 것이 균형을 이루는 것이다. 어느 쪽이 더 많이 주는가는 매 상황에 따라 달라지지만 장기간에 걸쳐 주고받음의 균형이 유지되도록 세심히 주의를 기울여라. 또한 가끔씩 당신의 민감한 성향을 숨김없이 내보이며 상대방에게 의지할

수도 있어야 한다.

인간관계에는 상처가 불가피하다. 살면서 수많은 상처를 겪어본 사람에게는 누군가와 관계를 시작하는 일, 기존의 잘못된 패턴을 파악하고 타파하는 일, 그리고 새로운 관계를 새로운 표준으로 삼는 일이 더욱 어렵다. 성공적인 인간관계를 맺기 위해서는 우리 사회와 광고, 영화, 텔레비전 등이 내보이는 이상적인 인간관계의 모습과 상대방에 대한 기대를 머릿속에서 깨끗이 지워야 한다. 새로운 여정에 나서는 마음가짐으로 자신에게 질문을 던져라. 나의 욕구는 무엇인가? 내가 상상하는 관계의 모습은 무엇인가? 내게는 무엇이 필요한가? 나는 어떤 인생을 살고자 하는가? 이 모든 질문에 대답할 때 바탕이 되는 것은 나 자신과 타인에 대한 사랑과 존중임을 잊지 말라.

반려동물

'개를 가장 사랑하노라 하니 당신은
오, 그건 죄악이오, 라고 말한다.
개는 태풍 속에서도 신의를 지키지만
실바람에도 흔들리는 것이 인간이다.'
아시시의 프란치스코(San Francesco d'Assisi)

프란치스코의 말에 공감하는 사람이 많을 것이다. HSP라면 더욱 그렇다. 민감한 사람은 동물에도 애착이 강해 이들과 가까이 있을 때 편안함을 느낀다. 본능적으로 개와 소통하며 상호작용하는 경우도 흔하다. 동물 앞에서 우리는 다른 사람들을 대할 때 이따금 쓰는 가면도 벗어버리고 자기 자신으로 되돌아온다. HSP 중 다수는 동물과 함께하는 삶에서 에너지를 얻기도 한다. 나는 존중과 신뢰를 핵심 주제로 반려견 동반 세미나 및 상담치료를 제공하는 헤르츠훈데(HerzHunde)의 운영자 비르기트 슈미츠(Birgit Schmitz)에게 이것이 어떻게 가능한지 물었다.

— '건전한' 사회화 훈련을 받은 개들은 어떤 선입견도 없이 우리를 있는 그대로 받아들입니다. 환상을 깨는 말일 수도 있지만 이는 사람들이 이해하는 '사랑' 과는 전혀 관계가 없는 본능입니다. 이 본능으로 인해 동물들은 인간에 대한 기본적인 믿음을 몇 번이고 재구축합니다. 심지어 사람이 개를 향해 고함을 쳐도 개는 잠깐 몸을 움츠렸다가 특유의 시선으로 그를 바라보지요. '자, 이제 괜찮아요?' 라는 의미입니다. 개는 몇 번이고 이런 상황에 대응할 수 있습니다.

민감한 사람들은 타인들로부터 있는 그대로 받아들여지지 못한다는 느낌을 자주 받기 때문에, 조건 없이 자신을 대하는 동물들과의 접촉을 통해 큰 힘을 얻을 수 있습니다. 반려견과 함께 사는 사람은 개가 온종일 자신을 관찰하고 있다는 사실을 알 것입니다. 개들은 쉴 때도 사람에게서 시선을 떼지 않으며 그가 어떤 상태인지 알아차리지요. 부부나 여타 가족들 사이에 갈등이 발생하면 기다렸다는 듯 곁으로 다가가 이들을 다독입니다. 무리 내에서의 평화와 균형을 추구하는 동물이기 때문입니다. 이들은 사람들의 상태를 포착하고 적절히 반응합니다. 민감한 사람에게는 이것이 기분 좋은 피드백이자 마음을 안정시키는 효과를 유발합니다. 개들이 영향력을 발휘하며 '차분히' 곁에 있어줌으로써 감정을 해소할 분출구를 마련해주는 것도 한 이유입니다. 개는 잠자코 우리가 하는 말을 들어줄 뿐 비밀을 누설하는 법도 없습니다. 나아가 개는 사람을 움직이게 합니다. 개를 데리고 산책을 해야하니 몸을 움직여야 하는 것은 물론이고, 내면도 마찬가지입니다. 우리가 우울할 때 사회적 교류를 단절하고 홀로 틀어박히도록 내버려두지 않거든요. 이처럼 개는 우리가 궁지에 처해 있을때 정신적으로 특히 긍정적인 영향력을 발휘합니다.

고양이의 경우 양면성이 존재합니다. 고양이는 사람을 가릴 뿐아니라 뭔가를 받아들일지 거부할지도 스스로 결정합니다. 그래서 고양이를 대할 때는 사람도 의식적인 태도를 취할 수밖에 없습니다. 고양이는 사람의 마음을 크게 안정시켜주는 한편, 의심이 들면 제멋대로 행동하기도 합니다.

개와 고양이 외에도 반려동물의 종류는 많습니다. 그중에서도 개는 늑대와 같은 과에 속하는 동물로 고도의 사회적 구조를 갖추고 있어 인간과 매우 긴밀한 관계를 맺을 수 있습니다. 사회적 구조가 발달한 동물일수록 인간과도 보다 잘 소통할 수 있지요. 우리가 돌고래, 코끼리, 원숭이에게 친밀함을 느끼는 이유도 여기에 있습니다. 다만 이들은 개에 비해 일상을 함께할 반려동물로는 덜 적합합니다. 반려견을 택해야 할 이유가 한 가지 늘어나는 셈입니다.

동물이 일방적으로 우리에게 반려자가 되어주는 것은 아니다. 우리도 그에 대한 책임을 진다. 동물을 사랑한다면 이들이 우리에게 에너지를 준다는 사실을 항상 의식함은 물론, 이들에 대한 우리의 의무 또한 잊지 말아야 한다. 반려동물을 선택하는 문제는 개개인의 몫이다. 그에 앞서 중요한 것은 동물이 우리 삶에 어떤 의의를 갖는지 자각하는 일이다. 집에서 반려동물을 기르는 것 외에 자녀들과 함께 정기적으로 농장을 방문하거나 유기동물 보호소의 후원자가 되는 것도 좋다. 방법은 무궁무진하다.

요가

'태양빛을 렌즈로 집중시키면 나무에 불을 붙일 수 있다. 요가 수행에서는 회의감과 불명확성의 커튼을 불태우고 내적 진리가 빛을 발할 수 있도록 정신을 집중시킨다.'

파라마한사 요가난다(paramahansa yogananda)

요가는 인도에서 유래한 철학적 수행법으로, 여러 종류가 있다. 철학적 관념에 바탕을 둔 고전적 요가도 있고, 신체에 초점을 맞춘 하타 요가도 있다. 후자는 다시 쿤달리니 요가, 아이엔가 요가, 빈야사 요가 등으로 나뉜다.

많은 사람들은 요가라고 하면 복잡해 보이는 신체 동작을 떠올린다. 그러나 요가는 그 이상의 활동이며 다음과 같은 다양한 요소의 결합으로 이루어진다.

- 아사나(다양한 신체 자세)
- 전신 이완(사바사나, 요가 니드라)
- 명상 준비 단계로서의 집중력 향상 기술(예: 호흡, 소리나 사물에 주의를 집중시키는 기술)
- 명상

이 중 어느 요소가 어떤 영향력을 발휘하며, 요가가 어떤 점에서 민감한 사람에게 특히 유익할까? 이에 관해 베를린 근교에서 요가 학원을 운영하며 요가 강사를 양성하는 베티나 토마스(Bettina Thomas)와 대화를 나누어보았다.

── 아사나란 무엇인가요?

아사나는 힘든 자세, 근육을 신전시키는 자세, 혹은 그저 익숙지 않은 자세를 취함으로써 자기 신체를 느끼게 하는 훈련을 가리킵니다. 우리는 이처럼 신체 감각을 강렬하게 인지함으로써 몸을 집중력의 도구로 삼을 수 있습니다. 복잡한 자세일수록 정신이 휴식을 취하게 되는 속도도 빠르지요. 아사나 훈련은 일시적으로 정신을 안정시킵니다. 의식적인 사고가 잠시 차단되고, 대신에 감각의식이 깨어납니다. 멀티태스킹에서 벗어나 한 점으로 집중력을 모으는 것입니다.

요가는 항상 감각의 절제, 집중, 명상, 자기 자신과의 합일이라는 정해진 단계에 따라 수행해야 합니다. 아사나는 불안정한 상태에서 신속하게 집중력을 되찾게 해줍니다. 마음이 동요될 때 곧장 앉거나 누워서 쉬다 보면, 편안한 자세로 인해 그 감정이 한층 강하게 의식을 파고들어 불안감이 도리어 커질 수 있어요. 어떤 사람에게는 이것이 감당하기 벅찹니다. 아사나는 동요된 마음을 가라앉히고 서서히 신체의 모든 영역을 느끼기 위해 만들어졌습니다. 요가의 기본은 가부좌인데, 아사나는 오랫동안 가부좌를 튼 채 명상을 할 수 있도록 척추와 전신을 강하게 단련시켜 줍니다. 요가의 목표는 결국 질병, 고통, 약점에 주의를 빼앗기지 않고 명상을 통해 자신의 본질에 점점 가까이 다가가는 일이기 때문입니다.

전신 이완을 할 때는 어떤 일이 벌어지나요?

사바사나라고 불리는 전신 이완 자세는 그저 등을 대고 편안하게 드러누워 있는 것입니다. 이는 일종의 자기 암시입니다. 요가 니드라에서는 이완하는 데 45분이 소요됩니다. 시간이 흐를수록 신체는 깊은 이완 상태에 이릅니다. 이때 강사의 지시에 따라 신체의 한 지점에서 다른 한 지점으로 아주 조금씩 주의를 이동시키는데, 그럼으로써 45분 동안 주의가 전신에 집중됩니다. 이것을 한 번 경험해본 사람은 이완 상태에서 일상의 현 시점으로 되돌아와 몸을 움직일 수 있게 되기까지 한참이 걸린다는 사실을 알고 있을 것입니다.

요가 수행에서 중요한 것은 명상의 순간을 체험하는 데 초점을 맞추는 일이지요. 명상 상태에 도달하는 데 유용한 기술에는 또 무엇이 있습니까?

정신을 집중하는 좋은 방법은 호흡입니다. 호흡은 장애물을 제거하고 몸을 부드럽게 풀어줍니다. 요가는 신체 상태가 정신적·영적 영역에까지 영향을 미친다는 점을 전제로 합니다. 몸이 유연해지면 내면도 유연해집니다.

주의를 집중시키기 위한 수단으로는 촛불이나 아름다운 풍경을 활용할 수 있습니다. 이는 일종의 필터 역할을 합니다. 집중하는 순간에는 주변의 소음이 한층 나직하게 느껴지거나 아예 들리지 않을 때도 있습니다. 이처럼 집중력을 발휘하는 일은 특별한 필터를 얻는 것과도 같아 명상뿐 아니라 일상생활에서도 효과를 발휘합니다.

니스판다 바바는 집중력을 모으는 데 방해가 되는 요소를 유용하게 만드는 기술입니다. 니스판다 바바 수행을 할 때는 지저귀는 새소리나 배우자의 코 고는 소리 등 반복되는 소음에 초점을 맞춥니다. 이에 숙련되기까지는 연습이 필요합니다. 그러나 한 번 익숙해지고 나면 방해 요인이 집중력 도구로 변모하여 마음을 가라앉히거나 우리를 명상으로 유도합니다.

요가는 자신의 본질을 향해 가는 길이며, 이때 목표는 자기 자신을 파악하는 것입니다.

고도로 민감한 사람에게 요가가 권장되는 이유는 무엇입니까?

남달리 민감한 사람은 요가 수행을 통해 주의를 집중시키고 명상에 임하는 동안 자신의 특별함을 꿰뚫어보게 됩니다. 요가는 자아 인식에 도움이 되며, 선입견을 버리고 새로운 것에 열린 태도를 취하게 만듭니다. 여기서는 특히 내면세계의 체험을 열린 마음가짐으로 받아들이는 것이 관건이지요.

요가 수행을 하는 동안 우리는 점점 더 참된 자아에 몰입하는 법을 배웁니다. 자기 자신을 특징짓는 핵심에 접근할수록 외부 요소 역시 자신에게 필요한 대로 맞출 수 있습니다. 다시 말해 평소에 하던 것과는 상반되는 행동을 하는 것입니다. 평소에 우리는 자신이 소속된 사회에 스스로를 끼워 맞추지만, 규칙적으로 요가 수행을 하면 환경을 내게 맞출 수 있게 됩니다. 이는 약점이 아닌 강점에 초점을 맞춤으로써 가능해집니다. 누구에게나 강점은 있습니다. 대부분의 경우 아직 발견하지 못한 것뿐이지요. 이 강점을 활용하면 주변 세계에 영향력을 발휘할 수 있습니다. 빠른 속도와 멀티태스킹을 추구하는 세상에 치여 힘들어하던 사람도 내면의 깊이, 사고력, 창의력, 정확성, 성찰능력을 발휘할 수 있게 됩니다. 자신이 남들과 다르다고 느끼며 좌절하던 사람들은 요가를 체험함으로써 자신의 본질을 자각하고 다시금 힘을 얻습니다. 이것이 바로 모든 요가 기술의 공통된 효과입니다.

요가는 활동적인 명상입니다. 요가에서 중요한 것은 인지하는 힘, 평가하지 않는 태도, 그리고 자기 자신 및 피조물과 합일을 이루는 일입니다.

요가를 하면 또한 나 자신을 알고 느끼는 법을 배움으로써 자아가치감을 강화시킬 수 있습니다. 그러면 불안감과 내적인 고독도 점차 줄어듭니다. 더 이상 자기 회의에 빠지지도 않게 되고요. 자신이 유약하다는 믿음은 내가 타인보다 강한 인지능력을 지녔다는 멋진 확신으로 변모하고, 우리는 이를 즐길 수 있게 됩니다.

요가를 할 때 우리는 자신의 내면으로 깊이 빠져들었다가 현재의 세계로 되돌아 나오게 됩니다.

인터뷰가 마무리될 즈음 베티나 토마스와 나는 '사고와 감각'이라는 또 한 가지 흥미로운 주제에 관해 이야기를 나누었다. 다음은 이에 관한 베티나의 견해다.

—— 중요한 것은 나 자신에 관해 아는 일, 그리고 알아낸 것을 확장시

키는 일입니다. 세상을 우리에게 유익한 존재로 바라볼 수 있기 위해서입니다. 이를 위해 현대인은 조용히 은신하며 깊은 숙려를 통해 깨달음을 얻고, 다시금 세상으로 나와 깨달은 바를 실천하려 노력합니다. 물론 이것도 자신의 본질을 찾는 좋은 방법입니다. 그러나 요가는 그와는 다른 방식으로 자신에 대한 깨달음을 얻고자 합니다. 생각이 아닌 감각을 이용해 자신의 내면에 귀를 기울이는 것입니다. 명상하는 사람은 감각을 향한 통로를 열기 위해 사고의 세계를 잠재웁니다. 그러면 자기 자신을 강렬하게 느낄 수 있기 때문입니다. 이런 감각의식으로부터 사고의 세계로 되돌아 나온 뒤에는 명확한 전략을 자유롭게 선택하고 능동적으로 행동할 수 있습니다.

• 08 •

민감한 삶의 기술

이 책의 집필을 위해 자료를 수집하던 중에 나는 민감하고도 멋진 사람들을 수없이 알게 되었다. 이들은 모두 고도로 예리한 인지능력과 탁월한 가치관을 지니고 있었다. 정의감, 상대방을 귀하게 여기는 마음가짐, 존중심, 다정다감한 태도 등이 그것이다. 강한 감정이입 능력과 직관, 두드러진 제6감도 지니고 있었다. 이들 중 대부분은 자신이 주변을 인지하는 방식과 강도가 남들과 다르다는 점에서만 이런 특성을 뭔가 '특별한 것'으로 여긴다. 그러나 민감한 사람 자신에게는 이런 인지방식과 감정, 사고가 지극히 평범한 삶의 일부이자 언제든 활용할 수 있는 잠재력이기도 하다. 이것을 스스로 의식하지 못하는 사람도 있는 반면, 어떤 이들은 자신의 능력과 강점을 분명히 자각하고 있다. 어떤 이들은 자아를 찾아가는 중이고, 이미 고행길을 완주한 사람도 있다. 지금까지는 고도의 민감함에 관해 논의할 때 주로 이 성향이 야기하는 '난관'에 주목하는 경우가 많았다.

이제는 강점에 초점을 맞추고 남달리 민감한 사람이 지닌 커다란 잠재력을 대중에게 알리며, 스스로 책임을 지고 능력을 발휘할 수 있어야 한다.

나는 지금까지 만나본 HSP들이 삶의 기술을 발휘하는 시기를 세 단계로 분류할 수 있었다. 고난의 시기, 의미 탐색의 시기, 행동의 시기가 그것이다. 자신이 지금 어떤 단계에 있든 한 가지는 명심해야 한다. 비록 당장은 실감할 수 없을지라도, 우리는 모두 발전 과정을 거치며 각자에게 부여된 과제를 통해 성장하는 중이다. 당장은 고난을 짊어지고 있는 모든 사람들도 이미 가슴속 깊이 움직이는 자아를 느끼며 자신만의 잠재력을 마음껏 펼칠 날을 갈망하고 있을 것이다. 의미 탐색의 시기를 거치는 중에 때로는 고난의 시기로 되돌아간 것처럼 느껴지기도 하고, 또 때로는 이미 행동하는 시기로 올라선 것처럼 느껴질 때도 있다. 행동의 시기에 이르러서도 뜻밖의 곤경에 처하고 다시금 이를 극복하는 법을 배우기도 한다.

　나는 젊은이들에게, 상황은 점점 나아질 것이며 모든 하루하루는 우리가 지난 수년 동안 그토록 고대하던 수많은 경험과 성숙함, 치유와 결단력을 선사해줄 것이라고 말하고 싶다. 세상을 조금 더 살아본 이들은 무언가를 새로 시작하고 자신을 새로이 다지며, 믿음을 품고 삶의 흐름에 스스로를 내맡기기에 늦은 나이란 없다는 사실을 알 것이다. '불가능이란 없다!' 라는 말을 무조건 맹신하라는 것이 아니다. 내게는 이런 말이 큰 압박감을 초래해 생산적인 효과는커녕 파괴적인 결과만 불러왔다. 그보다는 자기 자신과 끊임없이 접촉하며 나름의 가치관과 삶에 맞는 목표를 설정한 뒤, 믿음을 품고 한 걸음씩 참을성 있게 앞으로 나아가는 일이 중요하다. 인생길은 곧게 뻗어 있는 게 아니라 순환주기를 이루고 있다. 이를 자각하며 삶이 우리에게 부여하는 크고 작은 난관과 기적을 기쁘게 받아들여라.

고난의 시기

고난의 시기를 거치고 있는 민감한 사람들은 흔히 인생이 기쁨보다는 좌절감으로 점철되어 있다고 느낀다. 자신이 수많은 자극과 인지감각으로 인해 외부의 손에 휘둘린다고 느끼는 경우도 많다. 이들이 괜한 엄살을 늘어놓는다고 여겨서는 안 된다. 민감한 사람은 오히려 불평하기를 꺼린다. 그러나 살면서 마주치는 장애물에 대해 이야기하고 싶은 욕구는 누구에게나 있는 법이다.

　매우 민감한 사람은 고도의 인지능력을 지닌 탓에 곤경에 처했을 때 남달리 심한 부담을 느끼며, 그 와중에도 엄청난 지구력을 발휘하는 일이 많다. 버티고 견뎌내고 오뚝이처럼 일어나는 기술을 발휘하는 데 이들만큼 능한 이도 없을 것이다. 그러나 자신의 민감한 기질에 관해 모르고 있는 사람들도 많다. 자신의 특성 및 강점에 대한 고찰이 부족하기 때문이기도 하고, 일상생활에서 스스로를 보다 세심히 보살피는 방법을 모르는 것일 수도 있다. 자신이 매우 민감하다는 사실을 알게 되어도 그에 맞는 환경을 조성할 방법이나 에너지원을 모색하지 못한다. 해소되지 못한 트라우마가 잠재되어 있는 경우에도 이런 상황에 빠지기 쉽다. 신체적 · 정신적 문제들이 속속들이 드러나다가 그대로 굳어지기도 한다. 악순환이 시작되는 것이다.

그러나 환경이나 정신적 상태, 신체 질환 등으로 고통받는 순간에도 대부분의 민감한 사람들에게는 섬세하고도 강인한 힘이 잠재되어 있다. 살다 보면 좋은 날과 나쁜 날이 있기 마련이다. 어떤 날에는 '아, 이 순간에서 벗어나기만 하면 마음이 편해질 텐데……'라고 탄식하기도 한다. 그러나 알고 보면 고도로 민감한 사람이 큰 부담에 짓눌리다 못해 (삶에) 지치고 치유의 길과 자신의 자리를 탐색하는 일을 포기하는 경우는 없다.

의미 탐색의 시기

의미 탐색의 시기를 거치는 사람들은 삶을 변화시키고자 하는 열의가 커진다. 그래서 고도의 인지력이 야기하는 난관보다는 자신의 강점과 잠재력에 초점을 맞춘다. 새로운 인생길을 찾아 새 출발을 하며, 근무시간을 줄이고 새로운 직업을 찾아 자유직을 선택하거나 소명을 좇는 사람도 많다. 이들은 문학이나 인터넷에서 영감을 얻고 타인들의 경험을 참고하기도 한다.

이 시기에는 자아와 세상을 보다 잘 이해하고 자신의 인생에 새로운 질서를 부여하며 이를 긍정적으로 평가하고자 자아와 주변 세계에 대해 매우 집중적으로 성찰한다. 책임감과 명료한 의식을 다지고 소명을 좇을 시기가 언제인지, 타인과 자기 자신을 보살펴야 할 때가 언제인지도 감지한다. 고난의 시기를 거친 뒤 결정적인 동기에 의해 새로운 길을 선택하는 사람도 있는데, 자신의 민감한 기질을 알게 되는 것도 그런 동기 중 하나다.

의미 탐색에 나선 민감한 사람은 변화는 물론이고 자신의 다름도 수용한다. 기존의 인간관계는 허물어지고 새로운 사람들이 그의 인생으로 들어선다. 내가 관찰한 바에 의하면 많은 HSP들이 자기 회의로부터 벗어나 자아를 발견하고 의미 탐색의 길로 들어서는 데 결정적인 표지석이 되어준 것은 바로 자신의 민감성에 대한 자각이었다.

행동의 시기

행동의 시기에 다다른 민감한 사람들은 자기 앞에 놓인 난관이 무엇인지 파악하고 있으며, 삶의 에너지원 또한 마련해두고 있다. 이들은 정신적으로 강인하며 자기 감정을 성찰할 줄 알고, 자신의 특성에 대해 전체적인 시각을 견지한다. 고도의 인지능력을 긍정적으로 활용하는 법을 깨우치고 강점을 발휘하며, 능동적인 행동방식과 명료한 자아의식을 갖추고, 자신의 다름을 지극히 정상적인 것으로 받아들인다. HSP라는 주제에 접근하는 방식은 신중하면서도 주체적이며 그와 관련된 자아성찰도 깊다.

이 시기에는 일단 신뢰감을 쌓고 자신의 입지를 다진 뒤 조금씩 자신의 본질을 내보이는 전략이 필요하다. 고도의 민감성이라는 개념이 탄생하고 전 인류의 15~20퍼센트가 나머지에 비해 민감하다는 사실이 알려진 지 아직 얼마 되지 않았기 때문이다. 고도의 민감성은 아직 그리 환영받는 주제가 아니며 남성들에게는 특히 그렇다. 많은 사람들은 여전히 이를 약점으로 여긴다. 그러나 변화는 이미 시작되고 있다. 자신의 민감한 성향을 숨기지 않아도 될 날이 조만간 올 것이다. 이제 민감한 자신을 있는 그대로 내보이고 목표를 달성하는 데 타고난 잠재력과 자원을 활용할 때다.

행동하는 시기의 HSP들은 민감성을 깨닫는 일보다는 자신의 강점과 욕구를 규명하고 이에 초점을 맞추는 데서 일차적으로 에너지를 얻는다. 그러나 고도의 민감함이라는 개념을 인식하는 것이 여전히 이들에게 커다란 깨달음의 효과를 주는 것도 사실이다. 과거의 수많은 상황과 불편한 느낌들이 단숨에 설명되기 때문이다. 이 깨달음과 동시에 다양한 난관에 기존과는 다른 방식으로 보다 능숙하게 대처할 아이디어가 떠오르기도 한다. 행동의 시기에 이런 깨달음을 얻으면 자신의 잠재력에 관해 의식적으로 고찰하고, 목표를 추구하는 데 이 깨달음을 보다 적극적으로 활용할 수도 있다.

그러나 자신이 남달리 민감하다는 사실을 알기 전에도 이들의 내면에는 좌절감보다 삶에 대한 의욕이 크게 자리 잡고 있었다. 나와 이야기를 나눈 HSP들은 스스로가 남과는 다르다는 사실을 일찍 받아들였을 뿐 아니라, 자신만의 에너지원을 파악하고 실생활에 적극 활용하고 있기도 했다. 유년기의 특수한 환경이 이들을 강하게 만들어주었을 수도 있고, 성장 과정에서 보다 큰 자유와 여유를 누린 것이 잠재력을 긍정적으로 활용할 수 있었던 비결인지도 모른다. 그들의 부모가 자녀의 다름을 당연하게 받아주었을 수도 있다. 세상에 관해 품고 있던 포괄적인 의문에 일찌감치 답을 찾은 것이 이들에게 장점으로 작용했을까? 이른 나이에 겪은 '위기', 좋은 코치나 심리치료사, 그들을 강하게 만들어준 수단들이 과민성을 강점으로 변모시키는 계기가 된 것은 아닐까? 향후 수년간 HSP들의 경험을 바탕으로 시행될 연구가 이 모든 물음에 대한 답을 줄 것이다. 자신의 민감성을 깨닫고 경험이 이에 더해지면 이 성향을 강점으로 활용할 강력한 동인과 용기가 탄생한다.

이와 관련된 세 가지 경험담을 들려주고자 한다. 첫 번째는 헬레네(Helene, 38세)라는 여성의 이야기다. 아들 한 명과 연인이 있으며 자유직에 종사하는 여성이다. 때로는 집에서 일하고, 때로는 프로젝트를 맡아 외부에서 일하기도 한다. 그녀는 자신의 직업과 자유를 사랑하고 자신의 일을 스스로 설계하기를 선호한다.

— 내가 남들과 다르고 자극에 민감하다는 사실을 알게 된 것은 비교적 이른 나이인 10대 시절, 귀울림 증상으로 심한 스트레스를 겪으면서부터였다. 이것이 야기한 공황장애 때문에 찾아간 상담 치료에서, 다른 것에 초점을 맞춤으로써 자극을 차단하는 방법이 있음을 알게 되었다. 한 마디로 선택적 인지를 하는 것이다. 귀울림은 성가시지만 이 때문에 죽는 것은 아니다.

원래 나는 성가신 것보다는 긍정적인 것에 초점을 맞추는 사람이다. 이게 마음대로 되지 않을 때도 있지만, 그래도 금방 괜찮아질 것이라는 생각에 집중한다. 실제로도 방해가 되거나 스트레스를 주는 자극은 대개 일시적인 것에 불과하다. 내 감각이 예민하다는 사실도 그저 무심히 받아들였다. 이런 특성을 고도의 민감성이라고 부른다는 사실은 불과 몇 달 전에 알았다. 테스트 결과는 내가 이런 기질을 타고났음을 확인해주었다. 그러나 예민한 인지 감각으로 인해 고통을 호소하는 사람들을 나는 잘 이해할 수 없다. 나는 도리어 이를 즐기고 직업에서도 활용하고 있기 때문이다. HSP라는 개념이 내게 들어맞기는 하지만 나는 이 개념에 자신을 가두지는 않는다. 나는 내 성향과 감각을 통제할 수 있다. 그리고 좋은 것에 초점을 맞추며 한 걸음씩 전진한다.

중요한 것은 무엇이 진정 내게 스트레스를 주는지 자각하는 일이다. 그러면 삶도 이에 맞추어 꾸려나갈 수 있다. 예컨대 나는 한 가지에만 집중할 수 있기 때문에 멀티태스킹은 큰 스트레스 요인이다. 축제나 영화관처럼 붐비거나 시끌벅적하거나 자극적인 자리도 신경을 날카롭게 하기 때문에 피한다. 소파에 드러누워 와인 한 잔 하면서 영화를 보는 편이 훨씬 즐겁다. 스트레스만 주는 일에 돈을 낭비할 이유가 무엇이겠는가?

나는 행복하면서도 약간은 독특한 유년기를 보냈다. 내 어머니는 매우 감정적이고 자아가치감도 극도로 높은 분이셨다. 유난히 존재감을 드러내는 날이 있는가 하면 온종일 잠만 주무실 때도 있었다. 대신에 아버지는 내게 자유를 알려주고 지지를 보내주셨다. 사소한 스트레스는 '이런 걸로 죽는 것도 아닌데 뭘'이라고 생각하며 넘길 수 있었던 것도 여유와 재치가 넘치는 아버지의 영향을 받은 덕분이었다.

가치관과 관심사에 관한 한 나는 스스로가 서른여덟 살 이상의 성숙도를 지녔다고 느낀다. 내가 같은 연령대의 많은 사람들에 비해 깊은 성찰을 한다는 사실을 실감하는 경우도 많다. 그래서 요즘은 노인들의 지혜에 깊은 매력과 흥미를 느끼는 중이다.

— 헬레네, 38세

두 번째 일화 역시 매우 흥미롭다. 크리스토프(Christoph, 46세)는 기혼이며 슬하에 아들이 하나 있고, 수학자, 색채심리치료사, 경락치료사, 상담가, 코치, 트레이너이기도 하다. 학문적 지식과 인지학 지식을 살려 다양한 기업체의 인사부서에서 일했으며 현재는 상담가, 경영코치, 경영인 교육가 등으로 일하는 자유직 종사자다.

— 나는 누가 말해준 적이 없어도 내 민감성에 관해 잘 알고 있었다. 그리고 혼자서 혹은 주위 사람들의 도움으로 이를 극복하는 법을 배웠다. 내가 남달리 민감하다고 느낀 계기는 그간 경험한 몇몇 목사들이 무능하다고 생각하면서였다. 교회에 다니던 어린 시절의 일이었는데, 한번은 설교 내용에 어쩐지 핵심이 없고 미흡하다는 느낌이 들었다. 질문을 던져도 아무도 대답해주지 못했다. 뒤늦게 인지학을 접하고 인지학자들과 대화를 나누던 중에야 그 대답을 찾을 수 있었다. 어린 시절부터 품어온 의문이 풀린 것이다. 가령 나는 일찍부터 내게 주어진 삶이 하나뿐이 아니라고 느꼈는데, 아무도 이에 대해 속 시원히 설명해주지 못했다. 그러나 인지학자였던 플루트 선생을 만나면서 모든 것이 달라졌다.

어린 소년이었을 때부터 나는 인지학에서 '심장의 힘'이라 부르는 에너지를 감지하고 있었다. 심장이 열려 있는지 닫혀 있는지 구별할 수 있었던 것이다. 심장은 인간의 신체에서 가장 민감한 인지기관이다. 내가 느끼고 인지한 모든 것이 인지학자들의 시각과 분명히 맞아떨어졌다. 이들은 내가 느끼는 것이 무엇인지 설명해줄 수 있었다.

19세 때부터 나는 진지하게 인지학에 몰두했다. 이후 대학에서 수학을 전공하고 색채심리치료와 경락요법(한의학과 인지의학을 연계시킨 치료법)을 배우며 섬세한 감각을 한층 다질 수 있었다. 고도의 인지능력을 조절하고 나의 내면세계와 직업을 연계시키는 방법은 생각보다 단순하다.

1단계: 하나의 주제를 민감하게 조명하고 의뢰인과 소통로를 찾을 때까지 그와 마주앉아 잠자코 기다린다. 대화를 시작할 때가 되면 직감적으로 이를 포착할 수 있다.

2단계: 상대방이 마음을 열었다는 느낌이 들면 말문을 열고 상대방을 대화로 이끈다. 나는 매우 신뢰할 만한 직감을 지녔을 뿐 아니라 인내심 있게 타인들을 대하기 때문에 이 방법이 벽에 부딪힌 적은 한 번도 없다.

3단계: 자유직으로 전환하면서부터 나는 일에 있어 훨씬 큰 자유를 누리게 되었다. 이제는 예민한 감각과 머릿속에 떠오르는 코칭에 대한 그림을 결합시킨다. 이 일에서도 나는 능력을 한껏 발휘할 수 있다.

나는 뛰어난 감정이입 능력을 타고났으며 스스로 이에 선을 긋는 방법도 배웠다. 경락요법과 색채심리치료 교육을 받으며 촉각과 에너지를 느끼는 감각도 한층 다질 수 있었다.

— 크리스토프, 46세

마지막 일화의 주인공은 토마스 겔미(Thomas Gelmi, 47세)라는 남성이다. 그는 매우 흥미로운 이력을 거쳐 현재 프리랜서 코치 겸 트레이너로 활동하고 있다. 그가 주력하는 분야는 리더십 · 협업 ·

고객 응대에서의 자아능력 및 관계 맺기 능력의 계발이다. 그는 대규모 국제 기업체를 비롯한 수많은 고객들에게 4개 국어로 상담을 제공한다.

— 어린 시절에 나는 사람들 사이에서 이질감을 느끼는 경우가 많았다. 다른 사람들과 내가 다르다는 막연한 느낌 때문이었다. 어떤 점에서 다른 건지는 알 수 없었다. 학교에서는 말썽 한 번 부리지 않았고, 거친 남자아이들은 되도록 피해 다녔다.

집에서도 나는 지나치게 예민한 아이로 통했다. '씩씩한 남자아이'가 되어야 한다고 강요당한 것은 아니지만, 주변 사람들도 내 남다름을 알아차린다는 사실을 깨닫자 내 성향을 부정적인 것으로 여기게 되었다. 지금 되돌아보면 부모님도 두 분 다 HSP였다. 어머니는 감정이입 능력이 뛰어나고 감수성도 풍부했다. 칭찬 한 마디만 들어도 뭉클해서 눈물이 글썽거릴 정도였다. 그에 비해 아버지는 감각적으로 예민한 분이라 청각적 자극에 크게 스트레스를 받으셨다. 내가 기억하는 아버지는 늘 잔뜩 긴장하고 신경이 곤두서 있었으며, 식사 중에 식기가 달그락거리는 소리에도 예민하게 반응하곤 했다.

초·중등과정을 마친 뒤에는 상업학교를 졸업하고 대학 입학시험도 치렀다. 아버지는 내가 은행에 취직해 안정적인 삶을 꾸려나가기를 바라셨지만, 1년 뒤 나는 이 분야가 적성에 맞지 않는다고 느꼈다. 그리고 그 즉시 미용사가 되기로 결심했다. 미적 감각과 창의력을 발휘하며 많은 사람들을 상대하는 일을 하고 싶었기 때문이었다. 그래서 부모님과 상의한 뒤 학교를 그만두고 미용 견습생으로 일하기 시작했다.

일은 무척이나 즐거웠다. 무엇보다도 일을 하며 내가 남의 말을 귀담아 듣는 일에 능하다는 사실을 알게 되었다. 때로 사람들은 배우자에게도 이야기하지 않은 깊은 속내를 털어놓기도 했다.

지금도 나는 부모님이 내게 정해진 길을 강요하지 않고 선택의 자유를 주신 데 감사하고 있다. 부모님은 항상 나에게 가장 좋은 것이 무엇인지 스스로 결정해야 한다고 말씀하셨다.

미용사 직업교육을 마친 뒤에도 이것이 최고의 길은 아니라는 생각이 들었다. 나는 딱 한 가지 직업을 선택할 마음의 준비가 되어 있지 않았다. 다른 사람들은 어떻게 그리 단호한지 의아할 뿐이었다. 도처에 널린 흥미진진한 일들을 보고 있으면 끊임없이 새로운 아이디어가 떠올랐다. 일주일 내내 정해진 시간에 출퇴근하는 일은 견뎌내지 못할 것 같았다.

수년간 여러 직업을 전전한 끝에 마침내 나는 타고난 관계 맺기 능력과 감정이입 능력을 발휘할 수 있는 꿈의 직업을 발견했다. 스위스 에어(Swissair) 사의 항공 승무원 모집 광고를 본 것이다. 바로 이거라는 생각이 든 나는 즉각 지원을 했고, 이후 7년을 이곳에서 일했다. 결과는 성공적이었고, 내가 가진 능력들을 십분 활용할 수 있었다. 이 일에는 언어능력은 물론이고 비행 팀원이 매번 바뀌기 때문에 팀 적응력과 갈등 조정 능력도 요구되었다.

고도 1만 미터 상공의 좁은 기내에서 3백 명의 승객을 상대해야 하므로 나 자신은 물론 다른 사람들의 상태에도 세심히 주의를 기울여야 했다. 돌발 상황에서 신속하게 해결책을 찾고 모두를 진정시키는 기술도 중요했다.

2001년 스위스 에어의 파산은 내게도 큰 손실이었다. 그나마 내게는 새로 설립된 회사에서 계속해서 근무할 수 있는 기회가 주어졌지만 나는 과감히 거절했다. 내면의 목소리가 이제 인생의 한 장을 마감하고 새로운 장을 써야 한다고 속삭이고 있었기 때문이다.

이후에는 한 컨설팅 회사의 경영 보조에서 관리 임원까지 승승장구하는 한편, 코치, 트레이너, 국가공인 경영인 및 매니저 교육을 수료했다. 이 회사에서 나는 무척이나 오만하고 까다로우며 인간관계 관리 능력도 미숙한 상사와 함께 일했는데, 그는 내가 입사한 지 7년이 되었을 때 결혼하더니 불과 1년 뒤 나를 해고하고 그 자리에 자신의 아내를 앉혔다. 이때부터 나는 자유직에 종사하게 되었다.

뒤늦게야 나는 이 두 번의 큰 위기가 불행이 아닌 커다란 행운이었음을 깨달았다. 스위스 에어가 파산하지 않았거나 8년을 일한 회사에서 쫓겨나지 않았다면 아마도 지금의 나는 없었을 것이다. 꾸준히 자아계발을 하고 배우고 성장하려면 안전지대로부터 탈피해야 한다. 불가피한 상황으로 인해 낯선 영역으로 내몰리지 않았다면 나는 진정한 발전의 기회를 갖지 못했을 것이다. 자유직으로 전환한 지 5년째에 접어든 지금 나는 자아능력 및 관계 맺기 능력의 조합에 중점을 두고 일하는 중이다. 여기서 중요한 것은 자기 자신 및 타인과의 참된 만남이다. 나 자신과 좋은 관계를 맺고 있지 못한 사람이 어떻게 타인과 조화롭게 공존할 수 있겠는가?

이 모든 것이 고도의 민감성과 어떤 관련이 있을까? 나는 공감능력이 뛰어나고 감각적으로도 민감하다. 타인의 기분도 무척 빨리 감지한다. 여러 사람이 모인 장소에 들어서면 즉각 사람들 간의 관계를 파악하고 다양한 감정들도 민감하게 포착한다. 감각적인 측면에서는 내 아버지처럼 소리에 매우 예민하다. 사람이 많이 모인 장소에서는 특히 쉽게 지치고 신경이 예민해져서, 조용한 곳을 찾아 혼자만의 시간을 갖고 재충전을 해야 한다. 나이가 들면서는 내 욕구를 파악하고 수용하는 법, 이를 위해 시간을 내고 주위 사람들과도 그에 관해 대화를 나누는 법도 배웠다.

나는 스무 살 때부터 명상을 시작했는데, 이는 특히 분주한 시기, 예를 들어 해외 출장 등으로 한동안 바쁜 일정을 보낸 뒤에 내적·외적인 평온함을 되찾는 데 도움이 된다. 별다른 일이 없을 때는 따로 명상을 하기보다는 일상생활에 주의를 기울이고 틈틈이 휴식을 취하며, 외적인 부담과 내면세계 사이에 적절히 거리를 두는 것으로 균형을 유지한다. 음악 등 다른 자극을 차단한 채 주의를 기울이며 운전하는 일도 내게는 큰 효과가 있다. 워낙 나는 집 밖을 돌아다닐 때 내적으로 가장 균형 잡힌 상태가 된다.

기차나 장거리 비행을 할 때 일이 제일 잘 되는 것도 이 때문이다. 이런 곳에서는 귀마개를 하고 일에 집중한다. 물리적 이동을 할 때면 생각도 물 흐르듯 뻗어나간다. 아이디어가 잘 떠오르지 않아 일부러 기차를 탄 적도 있는데, 두 시간 뒤 기차에서 내렸을 때는 이미 해결방법이 떠오른 뒤였다.

HSP라는 주제를 처음 접한 것은 불과 2년 전이다. 그때는 별안간 눈앞이 밝아지는 느낌이었다. '아, 그랬구나. 다 괜찮아' 라는 생각이 들었다. 아내 역시 나를 이해하게 되었다. 내가 주기적으로 혼자 틀어박혀 있던 것이 본인 때문이 아니라 그저 나 자신의 문제임을 알게 된 덕분이다. 자아능력도 재정비할 수 있었다. 사람은 자기 자신과 좋은 관계를 맺고 자신의 욕구가 무엇인지 파악함으로써 타인과도 좋은 관계를 맺을 수 있게 된다.

이는 자기 자신에게 가장 좋은 친구가 되어주는 것과도 같다. 친구에게 잘해주는 사람이 자기 자신에게 잘해주지 않을 이유가 무엇인가? 그저 내면에 귀를 기울이며 자신에게 지금 무엇이 필요한지 관찰한 뒤, 이를 진지하게 받아들이고 그에 상응하는 행동을 하면 된다. 이는 이기적인 태도가 아니라 자신을 잘 돌보는 일이다. 스스로 내 편이 되어 주위 사람들에게 내게 무엇이 필요한지 이야기하라. 이런 태도는 좋은 인간관계를 유지하는 데도 중요하다. 무턱대고 자신이 HSP라고 설명하라는 게 아니라 잠시 휴식이 필요하다든지 산책을 다녀오고 싶다고 솔직하게 이야기하면 된다. 원치 않는 식사 자리에 초대받았다면 이런저런 구실을 댈 것 없이 확고한 태도로 "고맙습니다만, 다른 일정이 있어서요"라고 대답하면 된다. 확고한 태도는 자신감으로부터, 자신감은 자의식으로부터 비롯된다.

앞으로도 나는 인생이라는 여행을 계속할 것이다. 타인의 평가나 비판에도 아랑곳하지 않을 것이다. 그래야만 진정으로 자유로울 수 있다. 타인에게서 존중받고자 한다면 먼저 스스로를 소중히 여겨라. HSP를 포함한 모든 사람들이 풀어야 할 가장 큰 숙제도 바로 이것이다. 자신의 어깨를 두드리며 '너는 지금 이대로도 좋아'라고 말해주어라.

나는 코치 겸 트레이너지만 내게 진정 중요한 것은 직업명이 아니라 타인들로 하여금 진짜 자신의 모습을 찾도록 도와주는 일이다. 이 일은 나에게 열정과 기쁨과 에너지를 선사해준다. 열대여섯 살 무렵에는 누군가 나와 마주앉아 내가 좋아하고 잘하는 일이 무엇인지 함께 고민해주기를 바랐다. 지금 내가 의뢰인들에게 하듯이 누군가 내 손을 잡아주고 내 강점과 능력을 함께 찾아주었더라면 얼마나 좋았을까! 성인이 된 지금, 나는 이렇듯 내 민감한 기질을 유용한 자원으로 활용하게 되었다. 뛰어난 감정이입 능력과 공감능력은 나로 하여금 진짜 내 모습 그대로 인생을 즐길 수 있게 해준다.

— 토마스 겔미, 47세

섬세하고 강인한
삶을 위한
선언문

4장

고도의 민감성에 관한
여덟 가지 명제

'안전은 잊어라. 스스로 두려워하는 삶을 살아라.

명성을 파괴하라. 악명 높은 사람이 되어라.'

루미

1. 고도의 민감성은 귀한 인지능력이다.

2. 고도로 민감한 사람은 우리 사회를 구성하는 전체의 일부다.

3. 고도로 민감한 사람은 인류의 한계를 알려주는 감지기와도
   같다.

4. 고도로 민감한 사람은 자극을 섬세하게 받아들이며 베푸는
   일에서는 관대하다.

5. 고도로 민감한 사람은 남달리 사회성이 뛰어나고 책임감이

강하다.

6. 자신의 욕구를 정확히 파악할 줄 아는 고도로 민감한 사람은 강점도 최대한으로 발휘할 수 있다.

7. 꿈을 이룬 고도로 민감한 사람은 인류의 열망에 하나의 가능성을 부여한다.

8. 고도의 민감성은 강점이다.

다름은 부담스러운 것이 아니라 다양성을 만들어내는 창조주의 선물이다. 그러니 자기 회의를 멈추고 책임감을 키워라! 그리고 자신의 욕구를 진지하게 받아들이는 법을 배워라. 이제 더 많이 소유하기보다 더 많이 존재하기를 원할 때다. 섬세한 감각을 활용해 우리 시대가 당면한 주요 현안들에 관해 이야기하고, 대중이 우리 생활 공간인 이 세계에 섬세한 균형을 이루는 일에 주목하게끔 하라.

동물의 세계로부터 얻는 영감

동물의 세계를 통해 우리는 모든 형태의 인지능력이 얼마나 큰 의미를 갖는지 관찰할 수 있다. 막스 플랑크(Max Planck) 조류학연구소 소장이자 콘스탄츠(Konstanz) 대학의 교수인 마틴 비켈스키(Martink Wikelski) 박사는 동물의 인지능력을 활용해 화산 분출과 지진 등의 자연재해를 예측할 수 있는지 알아보기 위해 마이크로칩을 부착한 동물의 움직임을 위성으로 추적하고 있다. 비켈스키 박사의 연구팀이 관찰한 바에 의하면 시칠리아 섬에 있는 에트나(Etna) 화산 근처에 서식하는 염소들은 화산 분출을 최대 6시간 전에 예측했다. 비켈스키 박사의 연구를 보며 나는 동물들 중에도 특정한 자극에 보다 강하게 반응하거나 특이한 민감성을 보이는 개체가 있다는 확신을 품게 되었다.

이 연구에 고무된 그는 지구상에서의 삶을 당연한 것으로 여기는 사람들의 인식을 바꾸고자 이카루스(ICARUS) 프로젝트를 구성했다. 프로젝트에 참여한 연구가들은 각 동물의 생존법에 대한 물음에 답을 찾아가는 중이다. 연구의 목표는 지구촌에 사는 동물들의 행동방식으로부터 지능을 읽어내는 것이다. 행동생태학에 근거해 보면 동물들이 고도의 민감성을 지닌 것으로 보이지는 않으며, 연구가들도 동물들이 얻는 정보가 어디서 비롯되는지 아직 밝혀내지는 못했다. 이 연구는 동물들이 대개 개별적으로가 아닌 집단적으로 정보를 얻는다는 가설 하에 진행된다. 이를 인간에게 적용하면 다음과 같은 그림이 완성된다.

개개인이 지닌 모든 재능과 능력은 집단 전체에게 중요하며, 나아가 인류의 생존을 보장한다!

이로써 일부 사람들이 특정한 자극에 보다 강하게 반응하는 것이 인류의 보존에 어마어마하게 중대한 의미임을 추측할 수 있다. HSP가 능력을 발휘하고 사회에 적극적으로 참여하는 것이 중요한 이유도 여기에 있다. 그럼으로써 이들은 인류를 치유하고 우리 삶의 터전을 보존하는 데 밑바탕이 되는 집단 지능을 완성하는 데 기여할 수 있을 것이다.

사회적 의식 변화

'심리사회적 건강은 새 시대의 증기기관이다.'

라이마르 륑엔

평생 동안 날마다 여덟 시간 이상을 쉬지 않고 일하는 사람에게 무슨 일이 일어날까? 경직되고 틀에 박힌 업무에 휴식시간은 지나치게 적고 결정권이나 유연성을 발휘할 여지도 전혀 없다면? 당신의 가치가 존중되지 않고 적대적인 분위기가 팽배하다면? 개개인의 업무 리듬이나 창의력, 동기, 생산성, 만족도, 건강에 대한 욕구가 완전히 무시되고 오로지 합리성만이 강조되는 구조는 어떤 결과를 초래하게 될까? 이런 시스템이 반드시 필요할까? 어떤 사람들은 이에 최대한 적응하려 애쓰지만, HSP에게 이런 조건은 독이나 마찬가지다.

무엇이 우리로 하여금 최고의 능력을 발휘하도록 만드는가? 우리는 언제 즐거움을 느끼는가? 모든 잠재력을 일에 쏟아 붓고 적극적으로 일에 동참할 수 있을 때인가, 아니면 틀에 박힌 일을 하도록 강요받을 때인가? 외부의 지시와 강요는 사람을 병들게 할 뿐, 개인과 집단 모두에게 유익하지 못하다. 전체적인 조화와 치유를 가능케 해주는 것은 자기 결정권과 자유다. 능력을 마음껏 발휘하고 그에 스스로 책임을 지는 사람에게서는 행복과 에너지가 넘쳐나며, 이들이야말로 경제와 사회를 이끄는 진정한 역군이다. 혁신적이고 의욕이 넘치는 이들은 인류의 미래를 위한 기발한 아이디어를 무한히 쏟아낸다. 그러니 남다름도, 다채로운 인생길도, 직관적이고 감성적인 기질도 두려워하지 말라!

심리학자이자 민감성 전문가이기도 한 비르기트 트랍만-코어(Birgit Trappmann-Korr)와의 대화를 통해 나는 심리치료사들과 의료보험사, 그리고 기업들 사이에 최근 경각심이 높아지고 있음을 알게 되었다. 민감성 여부를 떠나 점점 더 많은 사람들이 번 아웃과 따돌림, 정신적 질환으로 인한 고통을 호소하고 있기 때문이다. 그 심각성을 인지한 심리치료사나 병원들도 고도의 민감성 같은 새로운 주제에 관심을 갖고 있다고 한다. 민감성과 감정이입 능력의 직업적 활용을 장려하는 협회(Verband pro Sensitivität und Empathie im Beruf e.V.)의 회장이기도 한 그의 사무실에는 이미 내로라하는 병원들로부터 의사 및 치료사들을 상대로 한 민감성 관련 강연이나 교육과정 개설 문의가 쏟아지고 있다. 오늘날의 기업문화와 관련해 트랍만-코어는 이런 말을 했다.

"이제는 전과 다른 경영 시스템이 필요합니다. 먼저 기업문화가 변해야 하지요. 나아가 민감한 사람들이 직장에서 모든 잠재력을 발휘하려면 근본적인 인식의 전환이 요구됩니다."

이제 기업들은 인간적인 근무 여건을 조성하고 번 아웃을 예방하며 휴게실 마련, 자유로운 휴식시간, 이동성, 주의력 훈련 등 사소한 부분도 꼼꼼히 챙길 필요가 있다. 이는 시대적 요구이기도 하다. 노동 분야에서도 유연근무제, 일자리 나누기, 재택근무, 기타 다양한 대안을 받아들이기 시작했다. 고도로 민감한 사람은 기업 내 여러 세대 간, 다양한 동기 유형을 지닌 사람들 간에 가교 역할을 할 수도 있다. 이들의 강점인 직관과 감성도 유익한 영향을 미친다. 삶에서 다양한 경험을 한 사람들은 실패자가 아닌 혁신자들로, 언제든 유연하게 새로 시작하고 내적·외적 성장에 필요한 해결책을 찾는 능력을 갖추고 있다.

이제 당신이 가진 자원을 착취당하지 말고 잠재력을 마음껏 발휘하라!

혁신적인 기업가이자 업스탈스붐 호텔 체인의 사장인 보도 얀센은 많은 경영인에게 귀감이 된다. 그는 더 인간적이고 더 나은 기업문화를 만들어가고 있다. 짧은 다큐 영화 〈업스탈스붐의 길(Der

Upstaalsboom-Weg〉〉에서 그는 이렇게 말한다.

"자원의 착취에서 잠재력 발휘로의 패러다임의 전환은 우리가 미처 어림할 수 없을 정도로 광범위한 스펙트럼을 열어줄 것입니다."

이 말에는 경험에서 우러난 깊은 뜻이 담겨 있다. 기업문화를 대대적으로 수정하고 전 직원을 수도원 세미나에 보내 인성계발 교육 및 협동·행복 교육을 받게 하자 불과 3년 만에 기업 매출이 거의 두 배로 뛴 것이다. 그는 이런 말로 핵심을 정리한다.

"가치 평가를 통한 가치 창출은 효력을 발휘합니다. 그것도 총체적으로 말이지요."

소소한 행복을 자주 누려라

학계에는 대다수의 사람들에게 적용되고 많은 이들이 공감할 만한 지식이 수없이 알려져 있다. 그러나 이것이 전부는 아니다. 옳고 그름이나 절대성, 최후의 학문적 진리란 결국 존재하지 않기 때문이다. 사실자료에 근거한 지식과 규칙은 인류가 공존하고 삶을 가꾸어나가기 위한 공통분모를 찾는 데 도움이 되며, 우리에게 매우 중요하기도 하다. 다만 이처럼 '보편적으로 적용되는' 지식 중에는 다수에게 유익할지언정 소수의 사람들에게는 해악이 되는 것도 많다. 모든 사람은 개인적 특성과 나름의 사연, 능력, 소질, 체질을 타고난다. 의식적으로든 무의식적으로든 나름의 가치체계를 갖추고 있기도 하다. 한 마디로 모든 인간에게 건강과 행복을 약속해주는 객관성이나 절대법칙이란 없다.

신생 행복연구의 창시자인 에드 디너와 마틴 셀리그만(Martin Seligman)에 의하면 행복은 달성될 수는 있어도 영구히 지속되지는 못한다. 행복은 인생의 사소한 것에 깃들어 있다. 그러니 쉽게 변화시킬 수 있는 작은 것부터 시작하라. 그리고 그저 즐겨라. 날마다 몇 분이라도 운동을 하거나 자연 속에서 종종 산책을 즐기는 것은 어떤가? 사람은 초록에 둘러싸여 있을 때 보다 행복해진다. 더 자주 미소를 짓고, 가족이나 친구들과 시간을 보내고, 기도나 명상을 하거나 그저 느긋하게 휴식하는 것도 사소한 행복을 누리는 좋은 방법이다. 주변을 인지하고, 마음을 다스리고, 고요를 누려라. 감각을 열고 당신의 민감한 면면에 귀를 기울여라.

HIGH SENSITIVITY

• 04 •

내면의 지혜

우리는 다시금 내면의 목소리에 귀를 기울이는 법을 배워야 한다. 나는 모든 사람이 이런 내면의 목소리를 가졌다고 믿는다. 이는 우리에게 올바른 길을 가르쳐준다. 몸이 보내는 신호를 포착하고 욕구를 진지하게 받아들이며 감정을 제대로 해석하는 법을 배워라. 그러지 않는다면 번번이 크고 작은 장애물에 맞부딪치다가 언젠가는 거대한 절벽에 가로막힐 것이다. 이런 장애물을 만나는 시기는 사람에 따라 이를 수도 있고 다소 늦을 수도 있다. 작은 장애물을 인지하고 해결책을 강구할 것인가, 이를 미루다가 절벽에 가로막힐 것인가는 우리의 선택에 달린 문제다.

다행히도 사람의 신체와 감정은 각자에게 옳고 그른 것이 무엇인지 판단할 수 있도록 미리 신호를 보낸다. 민감한 사람은 이 신호를 매우 명확히, 그리고 이른 시기에 감지한다는 측면에서 보통 사람보다 유리한 조건을 갖춘 셈이다. 내면을 향해 귀를 기울이면 자신이 지금 어느 지점에 서 있는지 금세 알아낼 수 있을 것이다. 일에서 재미와 힘을 얻고 내면의 문이 활짝 열리는 것을 느낀다면 당신은 이미 옳은 길을 가고 있는 것이다. 즉 소명에 따르고 있다는 의미다. 반대로 문이 닫히는 것을 느꼈다면 내면에서 울리는 '아니오'를 수용하고 외부를 향해서도 '아니오'라고 말하는 법을 배워야 한다. 사람들과 갈등을 빚을 위험이 있더라도, 필요할 경우 해로운 것에서 과감히 벗어나 맑은 정신으로 전방을 주시하라. 죄책감을 가질 필요는 없다. 우리에게는 위험을 감수하고 미지의 영역으로 과감히 발을 내딛는 용기가 필요하다. 새로운 인맥을 구축하고 타인들에게 다가가라. 다수의 HSP에게는 이것이 무척 어려울 수도 있다. 그럼에도 올바른 전략과 삶의 강장제, 감성과 이성의 적절한 혼합물이라는 무기를 구비한 뒤 호의적인 사람들과 함께 한 걸음씩 전진해나가라. 훗날 걸어온 길을 되돌아보며 당신이 이룬 모든 것에 놀라게 될 것이다.

안전지대에 안주하지 않고 의식적으로 한 걸음 전진해 동경하던 일을 해낸 뒤, 걸어온 길을 돌아보라. 그러면 자신이 행동반경을 크게 확대시켰음을 깨달을 것이다. 민감한 사람은 어딘지 음침하다고 여기는 이들과 어울리는 법, 희미하게 울리는 내면의 목소리에 귀를 기울이는 법도 배웠는가? 그렇다면 한 차원 높은 영역으로 올라서서 우리를 성장시키는 동력을 얻게 될 것이다. 나아가 앞으로 거치게 될 모든 길과 과정에서 민감하고도 강인한 힘이 지닌 잠재력이 발휘될 것이다.

스스로를 남과 비교하며 타인의 목표를 덩달아 좇기를 멈추고 나의 내면세계 전체를 애정 어린 자세로 대할 용기를 갖춘다면, 다음과 같은 아주 단순하고도 위력적인 진리를 깨닫게 될 것이다.

자극에 예민한 당신, 민감하면서도 강인한 당신은 지금 그대로도 멋진 사람이다!

감사의 말

나는 감사의 말을 길게 쓰는 작가들 중 한 사람이다. 나를 지지하고 용기를 주고 격려해준 분들이 그만큼 많기 때문이다.

가장 깊은 감사의 마음을 전하고 싶은 분들은 바로 내게 삶을 선물하고 언제나 최선을 다해 보살펴주신 부모님이다. 어머니는 항상 내 곁에서 지지를 보내며 내 가족, 특히 두 딸들을 날마다 사랑으로 돌봐주셨다. 어머니의 따뜻한 마음과 실질적인 도움은 우리에게 커다란 선물이었다. 아버지는 내가 이 책을 구상하기 바로 전, 내가 오랫동안 품어온 계획을 실행해야 할 때임을 일깨워주신 장본인이다. 내 계획이 당신의 뜻과 맞는가는 중요치 않았다. 극과 극의 세계관을 지닌 탓에 지난 몇 년간 아버지와 수많은 갈등을 겪었음에도 나는 아버지와 내면적으로 깊은 관계를 맺고 있다.

남편 슈테판 조스트(Stefan Sohst)와 두 딸에게도 마찬가지로 심심한 감사와 찬사를 보낸다. 가족들 없이는 이 책도 탄생하지 못했을 것이다. 슈테판은 내가 선택한 길을 걸어가는 데 힘을 주고 동

1%의 디테일을 완성하는
센서티브의 힘

반자가 되어주었다. 자신의 일을 하면서도 육아와 집안일 등, 내가 몇 달 동안 하지 못한 일들을 기꺼이 돌보았다. 내 변덕과 몽상도 참아주었으며, 내가 힘들어할 때면 다시 일어설 수 있도록 곁에서 힘을 주고 내 말에 귀를 기울였다. 내가 그의 관심사에 귀를 기울여준 적이 별로 없음에도 그는 내게 필요한 것을 읽어내고 그에 관해 나와 대화를 나누기도 했다. 내게 너무나 큰 사랑과 용기를 준 당신, 고마워요!

민감하면서도 강인한 두 딸들도 힘든 시간을 아주 잘 견뎌주었다. 엄마가 자리를 비운 날, 글을 쓰느라 바빠서 잠자리 인사조차 나누지 못하는 날에도 불평하지 않았다.

다음 감사의 말은 내가 책을 쓰는 동안 긴밀히 접촉했던 많은 분들에게 돌아가야 할 듯하다. 이 책이 지금 모습으로 탄생할 수 있었던 것은 이들이 커다란 관심을 가져준 덕분이다. 먼저 '민감성에 관한 정보·연구 연합'의 회장인 마이클 잭 박사는 내가 책에 실을 경험담을 수집하기 위해 회원들에게 도움을 요청하는 데 있어 큰 역할을 해주셨다. 그의 지지와 신뢰에 감사를 전한다. 내 일을 긍정적인 시선으로 보아주고 대화에 응하거나 정보를 나누고 동기를 부여해준 모든 민감한 분들에게도 깊이 감사드린다.

자신의 이야기를 기꺼이 들려준 분들도 언급하지 않을 수 없다. 이분들의 경험담 덕분에 고도로 민감한 사람이 체험하는 세계가 광범위하고도 생생하게 그려질 수 있었으며, 마침내는 멋지고 감성적인 민감성 참고서가 탄생했다. 이분들이 내게 보여준 신뢰와 용기, 열린 태도, 시간과 인내심에 감사하는 바이다. 책의 분량 때문에 미처 싣지 못한 경험담도 많은데, 이를 너그러이 이해해주신 분들에게도 감사의 말씀을 전한다.

이 프로젝트를 지원해주신 전문가들에게도 이 자리를 빌려 감사드린다. 이분들에게서 다양한 동인, 관점, 경험, 사고방식을 얻은 덕분에 영감으로 가득한 책을 꾸려낼 수 있었다.

책이 시장에 나올 수 있었던 것은 훌륭한 출판사가 있어 가능했다. 파트너십에 충실하고 작가를 존중해주는 가발(Gabal) 출판사 내외의 모든 관계자 여러분에게 감사의 마음을 전한다. 우테 플로켄하우스(Ute Flockenhaus) 씨는 책 시장이 어떻게 돌아가는지 내게 알기 쉽게 설명해주고 이 책을 출판사 카탈로그에 실어주었으며, 책이 만들어지는 내내 격려를 아끼지 않으며 믿음직스러운 동반자 역할을 했다. 내 글을 유려하게 다듬고 몇 가지 좋은 제안을 해주신 편집장 안케 쉴트(Anke Schild) 씨에게도 감사의 마음을 전한다.

책을 쓸 수 있도록 처음부터 나를 지지해준 친구들에게도 감사의 말을 건네고 싶다. 몇 달씩 사라졌다 나타나곤 하는 나를 아무렇지 않게 받아준 데 대해 무한한 감사를 보내는 바이다. 이런 친구들을 두었다니 나는 행운아임에 틀림없다.

그밖에도 고마운 사람은 수없이 많다. 이 길을 걷는 동안 내가 누릴 수 있었던 모든 것, 든든한 지원과 열성을 보여준 모든 사람에게 감사한다. 마지막으로 모든 독자에게도 깊은 감사를 전한다. 책이 전하는 메시지가 전 세계로 퍼지기를 바라며, 어떤 피드백이든 감사하는 마음으로 받겠다.

친애하는 책이여, 즐거운 여행을 하기 바란다! 열정적인 집필 시간을 선물해준 데 감사한다. 언젠가 네 소식을 듣게 되기를 기대한다. 나는 네가 어느 길을 가게 될지, 그 길에서 무엇을 만날지 늘 관심 갖고 기다리고 있을 것이다.

1%의 디테일을 완성하는
센서티브의 힘

1판 1쇄 인쇄 2017년 11월 13일
1판 1쇄 발행 2017년 11월 20일

지은이 카트린 조스트
옮긴이 이지혜
펴낸이 김병은
펴낸곳 (주)프롬북스

등록번호 제313-2007-000021호
등록일자 2007.2.1.

주소 경기도 고양시 일산동구 장항동 정발산로 24 웨스턴돔타워 T1-718호
문의 031-926-3397
팩스 031-926-3398
전자우편 edit@frombooks.co.kr

ISBN 979-11-88167-10-4 03190
정가 15,000원